<개정 · 증보판>

세계화시대 국제관계
동아시아적 이해

국립중앙도서관 출판시도서목록(CIP)

세계화시대 국제관계: 동아시아적 이해
= International Relations in the Global Era:
  An East Asian Perspective /
김용호 지음. -- 개정·증보판. -- 서울 : 오름, 2010

색인수록
ISBN 978-89-7778-343-0 93340 : ₩10000

국제관계[國際關係]

349-KDC5
327-DDC21   CIP2010003126

〈개정·증보판〉

세계화시대 국제관계
동아시아적 이해

김용호 지음

International Relations in the Global Era:

An East Asian Perspective

Kim, Yongho

ORUEM Publishing House
Seoul, Korea
2010

〈개정·증보판〉 **머리말**

　이번 여름에도 어김없이 많은 외국대학 학생들이 연세대 캠퍼스를 찾아 하계대학 프로그램에 참가했다. 영어발음은 물론 복장부터 '토종' 학생들과는 완연히 다른 학생들이 캠퍼스에 모습을 나타내는 것은 분명 학교는 물론 학생들에게 신선한 활력소가 된다. '토종' 학생들에 비해 자신감 넘치는 걸음걸이와 거침없이 자기 의견을 개진하는 모습은 분명 자극이 될 것이다. 그런가 하면 의자 위에 신발 신은 발을 올려놓고 책을 보거나, 건물을 관리하시는 분이 빗자루로 이런저런 쓰레기들을 쓸고 계신 바로 옆에서 담배꽁초를 던져 내는 일부 학생들의 모습이 토종학생들에게 오만함으로 비쳐지는 것은 문화적인 차이를 절감케 하는 광경이기도 하다.

　세계화의 방법은 크게 두 가지가 있을 수 있다. 여름학기처럼 외국대학 학생들이 한국으로 들어오는 inbound 세계화가 있을 수 있겠고 '토종' 학생들을 외국으로 진출시키는 outbound 세계화가 있을 수 있겠다. 2010년 봄 뉴욕에서 개최된 모의유엔대회에 우리 학교 대표단을 이끌고 가면서 내심 '토종' 학생들이 좀 많이 갔으면 하는 바램이 있었다. '토종' 학생들이 모의유엔대회에 떠듬거리는 영어로나마 한국대표로서 활약하는 모습을 보고 싶었다. 그런데 모의유엔대회의 분위기는 나의 기대와는 사뭇 달랐다. 다들 대학생들이었지만 실제 유엔을 방불케 하는 치열한 외교전이 벌어지고 있었다. "어느 나라에서 왔니?" "한국에서 왔구나, 영어는 하니?" "넌 프랑스에서 왔구나!" 순간 우리 학생의 입에서는 유창한 불어가 흘러나왔고 영어를 할 줄 아냐던 그 학생을 머쓱하게 만들어 버렸다. 그 광경은 '토종' 교수인 내게 많은 생각을 하게 했다. 내가 대학생일 때는 토종발음일지언정 영어만 줄줄 해대면 실력파로 인정받을 수 있었다. 이제는 영어만으로는 부족하게 된 것이다. 제2외국어에 들인 시간과 돈은 결코 후회하지 않을 투자가 되리라며 수업 첫 시간마다 강조하는 것도 이 때문이다.

우리 경제규모가 성장하면서 우리 사회는 이미 다문화사회의 문턱에 들어섰고 캠퍼스는 물론 거리에서도 외국인들이 넘쳐나고 일반 직장에서도 외국인과 함께 근무하는 것은 낯선 광경이 아니다. 그런가 하면 '기러기' 아빠라는 신조어가 생겨나고 조기유학붐이 사회문제로까지 등장할 정도로 outbound 세계화의 경향은 다양하게 나타나고 있다. 그만큼 본토발음의 영어구사능력을 갖춘 인구수가 많아진다는 것이다.

이런 사회풍토 속에서 초등학교 1학년부터 고등학교 3학년까지 '한국교육 정말 문제많다' 는 말만 귀에 박히게 듣고 자란 우리 '토종' 대학생들에게 세계화는 어쩌면 커다란 부담을 안겨다 주는 단어일지도 모른다. 이미 혀가 굳어져서 둔탁한 토종발음으로 무장한 채 외국에 나가 3일만 지나면 김치하고 된장 생각이 나는 우리 '토종' 들. 대한민국의 세계화에 가장 중요한 역할을 담당할 사람들이 바로 이들이다.

편의점이고 대형마트고 어딜 가든지 와인판매점을 찾기는 힘들지 않다.

와인인구가 늘면서 와인품평회도 열리고 소믈리에의 수도 늘어가지만 그 아무리 우리가 와인을 많이 마셔도 와인은 우리 것이 될 수 없다. 대신 자랑스런 막걸리가 외국인들의 입맛을 돋운다. 유네스코 세계문화유산에 선정되는 것은 강남 테헤란로에 늘어선 고층건물들이 아닌 우리의 궁궐이며 왕릉이고 전통마을들이다.

대한민국 세계화의 열쇠는 바로 '토종' 학생들이 쥐고 있다. 경제력에 상응하는 국제사회에서의 책임을 담당하는 것도, 다가올 통일을 맞아 안으로는 북을 끌어안고 밖으로는 한반도의 새로운 외교위상과 이해를 도모하는 것 역시 우리 '토종' 학생들의 몫이다. 결국 inbound 세계화와 outbound 세계화의 교량역할을 담당할 수 있는 것은 중후한 외국어실력을 갖춘 '토종' 학생들일 수밖에 없다. 그러기 위해선 세계화의 담론도 이해해야 하고 밖에서 우리를 어떤 시각으로 보는지도 알아야 한다. 무조건적인 서구시각의 수용보다는 우리 것에 대한 이해에 바탕을 둔 주체적인 수용이 세계화의 초석이 될 수밖에 없기 때문이다.

끝으로 연구실을 묵묵히 지켜주고 개정・증보판을 만드는 과정에서도 수고를 아끼지 않은 순수토종 조교 고의찬 석사에게 건투를 빈다.

2010년 여름
연희관 연구실에서
지은이 김용호

〈제1판〉 **머리말**

세계화시대가 도래했고 우리나라의 국제적 위상이 올라가면서 국제사회는 이제 우리 젊은이들의 활동무대가 된 지 오래다. 영어는 물론이고 중국어와 일본어, 불어와 스페인어, 아랍어를 공부하고 그 지역에 1년 넘게 머무르면서 문화와 관습을 배우거나 유럽으로 배낭여행을 떠나는 것 정도는 국제사회의 예비성원으로서 당연히 거쳐야 할 과정처럼 되어가고 있다. CNN을 시청하는 것이 더 이상 호사가 아닌 것처럼 NHK나 BBC 등을 통해 흘러들어오는 뉴스도 국제사회의 성원에겐 놓칠 수 없는 정보가 된다.

국제관계에 정통한 사람들은 이 정보로 정책을 수립하기도 하고 경쟁국의 정책을 탐지하거나 또 사업에 꼭 필요한 아이디어를 구할 수도 있을 것이지만, 국제관계에 대한 지식이 부족한 사람들은 귀중한 정보를 접하더라도 무심코 지나치게 될 것이다. 이 과정에서 지나치게 서구적 관점을 무비판적으로 수용한 상태에서 국제관계를 이해한다든가, 외교안보에 미치는 미디어의 영향력을 이해하지 않고서는 세계화시대의 국제관계를 제대로 분석할 수 없음 또한 최근의 추세이다.

이 책은 지난 수년 동안 세계화시대의 국제관계란 사회계열 기초과목을 강의하고 학생들의 답안지를 채점하면서, 또 그들과 토론하면서 정리하고 첨가하고 다듬어 온 강의노트를 책으로 엮은 것이다. 대학 1학년 학생들을 대상으로 한 과목이기에 본격적인 국제관계이론에 대한 강의보다는 국제관계 전반에 대한 흥미를 북돋아 주는 데에 힘써왔다. 고등학교를 갓 졸업하고 대학문에 막 발을 디뎌놓은 학생들을 상대로 국제관계의 기본개념과 분석수준을 이해시키는 데에도 설명해야 할 많은 것들이 있었다. 때로는 강의노트에 보수와 진보의 개념을 끼워 넣어야 했고, 외국과 우리나라의 지도자들에 대해 젊은이들이 꼭 배워야 할 리더십을 논의해야 할 필요도 있었다. 이 책은 그런 내용들을 한데 모은 것이다. 때문에 체계적으로 이론을 설명한다거나 일관성을 갖춘 전문서적은 아님을 밝혀둔다.

이 책에 실린 내용 중 제4강좌와 제5강좌는 『정책연구』 141호에 실린 글을 정리해서 재편집한 것이다. 일본과 중국에 교환학생으로 나가 있을 때 설문조사를 실시하는 데 큰 도움을 준 이하정 석사와 안지원 석사, 지금은 모 일간지 기자로 활약하고 있는 우성규 석사, 자료수집의 편집과 도표화를 도맡아 해준 김현종 석사, 필요한 데이터를 인덱스로 바꾸는 작업을 묵묵히 해준 김명철 조교, 이 책의 원고교정과 자료수집에 도움을 준 허재영 조교에 감사의 마음을 전한다.

점점 학교일이 바빠지면서 귀가시간도 늦어지고 저녁을 집에서 하는 시간도 여의치가 않다. 부모님께도 소홀한 것만 같아 죄송하기 그지없는데 오히려 내 시간과 건강을 챙겨 주심에 송구스러울 뿐이다. 그래도 항상 힘이 되어주는 가족, 내게 가장 소중한 사람들이 곁에 있어 행복하고 그 행복에 감사할 뿐이다. 항상 가르침은 부족한 것 같은데 과분한 따름을 받을 때는 미안하고 고맙기까지 하다. 항상 아낌을 받는 만큼 더욱 성실히 살아감으로써 보답하려 한다. 끝으로 옆에 앉아 숙제는 밀어놓고 책만 잡고 있는 개구쟁이 낙연이에게 아빠의 사랑을 전한다.

2006년 2월

김용호

차 례

제1강좌

세계화시대의 국제관계를 왜 배워야 하나?

우리는 왜 외국어를 배워야 할까. 학교에서 시키니까. 보다 많은 외국사람과 말을 나누고 싶어서. 뛰어난 전문가가 되고 싶어서. 외국어를 잘 하면 취직이 잘 되니까. 그렇다면 왜 외국어를 잘 하면 취직이 잘 될까. 그 나라 사람들과 의사소통이 잘 되니까. 그렇다면 외국어는 결국 잘 먹고 잘 살기 위해서 배우는 것일까. 다 맞는 말이다.

그러나 외국어는 결국 자기 나라의 말을 빛내기 위해 배우는 것이다. 외국어를 유창하게 구사하는 사람이 많으면 많을수록 외국기업들이 투자환경이 좋다고 평가할 것이고 그만큼 관광객들도 몰려들게 될 것이다. 일단 한국에 들어오면 한두 마디 한국어를 하지 않을 수 없을 것이고 한국문화에 빠져드는 외국인들도 나올 것이다. 또 그들을 통해 우리가 습득하는 그들의 생활방식은 우리에게는 커다란 자산이 될 수도 있다.

마찬가지로 우리는 왜 국제관계를 공부해야 하는 것일까. 많은 이유가 있을 것이다. 고시를 보기 위해서. 모두 세계화, 세계화하기 때문에 왠지 국제관계를 모르면 낙후될 것 같아서. 외국에서 살고 싶어서. 무역회사에 취직하려면 국제관계를 모르면 안 되기 때문에. CNN이나 BBC를 보니 이제는 기자가 되려고 해도 국제관계를 모르면 힘들기 때문에. 이 또한 모두 맞는 말이다.

서울의 밤거리를 걷다 보면 외국에 와 있는 것 같은 착각을 일으킬 정도로 우리나라도 발전했다. 우리 사회가 이미 국제화되어 있기 때문이다. 서울의 중심가에 위치한 고층건물에는 외국계 회사들이 즐비하게 입주해 있다. 삼성동 코엑스 근처도 마찬가지이다. 외국어를 배우는 이유와 마찬가지로 국제관계를 배우는 이유 역시 우리나라를 빛내기 위해서이다.

외국어를 배우고 국제관계를 배우는 이유는 글로벌시대를 이끌어 갈 수 있는 리더십을 함양하기 위해서이다. 리더에 따라서 그가 이끄는 회사나 팀, 단체나 동아리의 성격과 능률, 성과가 달라지는 것은 당연하다. 열심히 일하고 남이 하기 싫어하는 일에 앞장서고, 자기 이익만 챙기지 않고 남을 생각하는 자세는 성공의 기본이다. 회사로 따지자면 과장까지는 이런 정신으로 일하면 고속승진을 할 수 있다고 한다. 그런데 그 이상으로 올라가려면 정치력과 사교력도 필요하고 통찰력과 판단력을 갖춘 리더십을 갖춰야 한다. 그래야 임원으로 올라갈 수 있다는 것이다.

그 판단력을 어디에서 배울 수 있을까. 수많은 책을 읽음으로써 얻어질 수 있을 것이고 많은 사람들을 만나면서도 얻어질 수 있을 것이다. 그중에서도 본인이 직접 많은 경험을 하는 것이 중요한데, 경험이 힘들다면 리더들의 경험을 배우는 것 또한 중요하다. 세계화시대의 국제관계를 배우며 이론적 토대와 통찰력을 기르는 것도 필요하고, 또 그 결정을 내린 리더들에 대해 이해하는 것 역시 중요한 자산이 될 것이다.

하와이에 가 보면 진주만 폭격의 아픔을 잊지 않아서인지 미국의 군사시설을 많이 접할 수 있다. 그중에서도 군사시설치고는 굉장히 비군사적인 시설을 접할 수 있는데 그 시설의 정문에는 아치가 걸려 있다. 그 아치에는 "You Will Not Be Forgotten"이라고 씌여져 있다. "당신은 결코 잊혀지지 않을 것이다"란 말이다. 첫사랑을 떠나보내며 외치는 감상적인 표현은 결코 아니다. 그럼 이런 구호가 적혀 있는 곳은 과연 어디일까.

이곳은 미군의 유전자 감식연구소라고 한다. 미국이 참전한 곳에서 실종된 미군가족들의 DNA를 보관해 두었다가 미군으로 추정되는 유해가 발견되면 이곳으로 옮겨져 그 유해가 누구의 것인지 끝까지 추적해서 신원을 밝히는 게 이곳 사람들의 임무인 것이다. 신원이 밝혀져 KIA(Killed in Action, 전사자)임이 증명되면 관 위에 성조기가 덮인 채로 국립묘지로 향하거나 고향으로 보내져 전쟁영웅으로서 성대한 장례식을 치러준다. 가족들에게는 성조기와 함께 응당한 보상금과 연금이 지급되고 희생에 대한 국가의 책임이 실행된다.

그래서 국가를 위해 몸 바친 당신은 결코 잊혀지지 않고 꼭 우리가 찾아서, 당신이 국가에 행한 의무에 상응하는 권리를 가족들에게 돌려준다는 의미의 구호일 것이다. 최근 우리도 한국전쟁 당시 실종된 국군유해를 찾는 정부차원의 활동이 활발해졌고, "태극기 휘날리며"라는 영화를 통하여 그 활동의 일단이 우리에게 소개된 적도 있다.

우리를 돌아보면 어떠한가. 한국전쟁에서 전몰한 국군을 찾으려는 노력만큼 자유를 위해 싸우다 북에 포로로 남아 있는 대한민국 국군을 잊고 있는 것은 아닐까. 우리는 모두 세금을 내는 사람들이다. 학생들이라 할지라도 비록 적은 금액이지만 물건을 살 때에는 각종 세금이 포함되어 있어 적지 않은 간접세를 내는 셈이다.

그런 우리가 어느 날 갑자기 납치되었다면, 국가는 우리에 대해 우리의 신변을 지켜줘야 할 가장 기본적인 의무를 다하지 않은 것이며 우리는 그만큼 우리의 권리를 보장받지 못한 것이다. 국군포로로 북에서 50여 년을 지내다 북한을 탈출해서 중국의 우리 공관을 찾았다가 망명신청조차 거부되었다고 주장하는 일간의 소문이 사실이 아니기를 바랄 뿐이다.

심지어는 납북된 인사가 북에서 결혼, 가족을 이뤄 생활하다가 이산가족의 상봉행사로 남한의 가족들을 만나는 경우도 있었다. 그 장소는 남북한이 공동으로 주최한 장소이어서 우리 공무원도 있었다. 물론 그들이 할 수 있는 일은 현실적으로 없었겠지만 따지고 보면 납치되었다가 북에서 살게 된 그 사람은, 대한민국 국민으로서 납치될 시점까지 세금을 내고 살았던 사람이고 따라서 국가는 그 사람을 보호해야 할 의무가 있다.

우리는 그 사람을 그냥 다시 북으로 보낼 수밖에 없었다. 개인적으로 지금 그 사람을 남으로 데려온다면 그 사람의 가족들은 어찌 해야 하는가. 그 사람의 가족들도 생전 가보지 못한 남한으로 와야 하는가. 과연 납치된 당사자는 남에 남겨진 가족들과 자신이 새로 만난 북의 가족들 중 누구를 택해야 하는가. 수수께끼이기엔 너무도 슬프고 현명한 대답을 하자면 너무 비인간적이다.

비슷한 상황이 일본에서 벌어진 바 있다. 일본과 북한과의 수교협상에서 가장 큰 논란의 대상은 일본인 납치문제이다. 당시 고이즈미 총리의 북한 방문[1]은 예상치 못한 김정일의 일본인 납치에 대한 사과를 야기했으며, 그 결과 납치되었던 일본인들이 본국을 방문할 수 있는 계기가 마련되었다.[2] 고이즈미 내각은 일본으로 돌아온 납북 일본인들을 돌려보내지 않았다. 오히려 이들은 일본인들이기 때문에 결코 돌려보낼 수 없다는 것과 함께 이들의 가족들을 일본으로 돌려보내라는 요구를 북한에 관철시켰다.

남북이산가족 상봉장소에서 납북된 가족을 짧은 만남 뒤에 다시 돌려보내야 했던 가족들이 과연 이 장면을 어떻게 보았을까? 과연 이러한 측면을 정치적인 이해득실로 해결해야 할 것인가 아니면 옳고 그름으로 해결해야 할 것인가?

앞으로 보수와 진보에 대한 논의를 하겠지만, 권리와 의무가 균등해야 한다는 것은 보수와 진보를 초월하는 사회의 원칙인 것이다. 부를 많이 축적하여 그에 상응하는 소비의 권리를 가진 사람이 그만큼 많은 세금의 의무를 지는 것이나, 흔히 구멍가게로 불릴 만큼 아주 영세한 사업을 운영하면서 적은 수입을 올린 영세업자에게 적은 세금이 부과되는 것은 상식이다.

마찬가지로 국가에 대해 국방의 의무를 다한 사람이 그만큼 권리를 더 행사해야 하는 것은 마땅한 이치일 것이다. 병역을 회피한 후보의 경력이

---

1) 2002년 9월 17일 북일 정상회담, 『조선일보』, 2002년 9월 18일자, 4면.

2) 『조선일보』, 2004년 5월 6일자, 2면.

선거에서 쟁점이 되었던 것은 우리나라만의 현실이 아니라 미국에서도 종종 일어나는 일이다. 이라크에 파병을 해야 한다, 하지 말아야 한다는 논란의 와중에서 이라크에 파병해야 한다고 주장한 사람이 사실은 병역의 의무를 부담하지 않았다면 과연 그 말에 수긍할 국민이 몇이나 되겠는가.

보수적인 대외정책 노선을 표방한 후보의 가족이 국방의 의무를 다하지 않은 사실이 선거의 결과를 결정짓는 경우는 우리에게도 낯선 것은 아니다. 민주화시대를 연 지도자들이 정녕 자신들의 군복무 의무를 다하지 않은 것도 우리의 불행이거니와 군에 가지 않은 사람들을 '신의 아들', '장군의 아들'로 불렀던 세태나 군복무를 해야 할 나이에는 외국에 나가 있다가, 더 이상 군복무에 해당되지 않는 나이가 되었을 즈음 귀국하여 유창한 영어로 서투른 우리말 실력을 가리곤 우리 사회의 지도층 인사 행세를 하는 사람들이 많은 것 역시 우리 사회의 아픈 상처가 아닐 수 없다.

리더십은 선험적 추론을 통해서는 결코 얻을 수 없다. 공부를 많이 하는 것이 도움은 되지만 그에 상응하는 경험이 없다면 결코 얻어질 수 없는 것이 리더십이다. 우리는 한두 개의 동아리에 몸담고 있고 동아리 나름대로의 행사에 참여하고 있다. 행사를 준비하는 과정에서 선배가 후배들을 이끄는 것은 지극히 당연한 것이고 그 과정에서 여러 가지 노하우가 전해지기도 하고 시행착오들이 시정되기도 한다.

그런데 이 과정에서 선배노릇을 제대로 하려면 스스로가 과거에 열렸던 같은 행사에 참여해 봤어야 한다. 그래야 그 행사의 성격과 준비과정에서의 특수성이나 비합리성 등을 체험할 수 있었을 것이고 그 경험이 축적되어 후배들에게는 지혜의 형태로 전수되는 것이다. 만일 그런 경험이 없는 상태에서 후배들을 이끌어 나가려 한다면 후배들이 좀처럼 따르지 않을 뿐 아니라 그 행사 자체도 실패하기 십상이다.

하버드대학교 정치학과 교수를 역임했고 닉슨 행정부에서 안보보좌관과 국무장관을 역임하며 소련과의 데탕트를 이끌어 냈는가 하면 중국과는 핑퐁외교를 통해 팽창된 소련에 대한 세력균형을 일구었던 키신저(Henry Kissinger). 그가 간혹 브리핑을 해줘야 했던 대통령 후보군의 레이건(Ronald

Reagan) 캘리포니아 주지사는 가장 국제정세에 대한 지식이 없는 정치인이었다.

키신저가 회고하는 레이건은 분명 외교정책에 대한 학문적 배경이 가장 낮은 대통령이었다. 그러나 그가 갖고 있는 지극히 기본적인 생각들을 보기 드문 일관성과 끈기로 밀어붙여 미국외교의 한 획을 긋는 외교독트린을 고안해 낸 뛰어난 리더십의 소유자였다. 키신저는 누가 레이건의 연설초안을 잡아 줬는가, 혹은 그의 연설들이 그의 생각인지 혹은 스피치라이터들의 생각인지를 묻는 것은 의미가 없다고 일축한다. 결국 스피치라이터를 선택한 것은 레이건이었고 그가 읽은 연설문들이 그의 생각을 표현한 것에는 의심의 여지가 없기 때문이다.[3]

레이건이 외교정책의 세세한 부분까지 살펴본 것은 물론 아니었을 것이다. 단지 몇몇 기본개념만을 염두에 두고 있었을 뿐이었을 것이라는 지적이다. 키신저는 종종 역사가들과의 대화에서 왜 그토록 지적이지 못한 사람이 캘리포니아 주지사를 8년간이나 역임했고, 대통령에 재선까지 됐는지 설명해야 하는 역사가들의 의무를 화제로 올리곤 했었다고 한다.[4]

사실 레이건 대통령은 미국 역사상 가장 고령의 나이에 당선된 대통령 중 한 명이었다.[5] 중요한 국가회의 도중 졸음을 참지 못하는가 하면 복잡한 안보사안에 대한 상세한 내용에 대한 보고보다는 외교원칙에 보다 신경을 썼던 것으로 보인다. 레이건 행정부 출범 이후 하버드대학교 정치학과의 호프만(Stanley Hoffman)은 레이건 행정부의 정책을 들어 근본주의적 정책이니 신민족주의적(neo-nationalism)이니 하며 비난하기도 했다.[6]

그런 레이건 대통령이 미국민들의 여론조사에서 미국 역사상 가장 훌륭한 대통령 5명에 드는 것은 무슨 이유에서일까. 조금 시간을 거슬러 2차 대전 종전시점으로 돌아가 보자. 2차 대전의 승리는 미국중심의 세계질서

---

3) Henry Kissinger, *Diplomacy* (New York: Touchstone, 1994), p.765.
4) Kissinger(1994), p.765.
5) 당선 당시 레이건의 나이는 69세.
6) Kissinger(1994), pp.768-769.

가 형성될 것 같이 보였고 미국은 세계정치의 선도자가 될 것이란 자부심에 차 있었다. 그러나 곧 냉전이 시작되었고 불과 5년 뒤 미국은 한반도에서 일어난 미소 간의 대리전에 참가하게 된다. 국제질서를 주름잡던 독일이나 이탈리아, 일본을 굴복시켰던 미국이기에 북한과 같은 약소국을 굴복시키고 한반도를 통일시키는 것은 어쩌면 너무 쉬운 과제였을 지도 모른다. 그러나 3년여의 혈투끝에 3만 6,940명[7]의 전사자를 남긴 채 미국은 휴전이라는 형태로 한국전쟁을 봉합한 채 물러나게 된다. 미국민들에게는 커다란 실망이 아닐 수 없을 것이다.

1950년대에 있어서 미국민들을 또 한 번 실망시킨 사건은 소련의 스푸트니크 유인우주선의 대기권 통과비행이었다. 모든 분야에서 전 세계 1위라는 자긍심을 갖고 있었던 미국은 소련에게 대기권 통과라는 우주개발의 첫 단추를 빼앗긴 데 대해 실망의 수준을 넘어서 공포심까지 갖기에 충분하였을 것이다. 1960년대가 미소 간의 우주개발경쟁으로 점철되었음은 바로 여기에서 발단된 것이다.

1960년대 전 미국시민들의 염원을 담은 아폴로 우주선은 1968년 첫 성공을 거두기까지 전 세계인이 바로 보는 앞에서 발사직후 옆으로 넘어져 폭발하거나 지상에서 20~30m 정도 솟구쳤다가 땅에 곤두박질치는 모습을 보여주는 등 미국민들의 자존심에 심한 상처를 주었다.

쿠바 미사일 사건을 통해 소련과의 기싸움에서 보기좋게 승리를 거둔 케네디 대통령은 텍사스 주 댈러스에서의 유세 중 TV생중계가 진행되는 동안 두부에 총상을 입고 쓰러지면서 미국민들을 경악케 만들었다. 민주당 정권에 실망한 미국시민들이 공화당의 닉슨 행정부를 탄생시켰지만 닉슨 대통령은 워터게이트 사건으로 말미암아 대통령직에서 물러나는 불운을 겪고 만다. 그야말로 미국민들의 자존심이 상할 대로 상한 상태에서 백악관에 입성한 사람이 카터였다.

퇴임이후 봉사활동으로 존경을 받고 있는 그이지만 대통령으로서 그의

---

7) 국방부, 『국방백서』 부록집(2000).

대외정책은 기대수준 이하였다. 인권외교를 부르짖다가 브레주네프에게 아프가니스탄을 넘겨주고 말았기 때문이다. 아프가니스탄은 동서양을 잇는 전략적 요충지로 미국의 영향권아래 있다가 소련의 아프간 침공으로 빼앗기게 된 곳이다. 미국민의 자존심은 추락할 때까지 추락한 셈이다. 이제 레이건이란 영화배우가 8년간의 캘리포니아 주지사직을 마치고 대통령에 당선된다.

키신저는 레이건이 뛰어난 직관력을 지니고 있다고 평가했는데, 그 이유는 대부분의 전문가들과는 반대로 소련체제가 붕괴할 것이란 사실을 꿰뚫고 있었기 때문이다.[8] 국제관계에 대해 해박한 지식을 갖고 있던 루즈벨트(Theodore Roosevelt)나 닉슨(Richard Nixon)보다 후임자였던 윌슨(Woodrow Wilson)이나 레이건이 역사의 방향을 바꿔놓은 외교정책을 구사할 수 있었던 것은 지정학적 고려보다는 미국적 예외주의에 뿌리를 둔 역사적 이상에 외교정책의 기저를 두었기 때문이었다.[9]

대통령 취임직후 레이건은 데탕트의 종말을 선언하면서 이제는 긴장의 완화가 아니라 민주이념의 확산을 통한 공산주의의 전환을 미국외교의 목표로 설정함으로써, 강력한 반공을 기치로 내세웠던 선거공약을 외교정책으로 이행하겠다는 의지를 강력히 표명하였던 것이다.[10]

레이건에게는 한 가지 원칙이 있었던 것 같다. 복잡한 국제관계의 원리나 이론보다 단 한 가지, 미국 시민들의 털끝 하나만이라도 건드리면 가만 놔두지 않겠다는, 즉 그럴 경우에는 어깨에 성조기를 단 미군을 보게 될 것이라는 사실을 적대세력들에게 각인시킨 일이었다. 그레나다에서는 고립된 미국학생들을 구출해 냈고, 이 외에도 아프가니스탄 군사개입, 엘살바도르 내전 군사개입 등을 통해 미국의 군사력을 과시하려 했다.

레이건이 캘리포니아 주지사로 있던 시절은 베트남전쟁으로 인하여 대

---

8) Kissinger(1994), pp.765-766.

9) Kissinger(1994), p.767.

10) Kissinger(1994), p.767.

학 내의 반정부시위가 극에 달했던 기간이기도 했다. 레이건은 버클리대학 내에 반정부구호가 적혀 있는 사실과 군복을 입은 사람에 대해 곱지않은 시선을 보내는 사회분위기에 크게 환멸을 느끼고 대통령에 출마했다는 복선이 그의 회고록 곳곳에 등장한다.

그러나 그레나다에 고립되어 죽음의 공포 앞에 무방비상태로 놓여있던 미국의 대학생들은 자신들을 구출하기 위해 본토에서 날아온 공정대 병사를 끌어안고 기쁨과 고마움의 눈물을 흘렸다. 군복과 성조기가 자랑스러운 시대를 연 것이다. 권투를 소재로 한 영화 "록키"도 소련선수와의 대결에서 승리한 뒤 성조기를 껴안고 눈물을 흘리는 주인공의 모습을 연출했다.

이런 레이건의 모습을 곁에서 지켜본 30대의 젊은이가 있었다. 부유한 집안 출신이기 때문에 이미 CEO도 해 봤고 야구구단의 구단주도 해 봤던 이 젊은이는, 레이건을 바라보면서 자신도 언젠가 대통령이 되어서 레이건과 같이 강한 미국을 만들어 내리라 다짐했었을 지도 모른다. 그가 바로 당시 부시 부통령의 아들인 조지 부시(George W. Bush)였다.

그는 레이건이 퇴임한 후 정확히 12년 만에 백악관의 주인이 된다. 레이건에게 했던 것처럼 하버드대학의 교수인 레그로(Legro)와 모라프칙(Moravcsik)으로부터 부시가 추구하는 현실주의는 '잡탕(smorgasbord)'이라는 혹평11)을 받았지만 그는 아랑곳하지 않는다. 전 세계의 비난을 한 몸에 받으면서도 일방주의적 외교정책을 계속 추진하는 것도 레이건의 영향을 받은 것으로 분석해 볼 수 있다.

우리나라에도 훌륭한 지도자들은 많이 있다. 그러나 진보와 보수진영이 서로 다른 성향을 가진 정치지도자들을 폄하하는 바람에 정녕 지도자들의 훌륭한 면을 보지 못하고 비난만 하는 경향이 강하다. 독재자의 멍에를 안고 비참한 최후를 맞았지만 아직도 박정희에 대한 향수가 정치권에 반향을 불러일으키고 있음은 그의 치적 때문이다. 세종로 정부청사 정문에 들어서

---

11) Jeffrey W. Legro and Andrew Moravcsik, "Faux Realism: Spin versus Substance in the Bush Foreign-policy Doctrine," *Foreign Policy* (July/August 2001) 참조.

면 박정희 대통령이 쓴 글이 붙어 있다. 그 글에는 훗날, 그러니까 오늘날을 말하는 것이리라, 훗날 우리 후손들에게 우리는 열심히 선진조국의 창조를 위해 일했노라고 자신있게 말할 수 있도록 노력하자는 내용이다.

당시 모든 사람이 반대했지만 뚝심으로 밀어붙여 완성한 경부고속도로는 이제는 좁아져서 천안까지 4차선으로 확장되었고 KTX까지 다니는 시대가 되었다. 1970년대 초반까지만 해도 북한에 뒤지던 우리 경제를 수출주도의 경제개발전략으로 발전시킨 것도 박정희였다. 오늘날 우리가 만든 자동차가 오대양 육대주를 누비는 발판을 만들었고 반도체와 휴대전화는 우리의 것이 세계최고가 될 수 있게 하는 기반을 만들었다.

길거리에 침을 뱉으면 경범죄로 처벌을 하던 엄격함은 싱가포르로 수출되어 싱가포르 거리에서 침을 뱉으면 200불의 벌금을 내야 한다. 하지만 정작 서울시내 길거리에는 어린 학생들조차 아무 데서나 침을 뱉는 모습은 우리를 슬프게 한다. 실용주의 대외정책노선을 추구하여 할슈타인원칙을 포기했고 대일수교를 통해 경제발전자금을 마련하기도 했다. 카터행정부의 반대를 무릅쓰고 추진했던 핵개발이 계속되었다면 어떻게 되었을까.

친일논쟁과 독재자의 낙인에도 불구하고 그의 그늘이 아직도 우리 정치권에 길게 내리깔려 있는 것은 그의 치적 또한 적지 않음을 의미하는 것이다.

김대중은 어떠한가. 박정희가 해방 직후 군내 공산주의자를 색출하는 과정에서 사형선고를 받고 죽을 뻔 했다면, 김대중 역시 일본 도쿄에서 납치되었다가 구사일생으로 살아 돌아왔으며 전두환 신군부 치하에서는 사형선고를 받기도 했다. 옥중에서 엽서에 깨알같이 적어 보낸 글은 원고지 100장에 가까운 분량을 담고 있었다 한다. 그는 방대한 독서량으로 전문가 못지않은 식견을 갖추었다. 적지 않은 정치적 부담을 무릅쓰고 일관성있게 햇볕정책을 추진하여 남북정상회담을 성사시킨 장본인이기도 하다. 남북정상회담은 아버지에게 나라를 물려받은 온실 속 화초와 죽을 고비를 수차례 넘긴 백전노장과의 대화이기도 했다.

대북유화정책을 일관성있게 추진한다는 것이 얼마나 어려운 일인가는 김영삼 정부의 경험을 살펴보면 알 수 있다. 여론에 따라 대북정책의 향배를 결정한 나머지 김영삼 정부 때는 5차례나 강경과 온건을 오가는 바람에 냉탕과 온탕을 오고간다는 오명을 뒤집어쓰게 되었다.

글로벌시대에 사는 우리는 어떤 리더십을 갖춰야 할까.

제2강좌

국제관계를 어떻게 분석할 것인가

국제관계 분석의 출발점은 무엇을 분석할 것인지 결정하는 일이다. 국제관계가 복잡한 양상을 띠면서 우리나라에 영향을 끼칠 가능성이 농후하다면 무엇이 국제관계의 변화를 초래하였는가 분석해야 하는데, 과연 무엇부터 분석해야 하고 분석의 틀을 어떻게 구성해야 하는가 하는 문제에 봉착하게 된다. 그냥 문제가 있다는 식으로 알고 넘어간다면 세계화시대의 전문인으로서 자격이 없다.

무엇을 분석할 것인가의 문제는 어떤 수준에서 분석대상을 선정할 것인가의 문제로 귀결된다. 이를 분석수준(level of analysis)이라 한다. 특정현상을 분석함에 있어서 분석수준에 따라 분석결과가 달라진다면, 그 현상에 대한 설명은 여러 갈래에서 찾아볼 수 있다는 의미가 되고 어떤 설명을 선택할 것인지는 정책결정자나 분석가의 몫이 된다. 혹은 여러 수준에서의 분석이 유사한 결과를 도출해 내기도 한다. 이 경우 그 현상에 대한 설명력은 더욱 높아진다고 볼 수 있다.

I. 분석수준이란 무엇인가

분석수준(Levels of Analysis)은 학자마다 다양하게 설정하여 왔는데 국내정치와 국제정치의 두 수준에서부터 정책결정자, 국내정치, 관료정치와 국제정치의 네 수준까지 분류하는 경우가 대부분이다.

월퍼스(Arnold Wolfers)는 국가의 행위를 결정짓는 요소를 인간에 내재하는 속성과 인간성을 초월한 국가행위자에게만 존재하는 속성으로 구분하여 설명해야 한다고 주장했다.[1] 국가에게는 특히 생존하고자 하는 본능과 끝없는 권력을 향한 욕구, 소유하고 있는 자산이나 권력이 손상되거나 다른 국가에게 빼앗기는 것에 대한 공포, 그리고 새로운 것을 소유할 수 있는 유혹에 약하다는 공통적 속성이 내재되어 있다고 설명한다.

싱거(J. David Singer)의 분석수준은 가장 기본적인 것으로 체제수준(systemic level)과 국가수준(national level)을 제시하고 있는데, 국제환경의 행위결정성과 국가들의 자율성을 특정현상을 설명하는 두 가지 열쇠로 선정한 것이다. 어떤 현상에 대한 정확한 기술과 분석대상의 인과관계, 유사한 현상이 또 일어날 경우에 대한 예측력이 분석수준형성의 기준이 되어야 함을 중시한 것이다.[2] 체제수준에서의 분석들은 국가들의 행위에 대한 예측력을 부여해 주는 대신 일정한 환경하에서 국가들의 행위가 모두 일치된다는 가정을 깔고 있다. 때문에 국가행위에 대한 자세한 사실들에 대한 설명을 제공하지 못한다. 반면 국가수준은 국가들의 행동이 각기 다르게 나타날 수 있다는 사실을 인정하고 정책결정과정에서의 차이나 국가들의 특수성을 분석의 대상으로 설정하는 것이다.

로즈나우(Rosenau)는 다섯 종류의 분석수준을 제시하고 있는데 정책결정자의 특이한 속성(idiosyncratic variables), 직책속성(role characteristics), 정

---

1) Arnold Wolfers, *Discord and Collaboration* (Baltimore: Johns Hopkins Press, 1962).

2) J. David Singer, "The Level-of-Analysis Problem in International Relations," *World Politics,* Vol.14, No.1(October 1961), pp.77-92.

부변수(governmental variables), 사회변수(societal variables)와 체제변수(sys-temic variables) 등이다. 싱거가 제시한 국가수준의 변수를 네 가지 수준으로 세부화하고 있다는 특징이 있다.

1979년 *Theories of International Politics*를 출간하면서 신현실주의 (neorealism)의 대부가 된 왈츠(Kenneth Waltz)는 그의 초기 저서(*Man, the State and War*)에서 인간과 국가, 체제라는 국제관계의 세 가지 이미지를 제시했다.[3] 인간의 이미지는 원죄와 사회화된 행동양식이라는 이중적 행동양태로 묘사되었고, 국가수준의 이미지는 생산과 분배, 엘리트의 성향에 따라 국가들의 정책 역시 달라지는 것으로 표현되었다. 그리고 체제의 이미지는 초국가적인 행위자가 결여된 무정부상태의 국제관계하에서 만인의 결정이 만인에 영향을 주는 상태로 묘사되기 때문에 세력균형이 지배적인 행동양태가 될 것으로 주장하고 있다.

저비스(Robert Jervis)는 네 가지의 분석수준을 제시하고 있다.[4] 국제환경 분석수준은 체제수준과 마찬가지로 국가행위의 동일성을 전제하고 있으나 체제가 국가의 정책을 결정짓는다는 전제가 되는 '합리적이며 유기적인 국가행위자'라는 가정을 인정하지 않아 국제환경이라는 용어를 사용한 것으로 분석된다. 저비스는 이어서 국내정치를 세 가지의 분석수준으로 분류하고 있는데 국내적 결정요소와 관료정치 분석수준, 그리고 정책결정자 분석수준이 그것들이다. 국내적 결정요소들은 사회 및 경제구조와 지정학적 위치, 특정국가가 갖고 있는 전통적 스타일 및 국내정치갈등, 정권의 형태와 리더십의 차이 등의 변수들로 구성된다. 관료정치 분석수준은 정책결정과정에서 빚어지는 정책선호가 정부 내의 직위에 의해 결정된다는 것이다. 다시 말하면 관료가 자신의 직위에 따라 정책에 대한 자신의 입장을 결정할 뿐 정책자체에 대한 선호가 변수가 되지 않는다는 것이다. 각자 나름대로

---

3) Kenneth Waltz, *Man, The State and War: a theoretical analysis* (New York: Columbia University Press, 1959).

4) Robert Jervis, *Perception and Misperception in International Politics* (Princeton: Princeton University Press, 1976).

의 입장을 가진 관료들 간의 알력과 갈등, 협력과 반목을 통해 정책이 형성되는 과정을 분석의 대상으로 선정한 것이다. 정책결정수준은 국제환경에 대해 정책결정자가 지니고 있는 신념과 믿음, 인식(perception)에 따라 정책의 향배가 달라진다는 것이다. 저비스 자신은 네 가지의 분석수준 중에서 정책결정자 분석수준을 가장 중시하여 인식이론(perception theory)의 기초로 활용하였다.

분석수준을 좀 더 쉽게 설명하자면 이렇다. 국제정치가 결국 상호작용을 하는 개인들에 의해 좌우되기 때문에 우리들은 각국의 대통령들이나 외무장관, 보좌관들과 같은 최고정책결정자들에게 분석의 초점을 맞춰야 한다는 주장은 정책결정자 분석수준을 필요로 하는 것이다. 국제정치가 내각이나 국가안보위원회, 정치국이나 행정부, 혹은 기관들에 의해 좌우된다면 분석의 초점은 이들 그룹을 움직이는 소그룹에 맞춰져야 하고 이 경우 관료정치나 조직과정모델을 적용해야 한다. 한편 국가들은 국제정치과정에서 다른 국가들과의 상호작용하에서 행동하게 되며 상호작용의 결과 국가들 간의 지역연합이나 동맹, 이념블록 등이 형성될 수도 있고 결국엔 하나의 체제(system)가 형성되어 국가들의 행위를 결정짓게 된다고 할 때는 국제체제 분석수준을 의미하는 것이다.

국제체제 분석레벨은 체제와 구조(structure)의 구성에서 국제관계의 변화와 동인을 찾는다. 국가들 간에 형성된 구조가 체제를 형성하고 구조의 변화가 국제관계 변화의 동인으로서의 기능을 한다는 주장이다. 이러한 주장의 가장 중요한 근간이 되는 것은 합리적 결정론이라는 전제이다. 즉 외교정책은 국가가 결정단위가 되는데 국가는 국제환경에 대해 합리적으로 반응하도록 되어 있으므로 국가내부의 정당이나 행정부, 정책결정자나 시민단체, 의회 등의 편차는 고려하지 않아도 된다는 가정이다. 주어진 환경하에서 국익의 극대화를 위해 합리적으로 결정을 할 것이기 때문에 국가가 어떤 형태이든, 의회나 대통령의 성향이 어떠하든 관계없이 합리적 결정을 내리게 된다는 것이다. 이러한 가정에 따르자면 모든 국가들은 유사한 환경하에서 유사한 선택을 하게 된다. 따라서 국가들의 행위를 예측할 수 있게 된다는 장점이 있다.

앨리슨의 조직과정모델(organizational process model)과 관료정치모델(bureaucratic politics model)은 국내정치 분석수준에서의 정책결정과 관련된 모델들로서 뚜렷하게 서로 다른 모델도 아니고 또 동일한 모델도 아니어서 서로 혼돈될 가능성이 있다.

조직과정모델은 일단 정부가 준봉건적이고 준동맹적인 조직들의 복합체로 인식하면서 정책결정과정의 전단계인 정보의 수집에서부터 정책결정 및 집행과정에 이러한 복합체들이 영향을 미치게 된다는 내용을 골자로 하고 있다. 우선 각 조직들은 아무 목표나 선정해 놓고 추진할 수 없다. 조직 나름대로 어떤 목표를 선정하여 이를 추구할 때, 해도 되는 행위와 해서는 안 되는 행위들을 규정해 놓은 제약들이 있기 때문이다. 또한 두 개 이상의 목표가 있을 때 어떤 목표를 먼저 추구해야 하고 또 어떤 목표를 나중에 추구해야 하는가에 대해서도 조직 나름대로 정한 원칙에 따라야 한다.

이러한 과정에서 생성되는 것이 표준행동절차(Standard Operation Procedure, SOP)라는 것인데 이 절차에 의해서 문제가 인식되고 이와 관련된 정보를 수집하게 되며 일관성있는 대책들을 모색하게 되고 이때 필요한 예산을 확보하거나 보고서를 작성하며 하드웨어를 준비하게 되는 것이다. 정책의 대안이 생성되면 외교정책과 관련된 여러 조직들이 각자의 대안들을 가지고 중앙에서의 조정과정(central coordination)을 거치게 된다. 그 결과의 산물이 외교정책이라는 것이다.

한편 관료정치모델은 외교정책을 정부의 각 부서 및 부서장들 간의 거래(bargaining game)의 산물로 간주한다. 각 부서의 임무에 따라 상황인식과 해결책에 대한 인식차가 존재하는데 이들 부서의 입장이 이 부서에 속한 개인들의 입장을 결정하므로 개인차가 존재할 공간이 없다. 정부 내에는 각자의 입장을 지닌 부서들이 상존하게 되고 이들은 자기 부서의 이해관계에 따라 문제의 인식과 대안의 제시방식을 달리 한다. 대안 A를 제시한 A부와 대안 B를 제시한 B부가 있을 경우 대안 A가 채택되었다면 이는 A부가 B부와의 협상에서 승리한 것으로 간주하게 되는 것이다.

조직과정모델과 관료정치모델의 가장 커다란 차이점은 로즈나우가 제시한 직책속성(role characteristics)의 유무와 SOP의 유무로 대별될 수 있을 것이다. 개인의 입장을 유지한 상황하에서 이 부서 저 부서에 흩어져 있는 개인들의 느슨한 연합체로서의 조직을 상정하고 이들 조직이 서로의 행동원칙에 따른 조정과정의 산물로 정책을 바라보는 조직과정모델과, 개인의 입장이 부서의 입장에 따라 정해지는 관료 간의 협상의 산물로서 정책을 바라보는 관료정치모델은 분명한 차이를 나타내고 있다. 또한 관료정치에서는 부서 간의 힘겨루기의 결과로서의 정책을 상정하고 있는 반면, 조직과정모델에서는 SOP와 조정과정의 결과로서의 정책을 상정하고 있어 다소 차이가 발견된다.

그러나 이러한 모델들을 실제상황에 적용시켜 보았을 때 두 모델에 딱 들어맞는 상황이 나타난다거나 두 모델의 확연한 차이를 나타내어 주는 상황을 발견하기는 힘들다. 대부분의 상황들이 두 모델이 설명하고자 하는 성향들을 어느 정도 내포하고 있을 뿐 아니라 실제상황에서 특정 정책결정자가 어떤 조직에 속해있는지를 파악하는 것은 현실적인 어려움이 따르는 일이다. 정책을 둘러싼 부서 간의 알력이나 이견을 파악하는 것도 이론과 실제와의 괴리를 나타내어 주는 대목이다.

국내정치모델 혹은 정치과정모델은 외교정책에 대한 의회, 압력단체, 언론 등의 영향력을 고려대상에 포함시키는 것으로서 외교정책이 국제관계에 대한 고려보다는 선거와 같은 국내정치적 사안에 의해 좌우되었다고 판단될 때 사용되는 분석수준이다. 특히 국가안보와 정권의 안보가 분리되는 경우 설명력을 띠는 분석수준이다.

클린턴 행정부시절 코소보 공습은 르윈스키 스캔들에 대한 관심을 해외로 유도하기 위함이라는 비난을 받기도 했다. 그런가 하면 1990년대 한국의 대북정책은 선거 때마다 강경과 온건을 오고가는 정책변화를 보여 대북정책을 선거도구로 활용한다는 핀잔을 받기도 하였다.5)

---

5) 정진위·김용호, 『북한, 남북한관계 그리고 통일』(서울: 연세대학교 출판부, 2003),

그런가하면 미국의 베트남과의 수교 배경에 당시 상원외교위원장이던 샘 넌 의원의 선거구인 사우스 캐롤라이나 주가 담배의 주생산지라는 점이 고려대상에 포함되었다는 설도 제기되었다. 이는 흡연자가 많은 베트남과의 수교가 미국의 담배수출에 긍정적 기여를 하게 될 것이고 그 경우 사우스 캐롤라이나 주가 수혜대상이 될 것이기에 이 같은 사실이 정책에 반영되었다는 기사가 나오기도 하였다. 1948년 미국이 신생 이스라엘정부를 승인한 것도 당시 대통령선거에서 유태인들의 표를 확보하기 위한 선거 전략이었다는 점도 국내정치모델을 적용하여서만 밝혀낼 수 있는 사실들이다.

다른 국내정치 분석수준들과 마찬가지로 정책결정자 분석수준을 적용한다는 것 자체가 합리적 결정론의 전제를 인정하지 않는다는 것을 의미하는 것이다. 이 수준은 정책결정자의 인식(perception)에 따라 상황의 인식과 대처방안, 정책의 집행방안 및 결과의 편차가 결정된다는 것을 설명하기 위한 것이다. 정책결정자의 인식은 성장과정, 가치관, 교육수준, 철학 및 가정환경 등 다양한 변수에 의해 결정되므로 정책결정자의 배경에 대한 분석이 정책을 분석하거나 예견하는 데에 필수적 요소라는 것이다.

II. 사례분석

1. 쿠바 미사일 위기: 앨리슨의 분석[6]

1962년 10월 소련이 쿠바에 미사일을 배치하려는 시도가 포착되면서 13

---

pp.233-250.

6) Graham T. Allison, "Conceptual Models and the Cuban Missile Crisis," *The American Political Science Review,* Vol.LXIII(September 1969).

일 동안 미국과 소련이 전쟁일보직전까지 가는 위기상황이 전개되었었다. 이 사건을 가리켜 쿠바 미사일 위기라고 하는데 우리에게는 영화 〈D-13〉으로 잘 알려져 있다. 케네디 대통령 자신이 이 위기가 전쟁으로 발전될 가능성을 1/3에서 반 정도 될 것이라고 예견하였던 만큼 일촉즉발의 위기상황이었다.

앨리슨(Graham Allison)은 정책결정에 대한 개념적 모델들을 적용하여 각기 다른 시각에서 이 사건을 분석하였다. 먼저 쿠바 미사일위기를 합리적 결정론의 관점에서 분석한다면 미국의 핵우위에 대한 소련의 반응의 형태로 이 사건을 인식하게 된다. 즉 무너진 자연의 법칙, 세력균형을 복구하려는 시도로 소련이 미사일을 배치하려는 의도를 해석한 것이다. 즉 국익의 극대화라는 합리적 선택이라고 바라본 것이다. 이 같은 인식은 대안을 모색하는 과정에 커다란 영향을 미쳤다고 분석할 수 있다. 앨리슨의 분석을 보다 자세히 알아보자.

합리적 결정론에 입각해서 미국은 체제차원에서나 지역차원에서의 핵우위를 활용하여 핵전쟁 바로 전단계까지 위기를 고조시킨다면 소련이 핵열세를 감안한 합리적 판단으로 물러날 것으로 계산하게 된다. 그렇다면 미국은 이러한 전략적 및 국지적 우월성을 유지한 채 소련에게 굴욕감없이 후퇴할 여지와 시간을 제공하기 위한 대안을 모색하기만 하면 된다는 결론에 도달한다. 아무 조치도 취하지 않고 방치하는 것, 외교적 압력을 행사하는 것, 카스트로에 대한 비밀접근을 통해 문제해결을 모색하는 것, 쿠바에 대한 전면침공, 부분적 폭격, 해상봉쇄라는 대안을 검토하게 되었다는 것이다.

아무 조치도 취하지 않는 대안은 이미 러시아에 배치된 핵미사일의 위협에 노출되어 있는 이상 쿠바에 핵미사일이 배치되더라도 커다란 전략적 의미가 없다는 점에 착안하고 있었다. 오히려 미국의 과민반응이 사태를 더욱 악화시킬 수 있다는 계산이 깔려 있기도 했다. 그러나 이 대안은 결국 폐기되고 말았다. 만일 소련이 추가로 미사일을 배치할 경우 미국우위의 핵균형이 역전될 수 있는 군사적 의미를 간과하고 있는 데다 명백한 소련의 도전을 미국이 용납할 경우 파생될 정치적 의미를 도외시할 수 없다는 이유

때문이었다고 한다.

외교적 압력을 행사하자는 대안도 검토되었는데 유엔이나 미주기구를 통해 선박검사팀을 구성하는 방안, 정상회담과 같은 흐루시초프에 대한 직접적인 비밀접근 등 다양한 대안이 검토되었지만 결국은 흐루시초프에게 외교적 이니셔티브를 쥐어준다는 점, 게다가 터키에 배치된 미국 미사일이 협상대상에 포함될 가능성이 있다는 점에서 바람직하지 않은 것으로 결론 지어졌다.

카스트로에게 비밀리에 접근하는 대안은 소련과의 결별을 종용하는 여러 가지 유도책을 필요로 했다. 그러나 쿠바에 설치되어 있기는 하지만 소련군이 설치하여 경비 중에 있으며 소련의 장비라는 점에서 카스트로와는 무관한 크렘린의 결정이 중요하다는 판단에 도달했고 결국 이 대안 역시 포기되었다는 것이다.

쿠바에 대한 전면침공안은 미사일을 접수할 수 있을 뿐 아니라 카스트로 정권을 전복시킬 수도 있다는 매력적인 대안임에는 틀림없지만 미국은 이 대안을 위한 철저한 준비는 하되 마지막 카드로 아껴두기로 하였다. 이는 2차 대전 종전 이후 처음으로 미군과 소련군이 직접 교전을 하는 상황이 전개되는 것에 대한 부담의 표현이기도 하였다는 것이 앨리슨의 분석이다.

쿠바에 배치된 미사일에 대한 부분폭격은 가장 매력적이며 현실적인 대안으로 검토되었다. 그러나 기술적으로 쿠바에 배치된 미사일을 전부 제거하기 위해서는 부분 폭격이 아닌 500회의 출격이 필요되는 전면폭격이 필요하며 이 과정에서 소련군의 희생이 발생할 경우의 정치적 부담, 쿠바에 대한 선전포고가 결여된 상황에서 기습폭격을 할 경우 진주만 폭격과 다르지 않다는 도덕적 부담감 등이 걸림돌로 작용하게 되었다.

결국 해상봉쇄로 낙착되었다. 무력충돌의 가능성이 가장 낮았기 때문이었다. 그러나 이 대안도 단점이 없는 것은 아니었다. 우선 소련이 보복조치로 베를린을 봉쇄할 가능성에 대해 고려해야 했다. 그리고 소련선박들이 정선명령을 거부할 경우 결국 해상전의 위험을 떠안아야 한다는 것도 부담으로 작용하였다. 특히 전통적 자유의 가치를 중시하는 미국이 해상에서의

자유항해를 스스로 방해하게 된다는 도의적 책임론도 제기되어 해상봉쇄를
결정하기까지 많은 난항을 겪어야 했다.

이러한 과정을 거쳐 쿠바 미사일 위기가 해결되었다는 것이 합리적 결정
론의 입장에서 바라본 분석이었다. 그러나 조직과정모델이나 관료정치모델
은 또 다른 측면을 주시하게 한다는 것이 앨리슨의 분석이다. 합리적 결정
론에 기초한 모델은 국가를 합리적 유기체로 간주함으로써 정책결정과정에
개재되는 적지 않은 요소들을 도외시하기 때문이다.

앞서 설명한 바와 같이 정부를 나름대로의 생명력을 지닌 준봉건적이고
느슨한 동맹조직들의 모임으로 간주하는 조직과정모델에 입각한다면 해상
봉쇄결정은 합리적 선택이 아닌 조직들 간의 타협의 산물일 뿐이라고 앨리
슨은 지적한다. 미국이 쿠바에 대한 해상봉쇄정책을 결정하게 된 발단은
역시 10월 14일 찍힌 소련의 미사일발사대 사진 한 장이었다. 만일 이 사진
이 10월 14일보다 몇 주 일찍 찍히든지 일주일 늦게 찍혔다면 미국의 선택
은 사뭇 달라졌을 것이다. 그런데 미국의 정보위원회(The United States In-
telligence Board)는 9월 19일 소련이 쿠바에 공격미사일을 도입하지 않을
것으로 판단[7]하고 쿠바 서안에 대한 U-2기의 정찰비행을 중지시켰었다.
10월 4일에 가서야 쿠바 서안의 정찰비행을 재개해야 한다는 판단에 도달
하게 된다. 그렇다면 왜 이러한 오판이 일어난 것일까?

미국 정보위원회는 쿠바에 소련의 미사일이 도입되었다는 사실을 유추
해 낼 수 있는 충분한 정보를 가지고 있었다. 먼저 소련으로부터 두 대의
화물선이 만선으로 쿠바에 도착했다는 정보가 입수됐다. 쿠바난민들이 미
사일을 목격했다는 수많은 정보와 함께 카스트로의 조종사가 술에 취해 핵
폭탄을 가지고 있음을 떠들어 댔다는 정보도 입수됐다. CIA 요원은 9월
12일 미사일의 뒷모습을 포착하게 된다. 8월 29일과 9월 5일, 17일의 정찰
비행결과 SAM 미사일 발사대 건설장면도 포착되었다.

---

7) Roger Hilsman, *To Move a Nation* (New York: Delta Book, 1967), pp.172-173;
   Allison(1969), p.704에서 재인용.

유감스럽게도 이러한 증거들은 정보분석실로 옮겨지지 않았다. 우선 두 대의 화물선이 가득 선적한 채 쿠바에 도착했다는 사실은 소련의 선박부족 사실에 익숙한 정보분석가들이 그냥 넘겨버리고 말았다. 카스트로의 조종사가 으스댔던 말들은 진위여부를 파악하는 데만 2주 이상 소요되는 절차를 거쳐야만 상부에 보고될 수 있었다. 9월 12일 CIA요원의 미사일포착정보가 지연된 것은 현장요원으로부터 본부까지 보고되는데 통상 9일에서부터 12일까지 걸렸기 때문이다. 정보당국자들은 그들에게 전달된 정보에 기초하여 최선의 판단을 내릴 수밖에 없었다. 그들은 쿠바뿐 아니라 전 세계 정보망에서 올라오는 정보를 분석해야 하기 때문에 어쩔 수 없는 결과였다.

여기에 또 한 가지 주목해야 할 조직과정이 있다. 10월 4일 정찰비행을 결정한 후 14일 소련미사일 도입사실을 확인하게 될 때까지 열흘이라는 시간이 흐른 것에 대한 분석이다. 일단 닷새간은 CIA와 국방부, 국무부 간의 줄다리기 때문이었다. U-2 정찰기가 추락할 경우에 대비해 조종사가 공군 정규조종사이어야 함을 주장하는 국방부와 CIA가 개조한 U-2기를 몰 수 있는 조종사들은 모두 CIA소속임을 주장하는 CIA, 그들 사이에서 보다 현실적인 대안을 모색하려는 국무부 간의 줄다리기에 닷새가 소모되었다. 소위 업무영역에 대한 갈등때문이었던 것이다.

대안에 대한 논의에 있어서도 조직과정을 살펴볼 필요가 있다. 각 조직들의 논의결과 대안들은 공습과 해상봉쇄의 두 가지로 어렵지 않게 압축되었는데 해상봉쇄로 결정된 데에는 진주만의 전철을 스스로 밟을 수 없다는 도덕적 논리와 부분공습이 사실상 어렵다는 논의의 결과였다.

사실 공습이라고만 논의되었을 뿐이지 그 수행방안은 전적으로 공군에게 맡겨진 상황이었다. 공군은 공군 자체의 업무수행원칙에 따라 완벽한 미사일 제거를 최선의 목표로 설정하였고 이를 위해서는 전면적 폭격을 상정한 작전을 수립하게 되었다. 특히 쿠바에 배치된 소련미사일이 기동성을 갖고 있다는 사실은 공군으로 하여금 부분폭격을 고려대상에서 제외시키게 하는 결과를 초래했다.

이처럼 실행과정상의 업무수행원칙은 공군에게만 있는 것은 아니었다.

해상봉쇄의 과정에서도 해군은 대통령의 지시보다도 해군 나름대로의 업무 수행원칙이나 조직의 이해관계에 따라 움직였다는 의혹을 낳게 되었다. 해군은 애초에 대통령의 지시보다 훨씬 더 강압적인 봉쇄망을 원했다. 대통령의 지시에 따르면 해상봉쇄를 수행하기 위한 해군 자체의 SOP를 따를 수 없다는 사실을 대통령에게 전달하려는 의도에서인지 해군이 봉쇄망을 느슨하게 조성하여 소련 선박을 의도적으로 통과시켰다는 의혹도 제기되고 있는데 이러한 사실들은 모두 조직과정모델을 적용하여서만 분석할 수 있는 것이다.

관료정치모델을 적용하면 또 다른 측면이 드러난다. 해상봉쇄는 각기 다른 입장 간의 협상과 타협의 산물이었다. 먼저 케네디 대통령은 공습을 원했다. 그러나 국방장관이었던 맥나마라(McNamara)는 핵전쟁으로의 확산가능성을 가장 염두에 두었다. 때문에 군사행동에는 반대하는 입장을 띠고 있었다. 대통령의 동생인 로버트 케네디 법무장관도 자신의 형이 일본의 진주만 공격을 지휘한 도조 히데키(東條秀木)가 되는 것을 원치 않았다. 소렌슨(Sorenson)도 이들과 같은 생각이었고 결국 대통령이 가장 신임하는 이들은 공습에 반대하는 그룹을 구축하게 되었다. 한편 딘 러스크(Dean Rusk), 애치슨(Acheson), 맥콘(McCone), 니체(Nitze) 등은 공습을 선호하는 그룹을 형성하고 있었다. 결국 대통령의 결정은 무엇인가 단호한 모습을 보여줘야 하는 국내정치적 부담과, 자신이 신임하는 사람들의 요구 사이에서의 절충안이었던 것이다.

2. 적벽대전

삼국지의 한 장면인 적벽대전은 합리적 결정론에 기초를 둔 전형적인 예라고 할 만하다. 이 장면에서 제갈공명은 조조와 주유의 합리적 결정에 따른 상황판단을 역이용한다. 뿐만 아니라 제갈공명과 관우와의 보이지 않는 갈등은 동양판 관료정치모델의 전형이라 할 수 있다. 또한 제갈공명의 정책결정 스타일, 즉 업무수행원칙을 간파한 조조의 전략도 엿볼 수 있다. 그러나 역시 동양식 환경결정론이라고 할 수 있는 운명론, 천운 등 결정론적 상황 설정도 빼놓을 수 없는 대목이다.

주유와 공명이 나눈 대화의 한 장면이다.

欲破曹公　宜用火攻
萬事具備　只缺東風[8]

조조를 물리치려 하는데 반드시 화공을 써야할 터 모든 것이 준비되었으나 단지 동풍이 없도다. 즉 제갈공명은 주유의 판단을 모두 읽고 있다는 천재성을 보이고 있는데 이러한 천재성은 주유가 합리적 판단을 하고 있다는 전제를 깔고 있는 것이다. 만일 주유가 합리성을 벗어난 결정을 내릴 경우 제갈공명의 천재성은 성립될 수 없는 것이다.

實則虛之　虛則實之[9]

이것은 쫓기는 조조가 넓은 길을 놔두고 모닥불 연기가 타오르는 산길을 택하였을 때의 논리다. 있는 것은 없는 것처럼 하고 없는 것은 있는 것과 같이 하라는 뜻이니 넓게 열린 길을 놔두고 산길에 불을 피우고 기다리라는 제갈공명의 계략이 맞아떨어지는 대목이기도 하다. 조조를 산길로 유도하여 나포하려는 공명의 계략은 조조가 합리적으로 판단한다는 전제가 없이는 성립할 수 없는 것이었다. 즉 어떠한 상황을 조성한다면 그에 대한 반응을 예측할 수 있다는 것이니 합리적 결정론의 전제와 다르지 않다.

---

8) 이문열, 『삼국지』(서울: 민음사, 1993), 6권, p.100.
9) 이문열(1993), p.136.

3. 1999년 서해교전

1999년 6월 서해상에서 발생한 남북한 해군 간의 교전 역시 각기 다른 분석수준을 적용하여 다양한 설명을 얻을 수 있는 사례이다. 먼저 1999년 6월이라는 상황 설정은 김대중 정부 출범 이후 햇볕정책이 추진된 지 1년 6개월이 경과된 시점이라는 측면에서 의미가 있다.

1999년 6월 15일의 서해교전(연평대전)은 북한 경비정이 NLL(Northern Limitation Line)을 넘어 선제공격했고, 이에 남한의 해군이 신속히 맞대응하여 북한 어뢰정 1척을 침몰시키고 수십 명의 사상자를 낸 사건으로 남한 해군의 완승으로 기록되고 있다. 또한, 1999년 서해교전은 한국전쟁 이후 남북 정규군이 맞붙은 최초의 사건이기도 하다. 여기서 문제가 된 NLL이란 1953년 정전협정 이후 UN군 사령관이 정한 해상에서의 북방한계선을 의미하는 것으로 비록 일방적으로 정한 해상 경계선이긴 하지만 1970년대 초반까지 북한의 거부의사도 없었기에 관행처럼 지켜져 오던 것이었다.

이 사건을 합리적 결정론의 입장에서 투영해 본다면 일단 북한의 합리적 점에서의 이익 극대화라는 점을 부각시키게 된다. 남한의 햇볕정책이 지속적으로 추진되고 있는 시점에서 과연 이 같은 정책이 강력한 국방의지와 병행되고 있는가를 시험함과 동시에 NLL을 무력화시킴으로써 서해상에서 유리한 해상입지를 확보하고자 하는 의도에서 고의적으로 NLL을 월선한 것으로 판단하게 된다.

사실 서해교전에 대한 대부분의 언론보도나 분석들은 이처럼 북한의 의도파악에 초점을 맞추었으며 그 의도가 합리적 결정론에 입각하여 자신들의 이익을 극대화하려는 시도라는 전제를 동반하고 있었다.

그러나 조직과정모델에 입각하여 이 사례를 살펴본다면 정부 내에 행정부서와는 별도로 느슨하게 형성되어 있는 강경파와 온건파의 알력이라는 측면을 부각시켜 볼 수 있다. 김대중 정부 출범 이후 1년 반이 지났지만 외교안보 관련부서 내에서는 아직도 햇볕정책에 부정적인 입장을 지니고 있는 실무관료들이 대부분 자리잡고 있는 상황하에서 꽃게잡이철에 일어난 우발적인 월선이라는 보고들이 실무진에서 묵살되었을 가능성이 제기되고 있다.

반면 온건파는 NLL이 가지는 전략적 및 안보적 의미를 간과한 채 햇볕정책의 성패에 모든 가치를 두었기 때문에 가급적 북한을 자극시키지 않으려는 정책에 무게중심을 두게 되었고 지나친 북한두둔적 태도가 오히려 강경파의 반발을 불러일으켰다는 분석 역시 가능하다.

관료정치모델에 입각하여 본다면 권력이 사람이 아니라 자리에서 발생하는 것이란 사실을 확인할 수 있게 된다. 김대중 정부의 대북정책에 가장 깊숙이 간여한 인물 중 한 사람이 바로 임동원 전 국정원장이었다.

그는 김대중 정부 출범과 더불어 외교안보수석으로 대통령을 측근에서 보좌하며 햇볕정책의 입안과 추진에 직간접적인 기여를 하였다. 외교안보수석이란 청와대에서 대통령을 지근거리에서 보좌하며 대통령에게 보고되는 외교안보관련 사안을 검토하여 대통령에게 보고하고 또 이에 대한 대통령의 지시사항을 해당부서에 전달해 내리는 일을 기본업무로 설정하고 있다. 때문에 외교안보와 관련된 사안에서는 대통령의 눈과 귀 역할을 한다고 해도 과언이 아니다. 김대중 정부가 출범한 1998년 6월에도 북한의 NLL 월선사건은 있었다.[10] 그러나 임동원 외교안보수석의 보고 때문인지 1998년에는 남북한 해군 간의 무력충돌은 없었다.

그런데 임동원 외교안보수석이 통일부장관으로 청와대를 떠난 뒤 1999년 6월 북한의 NLL월선을 꽃게잡이 때문에 일어난 우발적인 사건이라는 통일부장관의 말은 영향력을 발휘하지 못했다. 결국 북한에 대한 강경대응 방침이 결정되었고 이를 계기로 1차 서해교전이 발발하게 된다. 이후 임동원 통일부장관은 국정원장으로 자리를 옮겨 2000년 6월 15일의 남북정상회담을 막후에서 조정하는 등 다시 막강한 영향력을 행사하게 된다. 대통령의 신임을 받는 참모라 할지라도 자리에 따라 영향력이 달라지는 측면을 엿볼 수 있는 계기가 되었다.

이 사례는 국내정치과정이라는 측면에서 또 다른 설명을 제공한다. 햇볕

---

10) 『문화일보』, 1998년 6월 23일자, 23면.

정책은 여소야대의 정국에서 뜨거운 감자였다. 국회에서 이 정책에 반대하는 목소리가 높았고 햇볕정책이 정책의 성격상 북한에 거듭된 양보를 할 수밖에 없는 상황에서 여론 또한 악화되어 있었다. 이 같은 배경에서 북한의 NLL월선에 대한 강경정책은 국내정치적인 부담을 떨쳐버릴 수 있는 대안으로 평가받을 수 있으며 사실 이 사건을 계기로 햇볕정책에 대한 비난이 수그러들었다는 지적이 있을 정도로 국내정치적으로 커다란 역할을 하였다고 평가할 수 있다. 이 같은 배경하에서 남북한 정상회담도 성공적으로 추진될 수 있었다고 분석할 수 있다.

III. 국제관계의 분석과 분석수준

분석수준은 외교정책이나 국가의 행위를 분석할 때 제기되는 의문들에 질서를 제공해 주는 기능을 한다고 볼 수 있다. 외교정책은 종속변수가 되고 분석수준은 독립변수가 되며 외교정책이나 국제관계에 대한 이론은 이 독립변수를 중심으로 형성되는 것이다. 만일 둘 이상의 이론들이 같은 분석수준에서 형성되었다면 이들 이론들은 같은 현상을 설명함에 있어서 서로 다른 예측과 설명을 제공하게 될 것이다.

같은 수준에서 형성된 이론들은 서로 보완적일 수 없다. 국제관계 분석에서 궁극적인 목적이라고 할 수 있는 원인과 결과를 서로 다른 과정을 통해 규명하려 하기 때문에 현상에 대한 설명과 이해를 더욱 복잡하게 하기 때문이다. 반면 서로 다른 분석수준에 기초하는 이론들은 상호보완적 설명력을 제공할 수도 있다.

그러나 국제체제 분석수준은 다른 분석수준에서의 설명력에 대해 배타적인 성격을 띠고 있다. 국제체제 분석수준은 국내정치에서 파생되는 변수들을 환원적(reductionist) 요소로 간주하여 그 영향력을 고려하고 있지 않다.[11] 모든 국가가 주어진 상황하에서 합리적으로 자국이익의 극대화를 위

해 노력하는 행위자로 전제하였기 때문에 국내정치적인 독특성이나 과정상
의 차이가 국가의 행위에 커다란 변화를 주지는 못한다는 것이다.

하지만 국내정치 수준에서의 분석은 국제체제 분석수준이 설명하지 못
하는 변수들에 대한 설명을 제공할 수 있다는 점에서 보완적 기능을 수행한
다고 볼 수 있다. 때로는 체제수준에서의 분석이 간과하는 점에 대한 설명
을 제공하기도 해서 오히려 국내정치 분석수준이 보다 높은 설명력을 제공
한다는 주장도 설득력이 있다.

이러한 이유들 때문에 분석수준이 오히려 설명력을 제한할 수도 있다.
하나의 분석수준에 대한 집착은 다른 분석수준을 적용할 경우 접하게 될
유의미한 설명을 간과하게 한다. 또한 분석수준에 대한 맹신, 즉 반드시
분석수준을 적용해야 한다는 강박관념은 하나 이상의 분석수준을 적용한
이론의 적용을 배제하는 결과를 초래하여 분석의 폭을 스스로 제한하는 결
과를 초래할 수도 있다.

정치문화적 요소라든가 혹은 지리적 인접성, 역사적 적대감 등 국제관계
의 주요변수들은 하나 이상의 분석수준을 적용하여야만 적절하게 설명될
수 있는 요소들이다. 특정한 하나의 분석수준이 모든 현상을 설명할 수도
없으며 하나의 현상이 모든 분석수준에서 설명될 수 있는 것도 아니다.

그렇다면 분석수준을 적용하는 것 이외의 대안은 없는 것일까? 길핀
(Robert Gilpin)은 자유주의적 시각이나 민족주의, 맑시즘 등에서 그 가능성
을 찾고 있다.[12] 자유주의적 시각(liberal perspective)은 먼저 경제를 정치로
부터 분리하여 각각의 영역이 나름대로의 규칙과 논리에 의해 운영된다고
주장한다. 국제정치가 각 국가들의 자율성으로 인해 세력균형이라는 수렴
점을 형성하는 것처럼 경제 역시 국가개입의 최소화를 통해 시장경제를 형
성한다고 주장하고 있다. 그러나 국가들의 행위원칙에 있어서 합리적 결정

---

11) Kenneth Waltz, *Theory of International Politics* (Boston: McGraw-Hill, 1979).

12) Robert Gilpin, *War and Change in World Politics* (Cambridge: Cambridge University Press, 1981) 참조.

을 통한 이익의 극대화라는 전제는 수용되고 있다.

민족주의적(nationalist) 시각의 기본개념은 모든 경제행위가 국가이익에 종속된다고 주장하는데 국가의 우월성, 국가안보와 군사력 우선주의가 국제체제의 구성과 운영을 좌우한다는 것이라고 설명한다. 경제적 부는 안보와 침략의 핵심요소인 힘에 필수적 존재이고 힘은 부의 획득과 손실에 결정적 영향을 주기 때문에 부와 힘은 국가정책의 궁극적인 목표가 된다. 힘과 부의 조화가 가장 이상적이겠지만 양자가 갈등상태에 놓일 경우 경제적 부는 군사적 안보를 위해 희생될 수 있다는 설명이 바로 민족주의적 시각을 대표하는 개념인 것이다.

반면 맑시즘(Marxism)은 사회와 지식에 대한 변증법적 접근을 통해 사회를 역동적이고 갈등적으로 묘사하고 있는데 사회적 불균형과 변화는 결국 계급투쟁과 사회 및 정치현상에 내재하는 모순 때문으로 설명하고 있다. 역사적 변화는 생산력과 경제행위의 발달에 기인하는 것으로 자원의 분배를 둘러싼 투쟁의 결과로 보고 있다. 자본주의적 생산양식은 결국 역사발전의 과정에서 궁극적인 형태인 사회주의로 대체될 것으로 예견하고 있다.

이들 대안들은 무엇을 분석해야 하며 국가들의 행위에 대한 예측을 가능하게 해주지만 국제체제 분석수준을 적용한 경우와 같이 설명력이 포괄적이지도 않고 인지인식이론과 같이 정책결정 분석수준에 기초한 설명이 가능하지도 않다. 결국 어떤 분석수준을 선택할 것인가, 또는 대안적 접근법을 선택할 것인지는 분석대상의 성격과 시기에 따라 연구자가 판단해야 할 몫이다.

제3강좌

국제관계의 개념과 이론

I. 국제관계의 주요 개념들

세계화가 진행되면서 반드시 전문직종에 근무하지 않더라도 국제관계 (International Relations, IR)와 떠나서는 생활을 영위하기 힘들게 되었다. 여행이나 휴가, 출장을 떠날 때에도 외국을 행선지로 하는 경우가 급격히 증가하면서 국제관계가 요구하는 최소한의 조건인 여권을 접하게 되는 경우도 늘어나고 있다.

외국의 세관과 입국심사대를 통과하면서 영어의 필요성을 새삼 느끼게 되는 경우도 있을 것이고 영어가 능통하게 되어 성취감을 느끼는 경우도 있을 것이다. 영어권이 아닌 국가의 심사대를 통과하거나 그 나라들을 여행하면서 그 나라의 언어를 배우고 싶다는 충동이나 지적 호기심을 갖게 되는 경우도 경험하게 될 것이다. 이러한 변화를 느끼거나 이미 경험한 사람들은 본인의 희망유무와 관계없이 자신이 세계화의 한 가운데 서 있는 국제관계의 한 성원으로 변해가고 있다는 사실을 접하게 될 것이다.

국제관계는 국제정치학(International Politics)보다 포괄적인 개념이다. 국제정치학이 국제관계에서의 정치적 문제에만 관심을 둔다면 국제관계란 국제사회에서 발생하는 정치, 군사, 외교 및 안보는 물론 경제, 사회, 문화, 과학분야까지 포괄하는 개념이기 때문이다. 세계화가 진행되면서 국가 간의 관계가 전통적인 정치나 외교의 굴레를 벗어나고 복합적인 요인들이 상호연계되면서 새로운 형태의 독립변수들이 등장하게 되었다. 뿐만 아니라 국제관계의 행위자도 국가에서 국제기구, 비국가단체, 개인은 물론 압력단체나 미디어까지 다양한 형태로 변화하게 되었다.

국제관계를 연구한다는 것은 크게 국제안보(International Security), 국제기구(International Organization/International Institution), 국제법(International Law)과 국제정치경제(International Political Economy)에 대한 연구로 구분될 수 있는데 결국 국가들의 협력과 갈등에 대한 연구로 집약해 볼 수 있을 것이다.

국제안보에 대한 연구는 주로 전쟁과 전투의 방식, 갈등의 양상 및 요인과 그 해결방안에 대한 분석이 주를 이룬다. 과학기술의 발달이 무기체계의 첨단화를 초래하여 ICBM(Inter-Continental Ballistic Missile, 대륙간 탄도미사일), ABM(Anti-Ballistic Missile, 對탄도요격미사일), SDI(Strategic Defense Initiative, 스타워즈 프로그램), TMD(Theatre Missile Defense)·NMD(National Missile Defense)·MD(Missile Defense)와 같은 미사일방어체계, NPT(Non-Proliferation Treaty, 핵비확산조약), PSI(Proliferation Security Initiative, 핵확산방지조치), BVR(Beyond Visual Range, 시야보다 넓은 미사일 유도거리), BMEWS (Ballistic Missile Early Warning System, 탄도미사일 조기경보체계), CTBT (Comprehensive Test Ban Treaty, 포괄적 핵실험금지조약), MTCR(Missile Technology Control Regime, 미사일기술통제체제)과 같은 전문용어들이 많이 사용된다.

취약한 나의 안보를 강화하기 위한 조치가 적의 안보취약으로 이어져 적의 안보강화를 유발하고 결국 내 안보가 다시 취약해지는 상황을 일컫는 안보딜레마(security dilemma)도 국제안보의 주요 개념 중 하나이다.

국제기구에 대한 연구는 종래에는 1648년의 비엔나 국제회의나 1919년의 국제연맹(League of Nations), 1945년 결성된 국제연합(United Nations, UN) 혹은 IAEA, UNESCO, WHO 등 그 산하에 있는 기구(organization)들에 대한 연구가 주를 이뤄왔다. 근래에 와서 구성주의가 설명력을 인정받게 되자 국제기구의 정의가 완화되어 반드시 정관과 회원국, 사무국, 예산 및 인원을 갖추지 않더라도 정형화(institutionalize)된 국제회의나 모임 등을 기구(institution)로 간주하여 이를 연구대상으로 설정하는 경우가 대부분이다.

국제법을 연구하는 것이 곧 국제변호사가 되는 것으로 간혹 착각하는 경우가 있으나 세계 그 어떤 법정에서도 변호를 담당할 수 있는 변호사 자격증은 없다. 미국에서 법과 대학원(law school)을 졸업하면 각 주에서 실시하는 변호사 자격시험(bar)에 응시할 자격이 주어지는데 한 주에서 자격을 취득했다고 해서 다른 주에서도 변호사 자격이 인정되는 것은 아니다. 물론 미국의 한 주에서 변호사 자격을 취득했다고 해서 다른 나라의 법정에서 변호인으로 활동할 수 있는 것도 아니다.[1]

미국의 무력개입을 살펴보면 국제기구나 국제법의 효용성 논란에 휩싸이게 된다. 1차 대전과 2차 대전 당시 미국은 연합국가라는 형태의 다국적군을 구성하여 참전했었다. 한국전쟁에는 유엔군의 깃발아래 다른 15개국과 함께 참전했었으며 베트남전에는 단독으로 참전하면서 한국의 동반참전을 유도하기도 했었다.[2]

1980년대와 1990년대 초반의 공화당 행정부 시절 군사개입은 미국의 정치학자들조차 침략(invasion)이라는 용어를 사용할 정도로 국제법적 절차보다는 효율을 우선시한 단독개입의 형태가 활용되었다. 그레나다에서는 고립된 미국 대학생들을 구출해 내는가 하면, 파나마에선 마약공급의 혐의를 받던 독재자 노리에가를 체포하는 성과를 얻었지만 모두 침략으로 표현되

---

1) UN이 승인한 이라크 임시정부에서의 재판인 탓인지, 미국 법무장관 출신도 사담 후세인 변호인으로 활동하고 있다. 『중앙일보』, 2005년 11월 29일자, 10면.
2) 『동아일보』, 2003년 9월 22일자, 8면.

고 있다. 특히 파나마 침략3)은 다른 국가의 내정에 간섭하여 최고지도자를 납치한 것으로도 해석될 수 있는 성격의 것이었다.

1990년 1차 걸프전에 미국은 다국적군을 구성하였으며4) 냉전 이후 처음으로 소련도 동조하는 가운데 일방적인 승리를 거둘 수 있었다. 이는 이라크의 쿠웨이트 침공에 대한 국제사회의 반응을 미국 주도하에 표출시킨 계기가 되어 이후 미국은 세계경찰로서의 이미지도 확보할 수 있게 되었다. 소말리아에는 유엔과 함께,5) 코소보에서는 NATO의 깃발아래 참전하였다.6) 그러나 2003년의 2차 걸프전에는 유엔이 반대하자 영국 등 동맹국들과 함께 유엔의 승인을 거치지 않고 참전하였다.7) 비록 전후처리 과정에서 유엔의 참여를 요청하기는 했지만 국제기구의 무용함을 만천하에 드러내는 것이기도 했다.

이러한 경향은 옛소련의 군사개입에서도 드러난다. 1960년대 말 옛소련의 동구권에 대한 개입을 정당화시켰던 것은 브레주네프 독트린이었다. 이 독트린은 옛소련의 영향권이라고 볼 수 있는 동구에서의 자유주의운동이 발생하자 공산주의의 종주국인 소련이 군사적으로 개입할 수 있는 권리를 갖는다고 선언한 것을 골자로 하고 있다. 하지만, 이 선언은 소련의 체코침공을 정당화하기 위해서 만들어졌고, 다른 국가의 주권을 제한할 수 있다는 점 때문에 많은 국가들의 반발을 불러 일으켰다.8) 브레주네프는 또한 카터 행정부의 등장으로 미국의 대소정책이 온건노선으로 바뀌자 아프가니스탄을 침공하여 친소성향을 지닌 카말 정권을 수립하기도 하였다.

이처럼 국제기구나 국제법을 연구하는 경우 흔히 그 국제기구나 국제법의 효용성에 대한 논란에 접하게 된다. 현실주의적 입장에서는 국제관계에

---

3) 『동아일보』, 2005년 1월 2일자, 27면.
4) 『문화일보』, 2003년 3월 10일자, 1면.
5) 『한국일보』, 1993년 4월 10일자, 4면.
6) 이기택, 『국제정치사』(서울: 일신사, 2000), pp.689-690.
7) 『중앙일보』, 2003년 3월 19일자, 16면; 『동아일보』, 2004년 9월 17일자, 12면.
8) 이기택(2000), pp.490-491.

서 힘과 국제구조가 결과를 결정하므로 국제기구나 국제법은 그 수단에 불과하다는 주장이 나올 것이고, 자유주의적 입장에서는 국제기구와 국제법이 무정부상태의 국제관계로부터 질서를 일궈내어 줄 것이라는 주장이 들려올 것이다.

국제기구나 국제법이 국가들의 행위를 완전히 규율하지는 못하지만 어느 정도의 구속력은 갖추고 있다고 봐야 한다. 비록 미국이나 중국, 러시아 같은 강대국의 행위에 대한 구속력은 상당히 미미하다고 볼 수 있지만 가령 우리나라와 같은 후발선진국이나 개발도상국가의 행위에 대한 구속력을 간과할 수는 없을 것이다. 미국조차도 유엔의 승인없이 2차 이라크전쟁을 시작한 것에 대한 국제적 비판여론과 국내정치적 부담을 피하기 위해 전후처리 과정에 유엔의 참여를 요청했다는 사실은 국제법이나 국제기구의 효용성을 완전히 무시할 수 없다는 반증이기도 하다.

국제정치경제의 연구는 상호의존이라는 핵심개념을 전제로 하여 진행된다. 안보적 측면에서의 국제협력은 좀처럼 이뤄지지 않으며 이뤄진다고 해도 내구력이 떨어지는 반면 경제적 측면에서의 국제협력은 상호이익이 창출해 내는 상호의존으로 인하여 보다 용이하게 이뤄질 수 있다는 것이다. WTO(World Trade Organization, 세계무역기구)가 GATT(General Agreement on Tariffs and Trade, 관세와 무역에 대한 일반협정)를 대체하게 되면서 세계를 하나의 시장으로 묶는 세계화의 첫 단추가 채워지게 되었다. 국제정치경제 분야에 종사하기 위해서는 MFN(Most Favored Nation, 최혜국 대우), PSI(Principal Supplying Interest, 주요 공급국), QR(Quantitative Restriction, 수량제한), SSG(Special Safeguard, 특별긴급관세)와 같은 용어에 대한 이해도 필요하다.

세계화는 지구 전체가 하나의 시장으로 묶이면서 상호의존 속에서도 국가 간 무역경쟁이 가속화되는 계기를 마련해 주었다. 한동안 농산물 개방 반대의 이유로 식량안보가 설득력 있게 제기되기도 했었다. 식량의 수급을 외국으로부터의 수입에 의존하다보면 외국의 수출정책에 의해 안보가 위협받는 상황이 도래될 수도 있다는 경고성 분석이 골자를 이루고 있었다. 식량만큼은 자급수준의 생산능력과 그에 상응하는 가격장벽이 필요하다는 논리도 뒤따랐다. 100% 옳은 말이었다.

그런데 세계화의 여파는 우리도 알지 못하는 사이에 우리의 곁에 와 있었다. 1997년 외환위기가 닥친 것이었다. 외환위기는 우리가 이미 세계화의 높은 파고 위에 올라타 있다는 것을 실감케 해 준 사건이었으며 비단 식량뿐 아니라 그 어떤 산업분야에서도 외국의 물품을 수입해 올 수 있는 외환이 없다면 우리 경제가 무너질 수 있다는 사실을 우리에게 각인시켜준 계기가 되기도 하였다.

이를 바꿔 말하면 우리 산업 대부분의 분야가 이미 세계시장과 연계되어서 어느 한 분야도 다른 나라의 수출입이나 외환정책으로부터 자유로울 수 없다는 것을 의미하며 또 반대로 다른 국가 역시 우리의 수출입 및 외환정책의 영향을 받는다는 사실도 알 수 있다. 그 어느 사업도 우리 경제에 영향을 주지 않는 분야가 없음은 이미 우리 경제가 세계시장에 편입되어 상호의존 관계에 놓여 있음을 의미하는 것이다.

II. 국제정치이론의 태동: 홉스와 칸트

■ 홉스(Thomas Hobbes)와 칸트(Immanuel Kant)

국제관계이론의 양대산맥이라고 할 수 있는 현실주의와 이상주의는 각각 홉스와 칸트의 사상으로부터 가장 커다란 영향을 받았다고 볼 수 있다. 홉스는 1588년 영국 맘스베리(Malmesbury)에서 목사의 아들로 태어났으며, 칸트는 1724년 프러시아 쾨니히스베르크9)에서 태어났다.

홉스10)는 먼저 인간이 평등하다는 사실을 논의의 출발점으로 택했다. 이

---

9) 현재 러시아의 칼리닌그라드.

10) 홉스의 논리는 Thomas Hobbes, *Leviathan* (New York: Cambridge University

때의 평등함이란 권리나 의무의 평등을 지칭하는 것이 아니라 자연상태에서 능력의 평등함을 의미하는 것이다. 물론 힘이 센 사람과 약한 사람의 차이는 있겠지만 그 차이가 동물세계에서 보듯 여린 사슴과 사자의 차이만큼 나지는 않는다는 점에 착안한 것이다. 즉 가장 약한 인간이 비록 약할지라도 가장 강한 인간을 죽일 수 있을 만큼의 능력은 보유하고 있는 것이 인간사회의 특징이라는 것이다.

이 같은 상황하에서 만일 혼자서밖에 향유하지 못하는 것을 두 사람 이상이 동시에 원하게 될 경우 이들은 적이 될 수밖에 없다. 단순히 적대관계가 생성되는 데에서 그치지 않고 이들은 서로를 죽이거나 복속시키려는 노력을 계속하게 된다. 씨를 뿌리고 밭을 갈고닦아 많은 곡식을 얻게 된 사람이 있다면 다른 사람들은 힘을 합해 그에게 쳐들어가 곡식을 빼앗고 심지어는 그 사람의 목숨이나 자유도 빼앗게 된다. 그리곤 누군가 그 사람의 밭을 차지하게 되면 그 사람 역시 똑같은 위험에 처하게 된다. 이런 위험에서 벗어나는 방법은 더 이상 자신을 위협할 수 있는 대상이 없어질 때까지 계속 다른 사람을 정복하는 것이고 이것이 바로 전쟁인 것이다.

홉스는 전쟁의 원인을 세 가지로 압축하고 있다. 경쟁욕(competition), 불안감(diffidence), 영광(glory). 경쟁욕은 인간으로 하여금 남을 침략해 다른 사람과 그들의 아내, 자식, 가축의 주인이 되게 하고, 불안감은 자신의 안전을 위해 방어를 취하게 하며, 영광은 여러 가지 행태로 인해 공명심을 충족시키기 위한 행위를 유발한다. 결국 만인의 만인에 대한 투쟁의 상태, 즉 전쟁이 전개된다. 인간을 모두 위협할 만한 공동의 적이 없는 상황에서 이 같은 현상은 자연스러운 것이라고 설명한다.

홉스는 질서를 유지하는 방법은 자연상태에 놓여진 인간들에게 공히 강제할 수 있는 힘과 그 힘에 의해 뒷받침되는 약속이 필요하다고 설명하고 있다. 일단 전쟁상태에 접어들게 되면 그 어떤 것도 부당하지 않은 것이라고 설명하면서도 사람들 간의 조약이나 계약이 성립된다면 그것을 지키지

Press, 1991)을 참조할 것.

않는 것을 부당한 것으로 정의할 수 있다고 하기 때문이다. 이때의 이 계약은 필요에 의해 지켜지기 보다는 강제하는 물리력에 의해 유지되고 지켜지는 것이란 점을 염두에 둘 필요가 있다.

한편 칸트는 영구평화론을 제기[11]하였는데 칸트의 사상은 오늘날까지 이상주의의 후신인 자유주의(liberalism)와 신자유주의(neo-liberalism) 이론의 모태가 되고 있다. 칸트는 영구적인 평화가 가능하다고 주장하면서 그 출발점은 모든 국가가 먼저 민주화되어야 함을 역설하고 있다. "The civil constitution of every state should be Republican." 이때의 Republican 이란 공화제를 지칭하는 것이지만 오늘날 쓰이는 용어로 표현하자면 민주주의에 더 가깝다고 할 수 있다. 민주적인 헌법은 전쟁에의 결정에 모든 시민들의 동의가 반영되어야 하는 것을 골자로 하고 있는데 칸트는 바로 이 대목에서 전쟁의 희생을 감수해야 할 시민들이 전쟁을 시작할 것인가 하지 말 것인가의 결정권을 갖는 것을 매우 자연스러운 것으로 보고 있다. 직접 나가 싸워야 하고 전후 복구의 노역을 감당해내야 하며 전쟁으로 인한 국가부채 역시 떠안아야 하는 시민들이기에 그들이 전쟁에 관한 결정에 관여해야 한다는 논리이며 이를 보장해 주는 장치가 민주적인 헌법이라는 것이 칸트의 설명이다. 그러나 민주헌법이 없는 국가에서 전쟁선포는 간단한 문제이리라.

일단 국가들 내부에서 민주적인 헌법들이 갖춰지면 이런 헌법을 갖춘 국가들 사이에 연합체를 구성함으로써 영구적인 평화를 이룩할 수 있다는 것이다. 국가 간의 연맹의 형태가 되겠지만 반드시 국가들로 구성된 정부를 의미하는 것은 아니다. 이는 국가들이 모여 한 국가를 형성한다는 것을 의미하기 때문에 국가들 간에 상하관계가 생성된다는 것은 영구적 평화를 의미하는 것이 아니기 때문이다.

칸트의 영구평화론에서 또 한 가지 중요한 것은 국가들 간에 평화조약의

---

11) Immanuel Kant, "Perpetual Peace," in Lewis White Beck (ed.), *Immanuel Kant: On History* (Upper Saddle River, New Jersey: Prentice-Hall, 1975) 참조.

형태보다는 평화연맹의 형태를 띠는 것이 바람직하다는 것이다. 평화조약
(treaty of peace, *pactum pacis*)은 전쟁을 종식시키는 방법이기는 하지만 하
나의 전쟁을 종식시키는 데 그칠 뿐이고 평화의 연맹(league of peace, *foedus
pacificum*)은 모든 전쟁을 종식시킬 수 있기 때문이다. 점진적으로 이 연맹
에 소속된 국가들이 늘어가면서 영구평화가 가능해 진다는 것이 칸트의 주
장이다.[12]

III. 현실주의와 자유주의

홉스의 만인의 만인에 대한 투쟁과 칸트의 영구평화론은 국제관계에 대한
비관적 견해와 낙관적 견해로 대비된다. 비관적 견해는 현실주의(realism)로
발전하였고 낙관적 견해는 이상주의(utopianism)와 나아가 자유주의(liberalism)
로 발전하였다. 현실주의의 주요 개념은 전쟁과 힘(use of force) 그리고 국
가이며, 자유주의는 사회, 문화, 경제적 교류의 증대로 평화를 일궈낼 수
있다는 것이다. 대표적인 현실주의 이론가들에는 카(Edward Hallett Carr),
왈츠(Kenneth Waltz), 키신저(Henry Kissinger) 등이 있으며 자유주의 이론가
에는 벤담(Jeremy Bentham), 밀(John Stuart Mill), 우드로 윌슨(Woodrow
Wilson), 벌(Hedley Bull), 코헤인(Robert O. Keohane), 나이(Joseph Nye) 등
을 들 수 있다.

현실주의는 전쟁상태만을 설명할 수 있을 뿐이고 평화시기에는 설명력
을 상실한다는 것이 자유주의의 비판인데 반해 현실주의는 비가 오지 않는
데도 우산을 갖고 다니는 것에 비유하여 왜 평화시에도 국가들이 군대를
해산하지 않고 유지하는 것 자체가 현실주의이론의 타당성을 입증하는 것
이라고 반박한다. 무역으로 인해서 국가들은 상호 의존하게 되고 초국가적

---

12) 박봉현, 『칸트와 동북아시아 평화』(서울: 도서출판 오름, 2005) 참조.

인 전지구적 사회(global society)가 불가능한 것도 아니어서 완전한 무정부 상태란 존재하지 않는 것이라는 자유주의의 주장에 대해 현실주의는 자유주의가 국내정치와 국제정치의 차이를 무시하고 있다고 비판한다.[13]

1910년 스탠포드대학교의 조단(David Starr Jordan) 총장은 터프츠(Tufts) 대학에서의 연설에서 산업의 발달로 인해 무기체계가 급속도로 발전하면서 전쟁경비도 기하급수적으로 증가하여 더 이상의 전쟁이 불가능할 것이라고 주장하였다고 나이는 전한다. 그만큼 자유주의적 분위기가 팽배해 있었고 현실주의자들은 그만큼 비판의 대상이 되었지만 4년 뒤 1차 세계대전이 발생하고 말았다.

현실주의에서는 결국 무정부상태, 자유주의에서는 계약이 국제환경을 결정짓는 요소이다. 현실주의의 세 가지 가정은 국가만이 행위자란 것과 국가를 합리적 유기체로 간주한다는 것, 그리고 각 국가는 자국 이익의 극대화를 도모한다는 것이다. 결국 현실주의 이론은 개별 국가가 무정부상태(anarchy)에 놓여져 있으며 개별 국가는 스스로의 안보를 스스로의 힘으로 지킬 수밖에 없다는 것(self-help), 모두가 스스로의 안보를 도모하다 보니 상대방의 안보강화가 곧 나의 안보취약을 의미하는 것이 되어 다시 나의 안보를 강화하게 되고 그러다보면 반대로 상대방의 안보가 취약해져서 또 상대방이 더욱 안보를 강화하게 되는 악순환이 계속되는 안보딜레마(security dilemma)가 발생한다고 결론짓고 있다.

현실주의 이론에 토대를 제공한 고전에는 홉스의 리바이어던(Leviathan) 이외에도 마키아벨리(Niccolò Machiavelli)의 군주론을 들 수 있다. 특히 마키아벨리의 『군주론(*The Prince*)』[14]은 군주가 사랑을 받을 것인지 공포의 대상이 될 것인지의 의문에 대해 사랑도 받고 공포의 대상이 된다면 이상적이겠지만 만일 어느 하나를 택해야 한다면 공포의 대상이 될 것을 권유하고

---

13) Joseph S. Nye, Jr, *Understanding International Conflict: An Introduction to Theory and History* (New York: Longman, 2000), pp.4-5.

14) Niccolò Machiavelli, *The Prince* (Modern Library, 1950), chs.15, 17, 18 참조.

있다. 어떤 사람에 대한 사랑이란 자신의 이익에 따라 언제든지 포기될 수 있겠지만 공포란 두려움과 함께 물리적인 강제를 상정하고 있는 것이다. 따라서 자신이 두려워하는 사람에 대한 반항은 좀처럼 일어나기 힘들다는 것이다.

공포의 대상이 된다고 해서 증오의 대상이 되어서는 안 된다고 마키아벨리는 덧붙이고 있다. 다른 사람의 재물과 가족의 안녕을 위협하지 않는 한 공포의 대상이 되는 것과 증오를 받지 않는 것은 상존할 수 있기 때문이다. 하지만 많은 수의 군인들을 지휘할 때는 잔인하다는 평을 두려워해서는 안 된다고 강조한다. 잔인하다는 평이 없이는 군사들을 통솔하기가 힘들다는 것이다. 따라서 사람들로 하여금 그들이 좋아하는 사람을 사랑하게 하되 군주의 의지대로 두려워 할 줄 아는 사람들로 만들라는 것이다.

마키아벨리 군주론의 백미 중 하나는 동물에 대한 비유 대목이라 할 수 있다. 그는 싸우는 방법에는 법에 의한 방법과 무력에 의한 방법이 있는데 전자는 인간이 싸우는 방법이고 후자는 동물들이 싸우는 방법이라고 설명한 뒤 인간의 방법이 바람직하기는 하지만 간혹 부족한 측면이 있어서 동물들의 방법이 사용되기도 하므로 군주는 동물들의 싸우는 방법을 익히 알고 있어야 한다고 이르고 있다.

이 과정에서 군주가 표방해야 할 동물상을 여우와 사자로 들고 있는데 사자는 비록 힘이 있지만 덫을 피해갈 지혜가 없고 여우는 자신을 늑대로부터 보호할 물리적 능력이 없다. 그래서 여우의 지혜와 사자의 힘을 모두 갖춰야 한다는 것이다. 사자는 자신의 이해관계가 맞지 않아도 계속 참고 나아갈지 모르지만 여우의 지혜를 갖추었다면 자신의 이익이 보장되지 않을 경우 언제든지 약속을 깰 수 있다는 것이다.

위와 같은 자질을 갖추는 것이 군주에게 필수적이지만 이러한 자질이 혹 없더라도 있는 것처럼 거짓 위장해야 한다는 것 또한 마키아벨리가 강조하는 대목이다. 자비롭고 신념이 있으며 겸손하고 성실하며 신을 따르는 덕목은 인간에게는 매우 중요한 것이지만 군주란 자리에 올라 국가를 경영하기 위해서는 신념이나 자비, 인간성이나 종교 등의 가치를 모두 좇을 수가 없으며 때로는 정반대로 행동해야 하는 경우도 있을 수 있다고 강변하는 것이다.

현실주의 이론은 한스 모겐소(Hans Morgenthau)에 이르러 집대성된다. 모겐소는 교조적 과학주의를 비판하고, 국제정치는 권력을 위한 투쟁의 연속이라는 입장을 견지했다. 국제정치에서의 권력투쟁을 중시하면서 보다 실천적인 성격의 이론을 주장한 것이다. 특히 모겐소는 권력투쟁에서 발생할 수 있는 도덕적 윤리문제를 베버의 책임윤리론[15]을 바탕으로 하여 극복하고자 했다. 즉, 모겐소는 국제정치의 권력투쟁에서 발생할 수 있는 윤리 도덕적 문제를 지도자의 능력을 통해 해결할 수 있다고 바라본 것이다.

자유주의에 대한 논의에 있어 벌(Hedley Bull)[16]을 빼놓을 수 없겠다. 벌은 인간들 사이에 선천적으로 존재하는 이해관계의 조화를 통해 질서가 유지될 수 있다는 생각을 했는데 국제법이나 외교, 나아가 집단안보체제(collective security)를 통해 평화를 유지할 수 있다는 발상을 전제로 깔고 있었다. 그러나 벌이 무력의 사용을 반대하는 것은 아니었다. 그는 방어전쟁이나 공격전쟁의 정당성을 인정하고 있었기 때문이다.

IV. 신현실주의와 신자유주의, 그리고 구성주의

현실주의 이론은 케네스 왈츠(Kenneth Waltz)에 이르러 신현실주의(neo-realism)로 발전하게 되고 자유주의 역시 신자유주의(neo-liberalism)로의 발전을 도모하면서 민주평화론, 경제평화론, 자유주의적 기구주의로 이론화

---

15) 이상우·하영선, 『현대국제정치학』(서울: 나남출판, 1992), p.27; Hans Morgenthau and Kenneth W. Thompson, *Politics Among Nations: The Struggle for Power and Peace* (New York: Alfred A. Knopf, 1985), pp.584-594.

16) Hedley Bull, *The Anarchical Society: A Study of Order in World Politics* (New York: Columbia University Press, 2002) 참조.

를 거듭하게 된다. 이 과정에서 신현실주의나 신자유주의는 모두 국제관계에서의 합리적 결정론이라는 전제를 받아들이게 된다. 모든 국가의 행동이 합리적이지 않다면 이론화가 불가능하기 때문이다.

행위자와 목표, 목표를 추구하는 수단이라는 측면에서도 양대 이론체계는 동일한 형태를 띠게 된다. 다만 행위자에 있어서 신현실주의가 국가만을 인정하고 있는데 반해 신자유주의는 국가 간, 국가 내, 혹은 민간들의 기구 등을 행위자로 인정한다. 목표에서도 신현실주의는 안보의 추구, 신자유주의는 협력을 지향하며, 또한 수단에 있어서도 신현실주의는 물리력의 사용을, 신자유주의는 설득, 나아가 문화적 힘(soft power)으로 그 내용을 달리 하고 있다.

1. 신현실주의

현실주의 이론이 신현실주의로 변화하는 과정에서 이론의 간결함(parsimony)과 예측가능성을 강조한 나머지 기존 현실주의가 갖고 있던 풍부한 설명력은 희생되고 만다. 이러한 경향은 미시경제학의 발전과 무관하지 않은데 미시경제학의 이론화 과정을 국제정치학에 접목시키다 보니 이론적 논리의 완결함을 설명력보다 중시한 결과라고 볼 수 있다.

왈츠[17])에 의하면 국제체제는 구조에 의해 운영되는데 왈츠는 국제구조(structure)의 변화가 국가들의 행태와 그 결과에 영향을 준다는 점을 규명하려 하였다. 구조를 정의하는 데에 있어서 왈츠는 국가들 간의 상호작용을 무시하고 각 국가들이 국가들 간의 사회(체제)에서 차지하는 상대적인 지위와 그 지위가 결정되는 원칙에 중점을 두어야 한다고 주장한다.[18]) 정책결정

---

17) Kenneth Waltz, *Theory of International Politics* (Boston: McGraw-Hill, 1979) 참조.
18) Waltz(1979), ch.5 참조.

자들의 성격이나 행위, 상호작용이 천차만별인데 비해 구조는 이러한 차이에도 불구하고 지속성을 띤다. 따라서 전혀 다른 분야라도 개체의 지위를 결정짓는 원리가 같다면 구조의 개념이 적용될 수 있다. 따라서 한 분야에서 만들어진 이론은 다른 분야에도 얼마든지 적용될 수 있다는 것이다.

국제구조와 국내구조는 한 가지 점에서 차이가 있다. 국내구조를 정의하기 위해서는 사람들 간의 위계(hierarchy)를 규정해 주는 원리와 사람들 각자가 수행하는 분업된 기능, 그리고 능력의 배분이라는 요소가 필요한데 반해 국제구조를 정의하기 위해서는 분업의 기능이라는 요소가 필요하지 않기 때문이다. 왈츠는 무정부상태에 놓여있는 각 국가들의 기능은 유기체 하에서의 분업화가 되기보다는 하나의 독립된 개체로 남아 있는 경향이 다분하다고 설명한다.

국제구조는 강대국의 수에 의해 결정되는데 강대국은 능력에 의해 정의된다. 한 국가의 능력을 측정하려면 그 국가의 경제력과 국방력은 물론 인구의 규모나 지형과 같은 요인까지 고려대상에 포함시켜야 한다고 왈츠는 주장한다. 국력은 항상 유동적인 것이어서 강대국의 지위가 영원히 유지되지 않는다고 덧붙인다. 그렇다면 체제가 안정적으로 유지되려면 일단 강대국의 수가 적어야 한다는 것이 왈츠의 주장이다.

상호의존에 대해 왈츠는 상호의존을 민감함(interdependence as sensitivity)과 상호취약성(interdependence as mutual vulnerability)으로 분류한다.[19] 민감한 상호의존이란 상대적으로 작은 이익을 취득하기 위해 외국의 생산이나 투자로부터 자율적으로 한 국가의 정책을 추진할 수 있는 범위를 가리킨다. 외국의 생산이나 투자에 대해 민감해지면 민감해질수록 그 국가의 국내경제정책은 외국의 경제상황과 수렴하게 될 것이다. 반면 민감한 정도가 낮을수록 경제적 자율성은 커진다는 것인데 식량안보라든가 자급자족, 북한의 주체경제 등과 같은 경제목표는 이 같은 발상에 기초하고 있는 것으로 풀이할 수 있다.

---

19) Waltz(1979), ch.7 참조.

상호취약성이라는 측면에서의 상호의존이란 외국의 특정생산물에 대해 국내에 대체할 수 있는 생산수단이 없을 경우 또는 상당히 높은 비용이 요구될 경우 무역이 외교정책에서 상당히 중요한 고려대상이 되는 상황을 의미한다. 이 상황하에서는 국가 A에 필수적인 상품을 생산하는 국가 B의 안보상황은 국가 A에게도 주요 관심대상이 될 것이다. 중동에서의 석유생산이 좋은 예가 될 것이다. 석유가격은 중동국가들 마음대로 결정되는 것도 아니고 또 소비자들인 선진국들의 요구대로 결정되는 것도 아니다. 오늘날 중동국가들의 국제사회에서의 지위가 석유로 인해 결정된 측면이 있는 반면 중동문제가 항상 국제사회의 뜨거운 감자로 등장하는 것 역시 석유와 관련된 것이라 하지 않을 수 없다.

왈츠는 상호취약성의 측면에서 본 상호의존이 보다 현실적인 개념이라고 설명한다. 민감함이란 측면에서의 상호의존성이란 국제정치를 국제무역의 성장과 국제영역에서의 활동빈도 증가라는 경제적 관점에서 해석한 것으로 국가단위의 현상을 설명할 수 있을 뿐이라는 것이다. 반면 상호취약성이란 관점에서의 상호의존은 국가 간 능력의 불균형에 주안점을 둔 것으로 강대국은 약소국보다 상대적으로 무역에 대한 의존도가 낮다고 볼 수 있는데 체제의 의존성이란 결국 강대국이 무역에 어느 정도 의존하느냐에 의해 결정된다고 볼 수 있다.

19세기 유럽의 강대국들은 지형적인 규모나 생산력이 상대적으로 작았기 때문에 무역에의 의존도가 높을 수밖에 없었고 필수불가결한 공급을 확보하기 위해 그 물품을 생산하는 국가를 통제하려 하게 되고 이 과정에서 전쟁이 발생하게 되었다. 그런데 냉전시기에는 미국과 옛소련이 서로 상호의존적이지 않았다고 왈츠는 지적한다. 때문에 다른 국가들의 행위로부터 영향을 덜 받을 수 있었고 결과적으로 체제자체가 안정적일 수 있었다고 설명한다.

그렇다면 과연 몇 개의 강대국이 존재한다면 가장 안정적일까. 냉전시기의 양극체제(bipolar system)처럼 두 나라의 강대국이 존재할 경우 가장 안정적일까, 아니면 세 나라 이상의 다극체제(multipolar system)가 안정적일까.[20] 강대국이 많아지고 이들 강대국이 모두 핵무기와 같은 가공할 만한 군사력을 보유하고 있을 경우 각 강대국이 자국이 원하지 않는 구조적 변화에 대해 반대할 수 있는 능력을 보유한 체제(unit-veto system)일 경우 체제가 안정적으로 운영될 수 있을 것인가.

왈츠는 단적인 숫자로 이에 대한 해답을 제공하지는 않았지만 양극체제가 훨씬 안정적이라고 설명한다. 적을 규정하는 과정이 간단하고 때문에 국가의 대외행위에 대한 해석이 상대적으로 용이하기 때문이다. 반면 다극체제에서는 적이 불분명하기 때문에 위협의 출처를 예상하기가 쉽지 않다. 다른 국가의 대외정책 목표를 해석하는 것 또한 쉽지 않다. 양극체제에서는 모든 국가들이 한 극으로의 선택을 강요받기 때문에 주변부(periphery)가 존재하기 힘든 반면 다극체제에서는 주변부가 존재할 수 있어 체제 자체가 더욱 불안정해 진다는 것이 왈츠의 설명이다.

2. 신자유주의

신현실주의의 핵심개념이 구조라면 신자유주의의 핵심개념은 상호의존(interdependence)이라고 볼 수 있다. 코헤인(Robert Keohane)과 나이(Joseph Nye)[21]는 우선 현실주의가 제시하는 세 가지 가정의 부정에서부터 논리를 전개한다.

먼저 국제정치에서 국가만이 주요한 행위자가 아니라는 점과 무력만이 사용가능하고 효과적인 정책대안도 아니라는 점을 부각시키면서 국제정치에 있어서 중요한 사안, 덜 중요한 사안이 있어서 쟁점 간의 위계구도가 존재한다는 사실도 부정했다. 즉 고위정치(high politics)가 하위정치(low

---

20) Waltz(1979), ch.8 참조.

21) Robert O. Keohane and Joseph S. Nye, *Power and Interdependence: World Politics in Transition* (Glenview: Scott Foresman, 1989) 참조.

politics)보다 중요하다는 사실 자체의 개연성을 인정하지 않은 것이다. 고위정치는 군사, 안보, 전쟁과 같은 사안에 대한 것이고 하위정치는 경제나 문화, 복지, 교육 등과 관련된 사안을 의미하는 것이다. 대신 코헤인과 나이는 복합적 상호의존이라는 개념을 국제정치에 적용하려 했다.

복합적 상호의존(complex interdependence)은 국제사회를 연결하는 고리가 국가들 간의 관계만이 아니라 정부 간, 초정부 간, 초국가 간에 다양하게 존재한다는 점에서부터 시작한다. 고위정치와 하위정치와의 구분은 무의미하며 군사안보가 더 이상 가장 중요한 사안이 될 수 없으며 복합적 상호의존상태에서 국가들은 다른 국가들에 대해 무력을 사용하기보다는 다른 대안을 통해 문제를 해결하게 된다는 것이 코헤인과 나이의 설명이다.

현대사회에서 한때 가장 중요한 정치학적 개념이었던 군사력은 더 이상 가장 중요한 요소가 되지 못한다. 명백한 상호의존상태에서 군사력을 사용해 다른 국가를 파괴하는 것은 곧 자국의 이익을 파괴하는 것과 같기 때문이다. 무력사용의 비용증가, 전쟁에서의 승리가 영토의 확장으로 이어지지 않는 경향으로 인해 무력의 사용은 이제 효과적인 정책대안으로서의 자리를 내어줄 수밖에 없게 되었다.

그렇다고 무력사용을 전혀 가치없는 것으로 간주하고 있지는 않다. 다른 국가를 파괴하기보다 보호하기 위해 군사력을 사용할 경우 그 국가에 대해 정치적인 영향력을 가질 수 있다는 점을 인정하고 있기 때문이다. 뿐만 아니라 쟁점이 되고 있는 사안이 생존과 관련되는 문제라면 여전히 군사력의 사용은 효과적인 대안이라는 점 또한 인정하고 있다. 그렇다면 문제는 언제 현실주의적인 해석으로 대안을 모색해야 하고 언제 상호의존론에 의거해서 정책을 구상해야 하는 것인가를 결정하는 것이다.

따라서 군사력의 우위가 모든 쟁점영역에서의 우위를 확보해 주지는 않는다. 군사력이 강하다고 해서 경제분야에서 다른 국가의 양보를 얻어낼 수 없다. 약소국들은 국제기구를 통하여 집단적으로 이익을 추구하거나 강대국 정책에 반대할 수 있다. 그렇다면 강대국이 되기 위해서는 군사력 이외의 쟁점에서도 선도적 영향력을 행사할 수밖에 없다. 국제통화나 무역,

석유생산, 식량, 다국적 기업, 나아가 환경문제까지 다양한 사안들이 군사력에 대체하여 중요이슈로 부각하게 될 것이며 이러한 현상이 더더욱 복합적 상호의존을 심화시키게 된다는 것이다.

3. 구성주의(constructivism)

신현실주의와 신자유주의가 체제차원(3rd image)에서 논리를 전개시켰다면 구성주의는 정책결정자(1st image)와 국가차원(2nd image)에서 논리를 전개한다. 구성주의 이론은 웬트(Alexander Wendt)의 연구가 선도적 역할을 하였는데 웬트는 정체성(identity)이 이해관계 추구의 정향을 결정짓는다는 개념을 발전시키면서 무정부상태가 국제관계에 미치는 영향이 결정적이지 않다고 주장한다.[22]

신현실주의는 능력의 분배(distribution of capability)에 의해 국제관계에서의 이해관계가 결정된다고 하지만 구성주의에서는 상호주관적 지식(intersubjective knowledge)이 중요한 영향력을 행사한다고 주장한다. 즉 이해관계를 따지기 전에 적과 우리 편을 먼저 구분한 다음 그 인식하에서 이해관계를 구성한다는 것이다.

국제관계에서 각 행위자들은 역할이 규정되어 있고 스스로 행위의 예측과 이해를 가능케 해주는 정체성(identity)을 갖게 된다. 특정상황하에서 각 국가는 스스로의 이해관계를 규정함에 있어서 이 정체성에 의거하여 상황을 판단하고 그 과정에서 이익을 규정하게 된다는 것이다. 정체성이 같은 집단이 집합적 지식을 기초로 집합적 정체성을 형성하게 되는데 정체성과 집합적 지식은 상호구성적 영향을 주고 받으며 진화한다고 웬트는 설명한다. 이 정체성이 제도형성의 기초가 된다는 것이다.

---

22) Alexander Wendt, "Anarchy Is What States Make of It: The Social Construction of Power Politics," *International Organization,* Vol.46, No.2(Spring 1992), pp. 391-425 참조.

구성주의에서 국제기구란 국제사회의 상식(appropriateness)과 기준에 의해 생성되어 그에 따라 목표와 절차가 정해지는 존재로서 이해될 뿐 특정한 목표를 위해 국가의 행위를 구속하는 존재로 비춰지지는 않는다. 구성원 국가들의 정체성과 가치, 이해관계를 형성하는 데 기여함으로써 결과적으로는 구성원들만의 독특한 정향(definitions of member characteristics)을 공유케 하는 기능의 존재라는 것이다.[23]

구성주의의 논리적 흐름을 크게 '교류 → 정체성 → 이해관계의 변화'로 집약해 볼 수 있는 데 교류가 공동의 정체성을 형성하여 궁극적으로 이해관계의 변화를 꾀한다는 점을 골자로 하고 있다.

---

23) Frank Schimmelfennig, "NATO Enlargement: A Constructivist Explanation," *Security Studies,* Vol.8, No.2/3(Winter 1998/99–Spring 1999), pp.210-211.

제4강좌

스핀닥터와 국제관계

I. 스핀닥터와 그 역할

새로운 선거 전문가 혹은 홍보전문가로 스피너(spinner) 내지는 스핀닥터 (spin doctor)로 불리는 직종이 있다. 그들은 미디어에 속한 기자들의 눈을 가려 일어나고 있는 사실들에 대한 미디어의 인지를 조작함으로써 스트레이트나 보도기사를 후보자에게 유리하게 조작하는 기능을 한다. 대부분의 후보들과 그들의 동업자들은 표를 얻기 위해서 유권자들을 체계적으로 혼동에 빠뜨리게 할 정도이다.[1]

스핀닥터들이 미디어의 인지를 조작하기 위해 주로 활용하는 기법이 프레이밍이라고 불리우는 기술이다. 그림이 빠진 빈 액자를 들고 사물을 쳐다보면 액자의 테두리 안에 들어 있는 형상만 부각되고 테두리 밖에 있는

---

1) Demetrios Caraley, "Elections and Dilemmas of American Democratic Govern-ance: Reflections," *Political Science Quarterly,* Vol.104, No.1(Spring 1989), pp. 19-40.

모습들은 잘 눈에 들어오지 않는다. 미디어로 하여금 액자테두리 안의 형상만을 보도록 조종하는 것을 프레이밍이라고 한다. 미디어가 특정사안에 관심을 두도록 유도하고 대통령에게 불리하게 작용할 요소를 감춤으로써 대통령의 대언론관계를 유리하게 이끌어나가는 것이 스핀닥터들의 주업무라고 할 수 있다.

스핀닥터들은 대개 대통령에게 불리하게 작용하거나 대통령이 궁극적인 책임을 지는 것처럼 인식되기 쉬운 국내정치 사안보다는 국내결속이 상대적으로 용이한 외교안보 사안을 활용하는 경향이 발견된다. 외교안보 사안들은 국내정치사안과는 달리 시민들의 실생활에 영향을 거의 주지 않는 반면 상징성은 오히려 크기 때문에 정치적 부담없이 활용할 수 있다는 특성이 있다.

따라서 이들 스핀닥터들은 언론의 실무에 정통해야 함은 물론 외교안보 사안에 대한 전문지식을 갖추고 있어야 보다 효과적인 프레임효과를 거둘 수 있다. 대개의 경우 기자출신들이 현직시절 맺었던 친분관계나 업무상 경험 등을 통해 대언론관계를 형성해 나가는 경우 국내정치문제에 치중할 가능성이 그만큼 많아지고 국내정치에 치중하면 할수록 대통령에게 불리한 대언론환경이 조성되는 것은 국내정치문제 자체에 대통령에게 불리한 속성이 내재하고 있기 때문이다.

이 과정에서 민주주의의 역설적 측면이 대두된다. 대통령을 위해 일하는 스핀닥터들이 대통령에게 불리한 프레임을 언론에 제공하는 것을 업으로 하는 야당의 스핀닥터들과 경쟁하는 과정에서 민주주의의 주인이어야 할 시민들의 설 자리가 없어지는 것이다. 시민 없는 민주주의(Democracy Without Citizens)라는 역설적 표현은 바로 언론전문가들의 경쟁과 대결의 산물로서 여론이라고 간주되는 언론이 정치를 주도해 나가는 현상을 가리킨다.

이 강좌에서는 대통령의 대언론관계 설정에 있어서 스핀닥터와 프레임 이론이 차지하는 역할을 고찰해 보기 위해 작성되었다. 먼저 언론과의 관계에서 고전을 면치 못했던 제럴드 포드와 빌 클린턴 두 전직 미 대통령의 대언론관계를 살펴봄으로써 시사점을 도출해 보고자 한다.

제럴드 포드 대통령은 인기 없던 닉슨 전 대통령에 대한 사면결정으로 인해 언론과의 사각구도를 자초하고 말았으며 클린턴 대통령 역시 르윈스키 스캔들로 임기 내내 언론의 구설수에 휘말렸다. 우리나라 같으면 임기 내 사임을 고스란히 감수해야 했을 문제가 터졌음에도 클린턴 대통령은 스핀닥터들의 활약에 힘입어 임기 2기를 무난히 마치고 아직도 집권 중 누렸던 만큼의 인기를 누리고 있다.

II. 대통령의 대언론관계: 외국사례의 검토

정치커뮤니케이션분야 연구 중 미국의 역대 대통령 중에서 언론과 불편한 관계를 경험했던 사례에 초점을 맞춘 경우는 극히 드물다. 특히 언론을 담당하는 전문보좌관에 대한 연구 또한 그러하다. 이는 언론과 대통령과의 관계나 그 관계를 조정해야 하는 언론보좌관의 중요성에 비추어 볼 때 의외로 받아들여진다. 그러나 이러한 경향은 그만큼 이 관계에 대한 학문적 연구나 분석을 진행할 만큼의 자료가 여의치 않다는 것을 의미하는 것이다. 결국 대통령을 둘러싸고 대통령을 홍보하는 보좌진이나 이를 취재하는 기자들 사이에서 일어났던 일들로 묻혀버리고 만다는 것이다.

미국의 닉슨 대통령(1969~1974)은 미국 역사상 가장 언론을 싫어했던 대통령 중 한 명임에 틀림없다. 언론에 대해 끊임없이 메스를 가하려다 오히려 중도 하차하고만 대통령으로 우리들에게 기억되고 있다. 그는 의원 시절부터 언론이 공산주의에 물들었다고 비난했던 탓에 대통령 재임기간 중 언론과 갈등을 빚었다고 한다. 심지어 그는 과거 1960년의 대선에서 존 F. 케네디 후보에게 패배한 가장 큰 이유를 언론 탓이라고 믿었다는 분석도 지적되고 있다.[2] 마치 미디어와의 전쟁을 결심했던 것으로 분석한 연구도

---

2) 『주간조선』 2003년 8월 28일자, 1768호.

있다.[3] 기자실도 되도록 백악관의 주요업무자들로부터 멀리 떨어뜨려서 배치하였으며, 기자들에 대한 도청도 불사했을 정도로 언론에 적대적이었다고 이들 분석은 전한다.

김민구 기자는 닉슨이 언론에 대해 자제심을 잃고 혐오를 표출했던 사례를 기술하고 있다. 1971년 6월 13일자 뉴욕타임스지에 베트남전 관련 비밀문건이 특종으로 보도되는 등 비밀문서 유출 사건이 잇달아 터지자 자제심을 잃고 불안과 혐오를 드러냈다는 것이다. FBI와는 별개의 비밀조직을 동원하여 정보 유출자를 색출하기 위한 작업을 진행했고, 국세청 등을 통해 위협을 가하기도 했다는 것이다. 문제가 된 뉴욕타임스지의 보도는 닉슨 행정부와는 관계없는 케네디·존슨 행정부의 비밀 외교에 대한 것이었는데도 필요이상의 과민반응을 보였던 것이다.

이런 닉슨의 행태는 재선운동 기간에도 이어졌는데 그는 언론으로부터의 어떤 비판에도 관대하지 못했다는 지적이다. 1972년 6월 닉슨 캠프의 한 선거 운동원이 당시 민주당 선거운동본부가 위치하고 있었던 워싱턴의 워터게이트 호텔에 잠입, 정보를 빼내려다 경찰에 붙잡히는 사건이 발생했다. 닉슨은 자신이 지시한 일은 아니지만 언론에 보도될 경우 낙선될 것을 두려워 해 FBI에 수사 중단을 지시하고, 붙잡혔던 운동원에게 침묵의 대가로 거액을 지불했다는 것이다. 닉슨은 비록 재선에 성공했지만, 이듬해인 1973년 워터게이트 사건은 언론의 집요한 추적을 받게 되었고 닉슨은 결국 사임해야만 했다. 만약에 사임하지 않았다면 의회로부터 탄핵을 받을 것이 확실했기 때문이다.

로젤(Mark J. Rozell)은 포드 행정부 초기의 대언론 관계를 분석한 글을 1993년에 발표하였다.[4] 이 글에서는 닉슨의 부통령이었던 포드가 대통령에 취임하여 여론의 반대를 무릅쓰고 닉슨에 대한 사면을 발표하던 시기에

---

3) Louis Liebovich, *Richard Nixon, Watergate, and the Press,* excerpts from http://www.news.uiuc.edu/gentips/03/06nixon.html

4) Mark J. Rozell, "The Limits of White House Image Control," *Political Science Quarterly,* Vol.108, No.3(Autumn 1993), pp.453-480.

초점을 맞추고 있다. 로젤은 워터게이트 사건을 분수령으로 정부에 대한 냉소주의가 언론의 일부분이 되어버렸다고 지적하면서 이러한 상황에서 포드 대통령은 언론과의 협조적 모델을 개발해야 하는 과제를 안게 되었다고 분석했다. 이러한 상황속에서 포드 대통령의 언론담당 보좌진은 대통령에 우호적인 환경을 만드는 데 우선 주력하였고 이를 위해 언론을 향해 열린 대통령의 이미지를 만들어 취임초반에는 어느 정도 성공한 것처럼 보였다는 것이다.

포드 대통령의 언론정책을 분석한 엔트만(Robert Entman)의 연구는 포드의 언론담당 비서진들이 일단 모든 것을 열어 보여준다는 것(open and above board)을 대언론정책의 골자로 삼았다고 지적한다.5) 테르호스트(Gerald F. terHorst)비서관이나 그리너(William Greener)비서관보는 가능한 한 모든 질문에 대답해 주는 것과 이를 공개하여 정보의 이용도를 높인다는 것, 그리고 이를 위해 대통령이 직접 기자단 앞에 나와 모든 것을 투명하게 밝히기를 권고하여 접근가능한 대통령의 이미지를 부각함으로써 호의적인 대언론관계를 구축하려고 하였다는 것이다.

그러나 포드 대통령은 기본적으로 대언론관계에 있어서 몇 가지 약점을 가지고 있었다고 로젤은 분석하고 있다. 먼저 선출되지 않은 대통령이었기에 공적 강제력과 신뢰할 수 있는 지지세력이 부족했다는 점은 대언론관계에서도 치명적 약점으로 작용할 수밖에 없었다. 뿐만 아니라 전국단위의 선거에 참여한 경력이 부족했기에 선거과정에서 자연스럽게 확보할 수 있는 기자들을 갖지 못했다는 것 역시 약점으로 작용했다.

특히 부통령에서 바로 대통령직을 인수하게 된 때문에 아젠다를 구상하거나 대언론관계 전략을 정비할 기간이 부족했던 점도 약점으로 지적되었다. 대략 11주 정도의 인수위 기간을 확보할 수 있었던 다른 대통령에 비해 시작부터 불리할 수밖에 없었다는 것이다. 환경 또한 열악했다. 대통령이

---

5) Robert Entman, *Democracy Without Citizen: Media and Decay of American Politics* (Oxford: Oxford University Press, 1990), pp.462-465.

바뀌었는데도 여전히 냉소적인 태도를 유지하면서 더욱이 워터게이트 사건을 거치면서 거의 투쟁지향적으로 변한 백악관 기자단을 다루어야만 했다는 점 또한 포드 대통령의 불운이었다고 로젤은 분석하고 있다.

결국 이러한 약점은 사직한 닉슨 전 대통령에 대한 사면을 단행하는 과정에서 언론과의 대결국면이 형성되는 결정적 변수로 작용하게 되었다는 것이 엔트먼의 지적이다. 먼저 사면의 결정과 발표과정이 매끄럽게 관리되지 못했다는 점 또한 언론과의 관계를 불편하게 만든 직접요인이 되었다고 지적된다. 우선 결정과정이 철저히 비밀로 분류되어 있다가 갑작스럽게 발표됨으로써 포드 대통령의 언론비서진이 만들어놓은 '열려있는' 대통령의 이미지를 스스로 훼손했던 점이 결정타였다는 것이다. 정책결정과정의 비공개와 급작스런 발표는 대언론전략의 측면에서는 가장 회피해야 할 대목이기 때문이다.6)

여기에 또 다른 악재가 뒤따랐다. 닉슨에 대한 사면이 언론관계에 있어 부정적으로 작용할 것임을 알고 이를 만류해 온 포드의 언론비서관 테르호스트가 사면조치에 대한 항의의 표시로 사직서를 쓰고 백악관을 떠난 것이다.7) 포드 대통령이 사면을 결정하는 과정에서 언론비서관을 배제했기 때문에 대통령의 홍보라인이 막상 발표시점에 임박해서야 사면결정을 듣게 되었으니 당연히 발표과정이 매끄러울 수가 없었다.

사직한 테르호스트의 후임비서관은 기자들의 공세적 질문에 적절히 답변할 수 없었고 사면조치 자체가 하나의 혼란으로 보도되는 것을 지켜볼 수밖에 없었다는 것이다. 결과적으로 사면 발표 방식이 문제였다. 백악관의 언론담당 보좌진은 적어도 사면의 충격을 최소화할 홍보 전략을 만들어냈었어야 했다. 그러나 이를 수행하지 못함으로써 포드의 대 언론 이미지는 결코 회복되지 못할 정도로 큰 상처를 입었다.8)

---

6) Entman(1990), pp.466-467.

7) Entman(1990), p.465.

8) Entman(1990), p.475.

테르호스트는 당시의 닉슨 사면 결정이 결코 시민들에게 용납될 수 있을 만한 것은 아니라고 판단하고 있었다.[9] 법적 측면에서야 문제가 없지만 대중의 정서를 고려하지 않았으며 정치적으로 미숙한 결정이었다는 것이다. 또 막상 사면 발표도 모두들 교회에 가는 일요일 아침에 갑자기 짤막하게 발표됨으로써 모든 상황은 다시 워터게이트로 인해 백악관과 언론이 대립각을 세우던 시대로 돌아가게 되었다고 엔트만은 지적한다.

집권 중반기에 접어들면서 국정을 홍보하는 것과 실제정책을 효과적으로 연결시키지 못하자 언론은 결국 포드 대통령에게 등을 돌리고 말았다.[10] 홍보의 전략이 정책 아젠다와 구체적으로 연결되지 못한 데에서 비롯된 구조적 실패로 분석해 볼 수 있을 것이다. 포드 대통령시절 백악관에서 홍보를 담당했던 로널드 넬슨은

> "정당한 일을 실천하고, 또 그 정당한 일과 그 의미로 인해 지지를 받는 대통령은 언론과의 관계에서 많은 문제를 유발하지 않으며, 언론에 나타난 자신의 이미지를 크게 걱정할 필요도 없다. 그러나 인기없는 정책을 시행할 경우, 경제가 좋지 않다거나 혹은 대통령의 견해가 완전히 수용되지 못할 경우에 대통령은 언론과 불협화음을 불러일으킬 수밖에 없다. 미디어를 관리하거나 대통령의 이미지를 만들어내는 (비서진의) 일도 불협화음을 없애지는 못한다. (중략) 비서진은 결코 대통령의 이미지를 만드는 것 이상의 일을 할 수는 없다"[11]

라고 지적하고 있다.

현직이었던 포드 대통령을 꺾고 집권한 카터를 낙선시키고 백악관에 입성한 레이건 대통령은 포드의 백악관이 대언론관계에서 빚었던 실수를 교훈삼아 대언론정책에 심혈을 기울였다. 레이건 행정부시절 백악관 대변인을 지낸 스피크스(Larry Speakes)는 "포드는 말을 분명히 할 줄 아는 스타일

---

9) Entman(1990), p.470.
10) Rozell(1993), p.454.
11) Rozell(1993), p.457.

이 아니었던 반면, 레이건은 극단적으로 카리스마가 있는 인물"로 회상하고 있다.[12]

포드는 언론 전략을 폄하하는 경향이 많았던 반면, 레이건은 행정부 내 모든 활동의 한가운데에 언론 전략을 두었다. 포드는 인수위 활동을 할 수 없는 채로 급작스럽게 대통령직에 오르게 되었지만, 레이건은 대선때부터 그리고 인수위 시절을 거치면서, 집권 후 초기 100일간의 허니문 기간에 대한 상세한 그림을 그려낼 수 있었다"고 회고하고 있다.[13] 레이건 대통령은 결국 보들리야르의 현실과 영화사이의 철학적 상징으로서의 자리매김한 스피크스 대변인을 통하여 "위대한 커뮤니케이터(Great Communicator)"라는 별칭을 얻을 수 있었다.[14]

우리나라 같으면 임기 중 사직을 면치 못했을 만큼 커다란 섹스 스캔들의 주인공이 되었던 클린턴 대통령은 성공적으로 재임 임기까지 마친 경우에 해당한다. 다른 여러 요소들 중에서 특히 대언론관계가 매끄럽지 않았다면 불가능하였던 일이다. 클린턴 대통령도 임기 초 언론에 비친 이미지 때문에 국정 과제를 수행하는 데 많은 장애를 겪었다. 먼저 백악관은 입법에 관련된 정책 아젠다를 만드는 데 있어서 대 언론 정책을 포함시키는 작업을 제대로 수행하지 못했다. 언론에서 만연했던 클린턴 행정부가 서투르다는 평가 역시 문제로 등장했다. 이런 반목은 행정부와 입법부 간의 고착 상태를 더욱 가중시키는 상태까지 초래하기에 이르렀다.[15]

하다(Leon T. Hadar)의 연구는 클린턴 대통령이 매끄럽지 않았던 언론관계의 실마리를 외교문제를 빌어 풀 수 있었던 과정을 풀이하고 있다. 1993년 9월 13일에 벌어진 중동 평화협상에 대한 TV중계는 전 세계의 주목을 끌었다. 아라파트와 라빈 총리가 클린턴을 가운데 두고 나란히 자리에 앉

---

12) Entman(1990), p.461.

13) Entman(1990), p.461.

14) Diane Rubenstein, "The Mirror of Reproduction: Baudrillard and Reagan's America," *Political Theory,* Vol.17, No.4(Nov. 1989), pp.582-606.

15) Entman(1990), p.479.

아 있었고 클린턴이 연설한 뒤 시몬 페레스 이스라엘 외무장관과 PLO의 압바스가 뒤를 이어 연단에 등장했다. 곧이어 평화협정 조인은 페레스와 압바스가 했고 워렌 크리스토퍼 미 국무장관과 러시아의 안드레이 코즈레프 외무장관이 이 장면을 지켜보았다.

그런데 여기서 주목할 것은 이 대단한 광경이 백악관의 홍보팀원 한 명에 의해 총연출되었다는 사실이다. 이 역사적인 장면을 보도할 백악관 홍보팀에는 에마뉴엘(Rahm Emanuel)이라는 보좌진이 있었는데 그는 리허설까지 행하며 꼼꼼하게 이 장면 보도를 준비했다고 한다.[16] 평화협정 조인 장면을 두고 CBS의 댄 래더는 "마침내 우리가 기다렸던 장면이다"라고 흥분해 소리까지 쳤다고 이 연구는 소개한다. 극적인 외교현장을 하나의 무대로 만들어 미디어가 보도하기에 최적의 상태로 효과를 극대화한 에마뉴엘의 노력으로 이 평화협정의 조인은 베를린 장벽의 붕괴나 넬슨 만델라의 출옥 장면처럼 놀랄 만한 파급력을 가지고 전 세계로 타전될 수 있었다.

바로 이 과정에서 국가안보회의(NSC)의 중동담당이었던 인디크(Martin Indyk)가 CNN에 직접 출연해 클린턴 행정부의 노력을 배가할 코멘트를 했다는 점 또한 백악관 언론비서진의 역할이 돋보이는 장면으로 분석되고 있다. 이러한 과정을 통해 중동 평화협상의 실질적 수혜자로 클린턴 대통령이 자리매김할 수 있게 되었다는 것이다. 국정운영에 서투르다는 언론의 지배적인 냉소를 한순간에 뒤엎을 수 있었던 계기를 마련한 셈이다.

끝이 없는 터널을 달리는 느낌을 주기만 했던 중동평화 협상이 돌파구를 열고 있다는 사실을 뉴욕타임즈에 흘려 크리스토퍼 국무장관이 이-팔 비밀 외교 협상의 실질적 관리자라는 암시를 준 것도 홍보팀의 개가였다.[17] 사실 카터 행정부때의 이집트-이스라엘 협상이나, 아버지 부시 행정부시절의 마드리드 평화 협상 때와는 달리, 93년 중동 평화 협상에서 미국의 역할은

---

16) Leon T. Hadar, "The Picture and the Spin," *Journal of Palestine Studies,* Vol. 23, No.2(Winter 1994), pp.84-94.

17) 이후는 Leon T. Hadar, "The Mouse that Roard," *Journal of Palestine Studies,* Vol.28, No.1(Autumn 1998), pp.78-85에서 참고한 것임.

그다지 크지 않았다. 그럼에도 불구하고 변화의 대리인으로 이미지화한 클린턴과 그의 보좌진에 의해 미국은 마치 하늘에서 떨어진 중동의 평화중재자로 변신할 수 있었던 것으로 지적되고 있다. 결국 이러한 언론정책이 클린턴 행정부 8년 집권의 밑거름이 되었을 것이다.

클린턴 대통령의 백악관 홍보팀은 라빈 이스라엘 총리의 암살이후 다시 그 진가를 발휘한다. 라빈 총리가 암살되고 강경파인 네타냐후가 들어서게 됨으로써 93년의 평화협정이 위협받을 무렵, 클린턴 정부의 "Let's-Get-Tough-With-Israel" 시나리오는 짧은 순간 막을 내리게 된다. 당시 지퍼게이트로 궁지에 몰려있던 클린턴 행정부는 중동평화협상에서 돌파구를 만들어 내려는 계산이 있었다. 그래서 이스라엘에 대한 강경한 입장을 표시하기 위해 네타냐후 정부가 클린턴 행정부의 제안을 받아들이지 않는다면, 중동 평화 협상에 대한 미국의 입장을 재검토하겠다는 올브라이트 국무장관의 압력성 발언이 전 세계기자들 앞에서 행해졌다. 이스라엘을 향한 최후통첩과 답변을 위한 마감시간을 암시하는 발언도 더해졌다. 그러나 르윈스키와 관련된 추문들이 본격적으로 궤도에 오르면서 미국 내 유태인들은 대통령의 사임이 유태인을 위해서도 좋겠다는 인식을 하게 된다. 월스트리트 저널과 같은 보수적 신문뿐만 아니라 윌리엄 새파이어나 로젠달과 같은 칼럼니스트들도 클린턴이 이스라엘을 배신했다며 반 클린턴 목소리에 힘을 더했다고 지적된다.

특히 케네스 스타 특별 검사의 르윈스키 스캔들에 대한 조사가 본격화되고 동시에 인도가 핵실험을 함으로써 미국 주도의 새로운 세계질서가 위협받게되자 클린턴 행정부는 더 이상 네타냐후를 압박할 수 없어 수세로 국면을 바꾸기 시작한다. 최후통첩도 마감시간도 어느새 사라지고 평화협정을 가속화시키기 위해 이, 팔 양쪽에 청원하는 형식으로 태도 변화를 보인 것이다. 결국 이스라엘에 대한 압력은 패배로 돌아갔다. 그리고 이번에는 아라파트 쪽에 압력을 넣으려 애쓰는 올브라이트 장관의 성명이 이어졌다.

중요한 것은 이때 스핀닥터들의 전략이다. 그들은 워싱턴이 이스라엘에 압력을 넣으려고 했다는 사실을 부지런히 부인했다. 이스라엘 측에서 미리 자국 신문에 정보를 흘려 네타냐후의 미국 방문이 미국의 조건에 대한 승인의 의미가 담긴 것처럼 분위기를 만들어 냈다고 주장한 것이다. 다른 쪽의 앵글은 미국의 노력이 네타냐후로 하여금 다소 타협적인 입장을 취하도록 하는데 성공했다고 홍보하는 쪽이었다. 실제로 이스라엘의 서안지구 철군 규모가 미미하지만 몇 퍼센트 증가한 것을 근거로 내세웠다.

III. 언론의 속성과 정부-언론관계

정부의 인기는 상당 부분 상징적인 경우가 대부분이다. 실무는 장관이 담당하다 보니 대통령에게는 치산치수와 관련된 재해를 제외하고는 실무와 관련된 비난이 돌아가는 경우가 적다. 다만 예외가 되는 것이 외교안보 사안이다. 외교안보는 전통적으로 대통령의 고유업무로 취급되고 있으며 상징성이 큰 사안일수록 대통령의 이미지와 직결되는 것은 국내정치문제가 아닌 외교안보와 관련된 사안일 경우가 대부분이다.

외교안보 사안이 실제적 내용보다 상징성을 더 많이 내포하는 이유는 실생활과의 상관성이 적기 때문이다. 농산물 개방과 같은 극히 제한된 일부의 사안을 제외하고는 대부분의 외교안보 사안이 실생활과 연계되는 경우는 드물다. 현재 뜨거운 감자로 등장하고 있는 이라크파병문제만 하더라도 실생활과 관련된 문제라기보다는 상징성이 더 큰 요소로 작용하고 있는 것만으로도 외교안보 사안의 특수성을 엿볼 수 있고 반면, 그만큼 외교안보 사안을 대통령의 이미지제고와 결부시켜 활용할 수 있는 폭은 넓어지는 것으로 볼 수 있다.

단순한 인간적 흥미가 뉴스의 가치를 정하는 첫 번째 기준이 된다는 점이다. 아무리 주요한 사안일 지라도 일반의 흥미를 유발시키지 않는다면 보도되지 않는다. 흥미를 끌지 못할 뉴스거리에 해설기사까지 붙여서 보도하기보다는 다른 분야에서 더 생생한 기사를 구하는 것이 언론의 속성이다.

두 번째는 일단 보도되는 사안들은 최대한 독자나 시청자들의 흥미를 끌기 위해 포장된다. 이 과정에서 과대포장되는 경우가 있고 또 비밀사항들이 흘러나오기도 한다. 똑같은 사안이라 할지라도 상황에 따라 기사의 논조가 달라지는 경우도 있다. 언론사가 스스로 설정한 프레임에 맞춰 보도하기 때문에 벌어지는 경우이다.[18] 현대 언론은 다른 분야의 경영방침과 마찬가지로 치열한 경쟁과 손익계산에 민감한 구조로 구성되어 있다. 언론사 간의 치열한 경쟁은 TV뉴스의 경우 방송시간대의 변경과 큐시트상의 파격적 운용 등으로 나타나고 있으며, 신문의 경우도 대부분의 신문이 조간체제로 들어가거나 섹션화되거나 주말판을 새로 추가하는 등의 경우가 지속적으로 이루어 졌다.

언론사도 하나의 기업체로서 다른 기업과 마찬가지로 치열한 경쟁 속에서 나름의 영리를 추구해야만 한다는 사실이다.[19] 언론사도 기사의 선정이나 지면배치 등을 결정하는 데 있어서 나름대로의 행위규범과 이윤추구 메커니즘에 의해 행동하게 된다. 특히 정부를 상대로 긍정적인 기사들보다는 비판적 성향의 기사들이 보다 많이 게재되는 것은 정부와 대항하겠다는 의지보다는 단순히 구독률, 혹은 시청률을 의식한 때문이다.

정보의 소비자 입장에서는 정부에 긍정적인 보도만을 다루는 언론보다는 이유와 타당성을 떠나 막연히 비판적 입장을 견지하는 언론을 선호하게 된다. 현대의 언론이 기사의 정확성이나 진실을 보도한다는 원론적인 명제만큼 가장 중요시하게 된 것 중의 하나가 바로 얼마나 빨리 보도하는가의 문제다. 현대의 과학기술이 기자들에게 보다 많은 양의 정보를 보다 빨리 접할 수 있는 환경을 만든 데다 일반인에게 제공되는 정보의 양과 속도 역시 가공할 만큼 빨라지고 있기 때문이다.

신속한 보도가 초래하는 또 한 가지 현상은 보도가 지체되었을 경우 경쟁사에 뒤지게 되고 이는 언론계에서 패배로 간주된다는 사실이다. 똑같이

---

18) 김용호, 『외교안보와 언론, 그리고 의회』(서울: 도서출판 오름, 1999), p.11.
19) 이하는 김용호(1999)에서 참고.

신속한 보도라도 독자나 시청자의 흥미를 유발하지 못했다면 그 역시 패배와 마찬가지로 간주된다. 이 같은 상황에서는 외교정책뿐만 아니라 권력 주위의 스캔들 기사까지 가급적이면 극적이어야 하고 센세이셔널 하면서도 너무 복잡한 사안까지 건드려 혼선을 초래하는 일을 피하기 위해 간단명료해야 한다.

TV의 보도 뉴스는 보통 1분 30초 안에 편집되어 빠른 화면 전환과 함께 이어지고, 신문도 복잡하고 재미없는 분석기사는 박스로 처리되어 해설기능을 덧붙이고, 대신 주식이나, 레저, 스포츠, 영화같은 재미있는 내용들이 지면의 중심에 자리잡게 된다. 이 같은 현상은 두 가지 이유에서 발생한다. 첫째는 광고의 수주단가 책정이 언론의 구독률 및 시청률과 직결되기 때문이다. 다음은 눈에 띄는 제목을 달려는 편집기자들의 지나친 욕심 때문이다.

광고가 없는 공영방송의 경우는 논외로 하고, 경쟁사와의 차별성을 통해 신문의 열독률을 높이고 이에 따른 광고수주와 단가책정에서 유리한 고지를 선점해야 하는 언론사로서는 상업주의를 배제할 수 없다. 또한 기사는 취재기자가 쓰고 그에 대한 편집과 제목, 부제목은 편집기자가 다는 신문사의 분업구조 때문에 취재 일선이나 기사 내용의 배경 등을 제대로 이해하지 못한 채 제목을 다는 경우가 적지 않다. 흔히 "제목은 그럴싸한데 내용은 없다"는 지적은 이런 현상 때문에 일어나는 것이다.

외교안보 사안에 대한 보도를 통해 최고정책결정자의 이미지를 제고할 수 있다는 것은 외교안보관련 사안의 특수성에서 기인한다. 일단 미국의 예에서 볼 수 있듯이 미디어와 국가가 공식적으로 분리되어 있음에도 불구하고 미디어는 정부가 정해놓은 경계 안에서 뉴스를 생산할 수밖에 없다. 백악관이 말한 것을 그대로 받아쓸 수밖에 없기 때문이다. 외교안보와 관련된 사안인 만큼 백악관은 다른 어떤 조직보다 아젠다를 설정하고 그 속도를 조절하는 능력을 독점하고 있다. 발표형식이나 그 사안이 토론될 방향, 나아가 발표여부를 결정하는 권한마저도 독점하고 있다고 말할 수 있는 것이다.

미국정부는 1990년을 기준으로 연25억 달러의 예산을 들여 약 1만 3천여 명의 홍보와 미디어 관계 담당 공무원을 고용하고 있다.[20] 펜타곤이 이

중 3천여 명을 쓰고 있으며, 비용으로는 연간 1억 달러에 육박한다. 특별한 이슈가 없는 날에도 백악관과 펜타곤은 두 번의 브리핑을 하고 있으며 국무부는 한 차례를 하고 있다. 이러한 브리핑이 해외 뉴스 취재에 있어서의 아젠다를 결정하는 주도적 역할을 하고 있다.

이같이 대규모의 예산은 결코 쓸모없는 것이 아니다. 1992년 대선을 보름도 채 남기지 않은 시점에 ABC사의 나이트라인은 미디어가 대통령에게 상대적으로 불공평한 기회를 주는 것은 아닌지를 묻는다며 부시와 퀘일을 스튜디오로 초청해 왔다고 한다. 방송사 자신의 관점에서 뉴스를 만들어 냈고 결코 백악관의 의도와는 전혀 상관없는 일이었다. 그러나 부시를 섭외하는 데 큰 역할을 한 사람은 다름 아닌 부시의 커뮤니케이션 담당관이었던 스미스(Dorrance Smith)였다. 그는 이전에 나이트라인의 책임 프로듀서였다는 것이다. 스미스가 ABC에서 백악관으로 옮겨갔을 때도 워싱턴 포스트는 그를 부시 가문의 평생친구로 묘사했다. 결국 미디어에 밝은 참모들이 대통령의 이미지를 일구어낸 사례로 평가되고 있다.

---

20) Joe Stork and Laura Flanders, "Power Structure of the American Media," (Middle East Report), No.180 in *Power, Mass Media and the Middle East* (Jan./Feb. 1993), pp.2-7.

제5강좌

세계화시대 정부의 대언론정책

이 강좌에서는 정부-언론관계를 언론의 속성이라는 측면에서 고찰해 보고 있다. 특히 언론의 상업성과 언론수용자의 홍미위주성에 초점을 맞추고 있다. 다음으로 프레이밍과 스핀닥터에 대한 이론적 논의를 통해 대통령의 대언론관계에 대한 본격적인 논의에 대한 이론적 기반을 마련하기로 한다. 특히 프레임이론과 스핀닥터에 대한 학술적 의미에서의 토의를 통해 지금까지의 논의를 이론적으로 재확인하는 과정을 거치게 된다.

이것을 토대로 한국의 언론을 언론수용자에 대한 인식조사를 통해 알아보기로 한다. 이 과정에서 막연히 TV나 신문의 활용도, 연령에 따른 차이 혹은 영향력의 차이 등에 대해 관념과 실제의 차이가 두드러지게 나타난다. 끝으로 현재의 대언론관계에 대한 발전방향을 첨가함으로써 연구를 마치고자 한다.

I. 한국언론의 매체별 영향력: 수용자 조사를 중심으로

　노무현 정부의 언론정책은 TV와의 협력추구와 신문과의 정면대결이라는
두 상반된 명제로 구성되어 있다고 볼 수 있다. 현직 대통령으로는 처음으
로 4개 언론사와 명예훼손 문제로 법정소송을 제기했다 유보한 것도 이 같
은 측면을 반영하고 있다. 이 같은 정책은 TV의 영향력이 신문보다 높으며
특히 노무현 대통령의 지지층인 2, 30대가 신문보다는 TV와 인터넷을 보다
자주 활용한다는 전제에 기초하고 있다.
　이 같은 전제는 선거나 국가적인 주요사안을 보도함에 있어서는 타당한
것일지는 몰라도 일상적인 보도에 있어서는 현실과 다소 괴리를 띠고 있다.
일단 TV매체가 가장 중요한 정보의 출처인 것만은 사실로 받아들여진다.
한국언론재단에서 실시한 여론조사결과에 따르면 대부분의 정보분야에서
공히 TV가 신문이나 인터넷에 비해 중요한 정보원으로 지목되고 있다는
사실을 알 수 있다(〈표 1〉 참조).

〈표 1〉 정보분야별 주 획득매체

(단위: %, N=5,104)

	신문	텔레비전	라디오	잡지	인터넷	차이 없음
국내정치	27.0	53.2	1.4	0.1	14.0	4.3
경제일반	30.0	46.5	1.4	0.2	14.7	7.3
주식/증권/부동산	23.3	32.4	0.7	0.2	15.2	28.1
사회(사건/사고)	19.1	56.8	1.6	0.1	16.9	5.5
문화예술	13.2	46.0	2.3	1.8	16.3	20.4
국제	18.3	45.9	1.2	0.4	13.7	20.5
교육/육아	10.8	37.5	1.1	1.8	16.6	32.2
생활정보(날씨, 교통 등)	7.7	62.0	5.2	0.4	14.2	10.4

과학기술/컴퓨터	10.3	34.4	1.0	1.5	25.1	27.8
스포츠/연예	8.2	54.9	1.9	1.4	23.6	9.9
광고	5.0	60.1	1.5	1.3	12.2	20.0
취미/레저/여행	8.0	37.4	1.9	3.7	30.8	18.2
쇼핑/상품정보	4.2	36.3	1.3	1.8	39.6	17.0
식생활/요리	4.2	41.6	1.0	3.8	23.1	26.3
의복/패션	3.4	35.7	0.8	7.4	30.3	22.4
지역	19.0	42.1	2.1	0.7	14.8	21.4
여론/의견	14.5	46.2	2.7	0.4	19.8	16.3

출처: 한국언론재단, 『2008 언론수용자 의식조사』, p.88

뿐만 아니라 가장 영향력있는 언론매체로 각 세대가 공히 TV를 지목하고 있는 사실이 〈표 2〉를 통해 드러나고 있다. 인터넷 포털사이트의 경우 29세 이하 응답자의 41.0%가 가장 영향력있는 매체로 지목한 반면, 30대로

〈표 2〉 우리나라에서 가장 영향력있다고 생각하는 언론매체

		사례수	신문 (조선, 중앙, 동아)	텔레비전 (지상파3사, YTN)	인터넷 포털 (네이버, 다음, 야후)	기타	특별한 매체 없음	통계량
전체		(5,104)	8.2	59.1	22.4	5.7	4.7	
연령	29세 이하	(1,303)	4.9	45.2	41.0	5.1	3.9	CHI= 642.288 df=33 p〈.001
	30대	(1,318)	5.8	57.6	35.6	4.4	6.5	
	40대	(1,297)	10.8	63.7	14.5	6.2	4.7	
	50세 이상	(1,186)	11.6	70.6	7.2	7.0	3.5	

출처: 한국언론재단, 『2008 언론수용자 의식조사』, p.296

접어들면서 35.6%로 줄어들었으며, 고령층으로 갈수록 인터넷의 중요성을 인지하는 정도는 더욱 낮아졌다.

그렇다면 노무현 대통령의 지지세력이 TV와 인터넷을 주로 활용하며 TV와 인터넷 매체와의 협력관계를 구축해 놓을 경우 신문과의 대결을 정면돌파한다는 언론정책의 발상이 효율측면을 고려한 것임을 알 수 있게 된다. 그런데 문제는 특정연령층이 특정매체만을 보지는 않는다는 점이다. 다시 말하면 TV를 가장 영향력있다고 답했다고 해서, 또 가장 중요하다고 답했다고 해서 TV만을 보지는 않으며 또 신문이 가장 중요하고 영향력있다고 답한 사람도 TV나 인터넷을 활용한다는 점이다. 때문에 신문과의 대결구도를 형성한다는 것은 TV나 인터넷을 활용하면서도 여전히 신문의 구독자인 시민들까지 영향을 받게 된다.

이 같은 현상은 국내정치와 관련된 정보를 어느 매체에서 주로 접하는가를 묻는 질문에 대한 답을 나타낸 〈표 3〉을 통해 알 수 있다. 〈표 3〉에서 나타난 바와 같이 아직도 신문의 영향력은 인터넷보다 절대우위임을 알 수 있다. 특히 언론매체로서 인터넷이라고 함은 오마이뉴스나 독립신문 등과 같은 인터넷전문매체, 즉 온라인뉴스를 연상하기 쉬운데 가장 많이 활용되는 인터넷매체는 기존언론사, 특히 신문사가 운영하는 매체라는 점을 고려한다면 아직 신문은 우리 사회에 무시할 수 없는 영향력을 보유하고 있다는 사실을 유추해 낼 수 있다.

〈표 3〉에서 특히 유의해야 할 사항은 관리/경영/전문직이 국내정치관련 정보를 획득하는 매체이다. 우리 사회의 오피니언리더라고 볼 수 있는 이 계층은 TV(34.0%)보다 오히려 신문(38.0%)의 활용도가 더 높은 것으로 나타났다. 사무직이 36.7%의 활용도를 보인 것을 비롯, 많은 계층에서 30%를 웃도는 신문의 활용도를 나타내고 있는 점 또한 주목할 대목이다.

더욱 유의해야 할 것은 실생활과 보다 민감한 경제분야에 대한 정보획득원이다. 〈표 4〉의 정치문제는 높은 관심도를 나타내는 사안이기는 하나 실생활과의 연관성이 낮은 반면 경제분야의 정보는 실생활과 직결되어 그만큼 민감한 반응을 불러일으킬 수 있다.

<표 3> 국내정치관련 정보의 주 획득매체

		사례수	신문	텔레비전	라디오	잡지	인터넷	차이없음	통계량
	전체	(5,104)	27.0	53.2	1.4	0.1	14.0	4.3	
연령	29세 이하	(1,303)	18.5	45.4	0.5	0.1	27.7	7.8	CHI=498.463 df=15 p<.001
	30대	(1,318)	25.9	51.6	1.5	0.1	17.1	3.8	
	40대	(1,297)	34.3	53.8	1.7	0.0	7.8	2.4	
	50세 이상	(1,186)	29.5	62.9	2.1	0.1	2.4	3.1	
직업	농/축/수산/광업	(197)	7.9	84.8	1.4	0.0	4.2	1.6	CHI=679.631 df=45 p<.001
	자영/판매업	(1,340)	34.9	50.6	1.8	0.1	8.5	4.1	
	서비스업	(447)	24.7	57.8	2.9	0.0	9.4	5.2	
	생산/기능/노무직	(397)	21.5	62.3	2.2	0.0	11.1	2.9	
	사무직	(846)	36.7	39.3	0.7	0.3	19.1	3.8	
	관리/경영/전문직	(279)	38.0	34.0	1.1	0.0	23.6	3.2	
	주부	(914)	18.4	70.3	1.3	0.0	6.5	3.6	
	학생	(557)	16.7	39.9	0.4	0.0	34.6	8.4	
	무직/퇴직/기타	(125)	14.9	57.3	1.4	0.0	21.0	5.4	
	무응답	(2)	60.9	0.0	0.0	0.0	39.1	0.0	

출처: 한국언론재단, 『2008 언론수용자 의식조사』, p.241

　〈표 4〉에서 관리/경영/전문직의 경우 TV(27.5%)보다 신문의 활용도 (40.8%)가 크게 차이가 난다는 사실은 노무현 청와대의 대언론정책에 시사하는 바가 클 것으로 판단된다. 또한 자영, 판매업 등 … 도시형 근로자의 경우도 TV의 활용도(43.8%)에 버금가는 신문활용도(39.5%)를 나타내 신문의 영향력을 판단하는 또 다른 잣대를 제공해 주고 있다.

　이 같은 현상은 〈표 5〉에 나타난 바와 같이 보다 구체적인 경제정보의

〈표 4〉 경제일반관련 정보 주 획득매체

		사례수	신문	텔레비전	라디오	잡지	인터넷	차이없음	통계량
	전체	(5,104)	30.0	46.5	1.4	0.2	14.7	7.3	
연령	29세 이하	(1,303)	19.2	39.5	1.0	0.5	27.7	12.0	CHI= 498.494 df=15 p〈.001
	30대	(1,318)	28.9	44.9	1.5	0.2	18.4	6.0	
	40대	(1,297)	37.8	46.1	1.5	0.1	8.7	5.8	
	50세 이상	(1,186)	34.3	56.3	1.5	0.1	2.7	5.2	
직업	농/축/수산/광업	(197)	10.4	75.3	1.8	0.0	4.2	8.3	CHI= 717.568 df=45 p〈.001
	자영/판매업	(1,340)	39.5	43.8	1.7	0.1	9.2	5.7	
	서비스업	(447)	30.0	51.2	1.6	0.1	9.6	7.5	
	생산/기능/노무직	(397)	22.7	55.5	2.4	0.0	10.9	8.4	
	사무직	(846)	40.5	31.2	1.1	0.6	20.8	5.8	
	관리/경영/전문직	(279)	40.8	27.5	1.0	0.0	24.3	6.3	
	주부	(914)	20.7	64.4	1.2	0.1	7.8	5.7	
	학생	(557)	14.7	36.3	0.4	0.7	33.5	14.5	
	무직/퇴직/기타	(125)	21.3	45.1	1.7	0.0	22.0	9.9	
	무응답	(2)	60.9	0.0	0.0	0.0	39.1	0.0	

출처: 한국언론재단, 『2008 언론수용자 의식조사』, p.242

활용성향에서도 여실히 나타난다. 주식이나 부동산과 같은 재테크와 관련된 정보를 획득하는 매체에서 신문이 TV와 영향력을 다투는 현상이 여실히 나타나고 있으며 오피니언리더들의 경우 신문의 활용도(30.4%)가 TV활용도(17.7%)의 2배 가까이 되는 것 역시 흥미로운 현상이다.

연령별 언론매체의 활용과 관련하여 또 한 가지 유의해야 할 사항은 3, 40대가 TV나 신문, 인터넷의 활용도가 가장 높다는 점이다. 인터넷은 20

〈표 5〉 주식/증권/부동산 관련정보의 주 획득매체

		사례수	신문	텔레비전	라디오	잡지	인터넷	차이없음	통계량
	전체	(5,104)	23.3	32.4	0.7	0.2	15.2	28.1	
연령	29세 이하	(1,303)	15.9	23.9	0.3	0.5	22.4	36.9	CHI=331.656 df=15 p〈.001
	30대	(1,318)	22.5	32.0	0.7	0.2	20.4	24.2	
	40대	(1,297)	28.8	32.4	1.0	0.2	11.6	26.1	
	50세 이상	(1,186)	26.4	42.1	1.1	0.0	5.4	25.0	
직업	농/축/수산/광업	(197)	4.4	53.6	0.3	0.0	2.8	38.8	CHI=514.907 df=45 p〈.001
	자영/판매업	(1,340)	29.7	33.6	1.0	0.2	10.7	24.8	
	서비스업	(447)	22.3	34.0	1.0	0.4	12.7	29.6	
	생산/기능/노무직	(397)	17.5	37.7	1.2	0.2	13.5	30.0	
	사무직	(846)	32.0	21.0	0.7	0.3	23.1	22.8	
	관리/경영/전문직	(279)	30.4	17.7	0.5	0.7	26.1	24.6	
	주부	(914)	19.4	45.1	0.6	0.1	11.3	23.6	
	학생	(557)	12.4	20.7	0.1	0.3	21.7	44.7	
	무직/퇴직/기타	(125)	10.5	32.6	0.6	0.0	17.9	38.4	
	무응답	(2)	0.0	0.0	0.0	0.0	39.1	60.9	

출처: 한국언론재단, 『2008 언론수용자 의식조사』, p.243

대, 신문은 5, 60대가 아닌 3, 40대가 모든 매체의 활용도가 높다는 사실은 이 사회의 주도계층이자 노무현 대통령의 지지층이기도 한 이들이 각 매체의 정보를 두루 섭렵한다는 것을 의미한다. 〈표 6〉, 〈표 7〉, 〈표 8〉은 지방선거관련 정보획득을 위해 각각 인터넷과 신문, TV를 활용하는 연령층별 분포를 나타내 주고 있다. '어느 정도 접했다'와 '매우 많이 접했다'로 답한 응답자 중 3, 40대가 대다수를 차지하고 있다는 점은 색다른 의미를 띠고 있는 것으로 풀이해 볼 수 있다.

TV에서는 사실(fact)을, 신문에서는 해설(analysis)을, 그리고 인터넷에서는 다른 사람들의 반응(response)을 주로 얻는다는 사실은 시사하는 바가 크다. TV뉴스의 속성상 어떤 일이 있어났다는 사실을 인지하기에는 적절하

〈표 6〉 2006년 5.31 지방선거관련 매체 신뢰도(인터넷)

	사례수	전혀 접하지 않았다	별로 접하지 않았다	보통 이다	어느 정도 접했다	매우 많이 접했다	모름/ 무응답	평균 (점)	통계량
전체	(1,200)	7.9	15.8	51.9	20.6	1.2	2.6	2.91	
29세 이하	(312)	7.7	15.1	49.0	26.6	1.3	0.3	2.99	F= 3.875 df= 3,1165 p〈0.05
30대	(314)	6.1	16.9	51.0	22.9	2.5	0.6	2.99	
40대	(305)	8.5	18.0	51.8	18.4	0.7	2.6	2.84	
50세 이상	(269)	9.7	13.0	56.5	13.4	0.0	7.4	2.80	

출처: 한국언론재단, 『2006 언론수용자 의식조사』, p.613

〈표 7〉 2006년 5.31 지방선거관련 매체 신뢰도(신문)

	사례수	전혀 접하지 않았다	별로 접하지 않았다	보통 이다	어느 정도 접했다	매우 많이 접했다	모름/ 무응답	평균 (점)	통계량
전체	(1,200)	5.3	13.2	50.5	28.8	1.2	1.2	3.08	
29세 이하	(312)	7.1	13.8	50.0	26.3	2.2	0.6	3.03	F= 4.241 df= 3,1182 p〈0.05
30대	(314)	4.8	15.9	54.1	23.9	0.0	1.3	2.98	
40대	(305)	5.2	12.8	49.2	31.1	0.7	1.0	3.09	
50세 이상	(269)	3.7	9.7	48.3	34.6	1.9	1.9	3.22	

출처: 한국언론재단, 『2006 언론수용자 의식조사』, p.610

〈표 8〉 2006년 5.31 지방선거관련 매체 신뢰도(텔레비전)

	사례수	전혀 접하지 않았다	별로 접하지 않았다	보통 이다	어느 정도 접했다	매우 많이 접했다	모름/ 무응답	평균 (점)	통계량
전체	(1,200)	2.9	11.5	45.0	37.8	2.5	0.3	3.26	
29세 이하	(312)	5.1	12.2	45.2	34.6	2.2	0.6	3.17	F=
30대	(314)	2.2	12.4	45.9	37.3	2.2	0.0	3.25	4.982 df=
40대	(305)	3.3	13.4	43.6	37.4	2.0	0.3	3.21	3,1193
50세 이상	(269)	0.7	7.4	45.4	42.8	3.7	0.0	3.41	p〈0.05

출처: 한국언론재단, 『2006 언론수용자 의식조사』, p.611

지만 이에 대한 자세한 분석이나 해설을 제공하기에는 시간의 제약이 너무 크기 때문에 신문에 눈을 돌리게 된다는 것이다. 신문은 TV에 비해 박스기사 등을 통해 많은 해설과 기획을 제공할 수 있으며 독자들의 다양한 흥미를 두루 만족시켜 줄 수 있는 지면을 확보하고 있어 여전히 TV에 비해 경쟁력을 확보하고 있다고 볼 수 있는 것이다.

지금까지의 논의는 현재 노무현 청와대의 대언론정책이 일부 수정되어야 할 필요성을 제기하고 있는 것으로 풀이해 볼 수 있다. 매체별로 활용계층을 분류하는 전제도 개연성을 잃고 있지만 보다 기본적으로는 매체별 영향력을 계산함에 있어 오류가 내포되어 있다는 점을 지적하지 않을 수 없다.

II. 프레임이론과 스핀닥터

　프레임이론[1]은 여론이나 투표행태분석과 같은 비교정치학 분야의 연구나 인지학과 같은 사회심리학 분야, 그리고 사회학의 계층, 성, 인종에 대한 연구에 활용되고 있다.[2] 이 연구에서 프레임이론을 적용시키기로 한 것은 여중생사건에 대한 TV보도가 대미관계에 대한 사회의 지배적 인식 틀의 변화를 초래했다는 전제에 기초하고 있다. 여중생사건이 촛불시위로, 반미감정의 증폭으로, 다시 대미관계의 재설정 필요성 개진으로 이어진 것은 미디어가 끊임없이 나름대로의 사실을 구성(construct)해 시청자들의 판단을 유도해 나갔다고 가정하는 것이다.

　미디어의 보도는 일방의 지배적인 견해가 반영되거나 다양한 의견들이 미디어에 의해 수렴되어 집산된 형태로 보도되는 경우, 혹은 다른 의견들을 모두 도외시한 채 미디어의 보도방향만이 반영되는 경우로 분류해 볼 수 있는데, 후자의 경우 미디어는 여러 견해를 전달하는 매개체로서의 기능에 더해 나름대로의 독특한 프레임을 구성하고 만들어내는 이중적 역할을 수행한다고 볼 수 있다.[3] 여중생사건은 미디어가 교통사고를 대미관계와 접목시켜 구성한 '사실(mediaconstructed version of reality)'[4]이 시청자들의 반미감정을 유도하는 방향으로 프레이밍효과가 작용했다고 보는 것이다.

　프레임이론에서의 프레임이란 개념은 고프만(Goffman)에 의해 제기된 것으로 알려지는데[5] "상호작용 상황에 대한 다소 포괄적인 해석의 틀(schemata

---

1) 프레임이론에 관한 논의는 김용호·김현종, "한미관계에 대한 미디어의 프레임연구: 여중생 사망사건을 중심으로," 『국제정치논총』 43집 2호(2003), pp.126-130에서 인용하였음.

2) Robert M. Entman, "Framing: Toward Clarification of a Fractured Paradigm," *Journal of Communication,* 43-4(Autumn 1993), p.56.

3) Karen Callaghan and Frauke Schnell, "Assessing the Democratic Debate: How the News Media Frame Elite Policy Discourse," *Political Communication,* 18-2 (2001), p.184.

4) Karen Callaghan and Frauke Schnell(2001), p.184.

of interpretation) 정도를 의미"하는 수준에 머물렀다.6) 프레임의 개념은 이후 민스키(Minsky)에 의해 다양한 정보를 조직적으로 구성하는 데이터구조로 정의됨으로써7) 담론적 의미를 내포하게 되었으며 이후 계속해서 의미를 전달하고 무엇이 문제인가를 판가름하게 해 주는 중심된 아이디어로 자리매김하게 되어8) 특정한 의미를 만들어 시청자에게 전달해 주는, 상존하는 담론적·정신적 수단으로서의 정의가 내려지게 되었다.9)

프레임에 대한 정의는 넬슨, 클로슨, 옥슬리(Nelson, Clawson and Oxley 1997)에 이르러 가장 포괄적이고 일반화된 방식으로 정리된다고 하는데 이들은 "특정한 사회적 혹은 정치적 사안과 연계된 많은 사실들 중 하나를 끌어내어 주제로 정의하고 그와 의도적으로 연계시킨 일련의 관심거리들을 정리해 내는 과정", 다시 말해 "정치적 이슈나 논쟁거리를 정의하고 만들어 내는 과정"이란 정의를 내놓았다.10) 한편 사이먼과 제노스(Simon and Xenos 2000)는 특정한 메시지를 프레임한다는 발상은 여러 가지 이야기거리들 중 특정 내용들의 조합(associations)을 포함시키게 된다는 의미에서

---

5) Erving Goffman, *Frame Analysis: An Essay on the Organization of the Experience* (New York: Harper & Row, 1974); 고프만은 이 개념을 베이츤으로부터 빌려 왔다고 언급하였는데 이에 대한 자세한 사항은 이준웅, "프레임, 해석 그리고 커뮤니케이션 효과,"『언론과 사회』, 제29호(2000 가을), pp.85-86 참조.

6) 이준웅(2000), p.85.

7) Marvin Minksy, "A Framework for Representing Knowledge," in Patrick Henry Winston (ed.), *The Psychology of Computer Vision* (New York: McGraw-Hill, 1975), pp.211-227.

8) William A. Gamson and Andre Modigliani, "The Changing Culture of Affirmative Action," in Aldon D. Morris and Carol M. Mueller (eds.), *Frontiers in Social Movement Theory* (New Haven: Yale University Press, 1987), p.57과 p.143.

9) Adam Simon and Michael Xenos, "Media Framing and Effective Public Deliberation," *Political Communication,* 17-4(2000), pp.366-367.

10) Thomas E. Nelson, Zoe Oxley and Rosalee A. Clawson, "Toward a Psychology of Framing Effects," *Political Behavior,* 19-3(1997), p.222; Thomas E. Nelson, Rosalee A. Clawson and Zoe Oxley, "Media Framing of a Civil Liberties Controversy and its Effect on Tolerance," *American Political Science Review,* 91-3(1997), p.567.

프레임에 조합이라는 개념을 연계시켜 설명하기도 한다.[11]

프레임 또는 프레이밍(framing)이란 어떤 사안에 대한 논의를 특정한 의미영역에 국한시킴으로써 논쟁의 범위를 설정하는 기능을 수행한다고 볼 수 있다.[12] 보다 구체적으로는 보도되는 사안의 성격을 규정짓거나 그 원인과 결과를 설명할 때, 그리고 그에 대한 도덕적 평가를 내린다거나 해결책을 제시하는 과정에서 특정 측면만을 선택, 부각시키는 방향으로 뉴스기사를 작성하는 것을 의미한다.[13]

이것은 기사의 게재면수나 큐시트(Q-sheet)의 조정, 특정내용이나 화상이 반복하여 보도되는 경우를 통해 발견할 수 있다. 특정사안에 대한 판단을 내릴 때 그 판단의 준거로 많은 정보를 사용하게 되는데 이들 정보들 중에서 가장 손쉽게 그리고 가장 뚜렷하게 기억나는 정보가 판단의 주요기준이 된다. 특히 외교안보 사안의 경우 대부분의 정보가 정부에 집중되어 있어 일반인들은 미디어를 통하지 않고서는 관련정보를 얻어내기가 수월치 않다. 이 경우 가장 손쉽고 뚜렷하게 기억나는 정보란 결국 미디어가 보다 많이, 그리고 보다 최근에 보도한 것들일 가능성이 높다.[14]

결국 프레임이란 모든 들어오는 정보를 가장 어울리는 문화적 카테고리에 배열하고 사람들로 하여금 그 카테고리에 의거해 정보를 해석하고 사용하며 또 저장하도록 하는 도구로 해석될 수 있다.[15] 따라서 프레임은 시청자나 독자들로 하여금 어떤 문제를 인식하고 이해하고 기억하도록 유도하

---

11) Simon and Xenos(2000), p.367.

12) Corwin R. Kruse, "The Movement and the Media: Framing the Debate Over Animal Experimentation," *Political Communication,* 18-1(2001), p.68; William A. Gamson, "The 1987 Distinguished Lecture: A Constructionist Approach to Mass Media and Public Opinion," *Symbolic Interaction,* 11-2, p.166.

13) Entman(1993), p.52.

14) Shanto Iyengar, *Is Anyone Responsible? How Television Frames Political Issues* (Chicago: University of Chicago Press, 1991), pp.130-131.

15) Kruse(2001), p.68; Gadi Wolfsfeld, "Introduction: Framing Political Conflict," in Akiba A. Cohen and Gadi Wolfsfeld (eds.), *Framing the Intifada: People and Media* (Norwood: Ablex, 1993), p.xiv.

여 그들의 판단에 영향을 미치고 그 문제에 대한 반응의 유형을 결정짓기도 한다. 프레임의 틀 안에서 제공되는 해석방식에 의거하여 사건을 인식하고 추이를 분석하면서도 그와 다른 방향의 해석에 대해서는 인식하지 못하는 경우가 발생하기 때문이다.[16] 결국 프레임은 특정사건에 대한 최초 정보와 진행과정에서 계속 전달되는 정보를 뉴스사용자가 어떻게 해석해야 하는가의 틀을 제시해 준다고 볼 수 있다.[17]

뉴스에서 다루는 기사거리(items)들은 단독으로 묘사되기 보다는 특정한 이미지와 캐치프레이즈, 은유들을 담은 패키지 내지는 얘기더미(clusters) 속에 묻혀 함께 보도됨으로써 그 얘기더미 안에 담긴 프레임으로 보는 사람들을 몰아넣게 된다.[18] 대개의 경우 얘기더미들은 문화적으로 친숙한 상징이나 내용을 함께 담고 있다. 2002 동계올림픽에서의 김동성 선수 금메달 박탈사건, 월드컵 미국과의 경기에서 쇼트트랙 선수들의 모습을 본딴 안정환 선수의 골 세레머니, 더 나아가 미군범죄사건이 발생할 때마다 언론의 도마에 오르는 SOFA 개정논의 등 시청자들 사이에 어렵지 않게 공감대를 형성할 수 있도록 매개해 주는 문화적 기대(cultural expectations)에 맞춰 프레임을 구성하는 것이다.[19]

이런 과정을 거치면서 특정측면을 보다 눈에 띄게, 의미있게, 그리고 무엇보다 가장 기억에 남는 형태로 부각시키면서 다른 측면은 도외시하도록 유도되는 것이다.[20] 프레임은 보도과정에서 특정측면에 초점을 맞춤으로써 그에 대한 논의에 '정당성'을 부여하는 반면 다른 측면은 배제시켜 버

---

16) Entman(1993), p.54.

17) Robert M. Entman, "Framing U.S. Coverage of International News: Contrasts in Narratives of the KAL and Iran Air Incidents," *Journal of Communication,* 41-4(1991), p.7.

18) Kruse(2001), p.68; William A. Gamson and Andre Modigliani, "Media Discourse and Public Opinion on Nuclear Power: A Constructionist Approach," *American Journal of Sociology,* 95(1989).

19) Entman(1991), p.7.

20) Entman(1993), p.53.

림으로써 언론의 힘을 가장 단적으로 발휘하게 하는 도구가 된다.[21]

때로는 프레임에 따라 유사한 사건이나 심지어 똑같은 사건이 정반대로 보도되는 경향도 나타난다. 그 대표적인 사례가 1996년 애틀랜타 올림픽에서 발생한 북한선수단 임원의 미국어린이 추행사건이다. 북한임원이 체포되자 한국언론들은 미국과의 문화적 차이로 인한 실수일 뿐 성추행의 의도는 전혀 없었다는 북한측 주장을 그대로 보도하면서 이를 단순한 하나의 에피소드로 취급했을 뿐이다.[22]

그러나 그로부터 몇 달 뒤 동해안에서 좌초된 북한의 잠수함과 승무원의 시신이 발견되었고, 한 달여 동안 수색작전이 전개되는 과정에서 남한의 군인 및 민간인 사상자가 발생하게 되었다. 남북관계 역시 경색국면으로 접어들게 되었는데 이 때 애틀랜타에서 체포되었던 북한측 임원이 북한으로 출국한 사건이 발생하자 한국언론은 정반대의 프레임을 적용하게 되었다. 제목부터 '북 관리, 미(美)서 범법 몰래 출국'으로 붙여졌고 '올림픽때 어린이 성추행혐의'라는 부제가 붙었다.[23] 기사의 내용도 미국과의 문화적 차이에서 기인한 사건이라는 측면은 전혀 언급되지 않았고 오히려 이 사건이 미국과 북한 간의 외교갈등으로 비화될 조짐이 있다는 식의 보도가 주를 이루었다. 프레임에 따라 동일한 사건이 전혀 다르게 보도된 것이다.

엔트만(Entman 1991)도 소련 전투기에 의한 대한항공기 격추와 미해군의 함대공미사일에 의한 이란 여객기 격추라는 유사한 사건에 대하여 미국언론들이 정반대의 프레임을 적용한 사례를 적시하고 있다.[24] 이 글에서 엔트만은 소련에 의한 대한항공 여객기 격추사건에 대해 강한 도덕적 의문을 제기하던 미국의 언론이 정작 이란 여객기 격추사건에 대하여는 '미 해군=

---

21) Regina G. Lawrence, "Game-Framing the Issue: Tracking the Strategy Frame in Public Policy News," *Political Communication*, 17-2(2000), p.93.

22) 『중앙일보』, 1996년 8월 7일자; 『경향신문』, 1996년 8월 7일자와 8일자; 『한겨레신문』, 1996년 8월 8일자.

23) 『조선일보』, 1996년 10월 14일자; 『동아일보』, 1996년 10월 14일자; 『중앙일보』, 1996년 10월 14일자; 『한국일보』, 1996년 10월 14일자.

24) Entman(1991), p.8.

가해자' 라는 측면과 피해자들에 대한 보도를 자제하면서 사건자체를 기술적 문제로 보도하는 과정을 분석하고 있다.

언론이 어떤 상황에서 어떤 프레임을 선택하게 되는가의 문제는 선택할 시점 당시의 상황적 배경에 따라 결정되는 경향이 있다. 어떤 사건의 뉴스가치를 판단할 때 비록 직접 관련은 없더라도 그 사건이 사회적으로 널리 화제거리가 되고 있는 사안들과 갖는 연계성이 중요한 기준이 되기 때문이다. 정치적 사안을 흔히 정쟁의 측면에서 일종의 게임으로 보도하는 것[25]이나 미군에 의한 범죄가 발생할 때마다 SOFA개정문제가 언론의 주관심사로 등장하는 것은 우리에게 이미 익숙한 일이다.

매일매일 실리는 기사들은 사회적으로 잠재되어 있는 여러 가지 화두(sagas)들이 제시하는 각각의 스토리라인에 재배열되는데 이 화두들은 나름대로의 예측가능한 단계구조(phase structure)를 갖고 있다.[26] 즉, 뉴스들이 단계를 거쳐 가면서 어느 방향으로 진행될 것인지의 실마리를 제시해 준다는 것이다. 두 여중생이 미군의 궤도차량에 의해 사망한 사건은 단순한 교통사고로 보도될 수도 있겠지만 미군관련 사건이나 범죄가 발생할 때마다 제기되어 온 SOFA관련 논의라는 화두속에 넣어질 때 단순한 교통사고라는 단계로부터 SOFA개정을 논의하는 단계로 이어지고 나아가 미군기지 이전 문제, 궁극적으로 미군철수 문제로 발전되는 기사의 흐름을 미리 예측할 수 있게 된다는 것이다.

여기에서 주목할 것은 이러한 과정을 거치면서 결국 한국의 대미정책과 군사협력 등 안보적으로 가장 중요한 국가이익과 관련된 사안들이 불평등 요소의 제거, 한국민의 자존심 치유와 같은 요소들에 묻혀버리게 된다는 점이다.[27] 이 같은 현상은 일본에서도 발견된다. 1995년 미 해병 3명이 소

---

25) Regina G. Lawrence, "Game-Framing the Issue: Tracking the Strategy Frame in Public Policy News," *Political Communication,* Vol.17, No.2(2000), pp.95-96.

26) Lawrence(2000), p.96; Mark Fishman, *Manufacturing the News* (Austin: University of Texas Press, 1980).

27) Lawrence(2000), p.109.

학교 여학생을 성폭행하는 사건이 발생했을 때『朝日新聞』은 항의집회관련 기사를 사회면에 싣던 다른 신문에 앞서 이 사건을 제일 먼저 1면에 보도했으며 다시 이 문제를 미군기지 반환문제로 발전시키는 역할을 하였다.[28]

이 같은 프레임을 적용하여 언론의 인지를 특정방향으로 유도하여 결과적으로 정부에게 유리한 언론환경과 대언론관계를 설정하는 것이 바로 스핀닥터들의 역할이라고 할 수 있다. 외국에서는 언론보좌관이 단순히 정부의 정책이나 정책진행방향을 언론에 알려주는 매개역할을 전담하는 것으로 해석되지 않는다. 오히려 가장 중요한 정책결정과정의 주요담당자로서 활약하는 경향이 짙다. 때로는 대통령 선거에서 러닝메이트를 결정하는 주요한 변수가 되기도 한다.

댄 퀘일(Dan Quayle)의 경우 아버지 부시 대통령의 러닝메이트로 나가게 된 과정이 특이하다.[29] 당시 부시는 퀘일과 특별히 가까운 관계는 아니었다. 오히려 서로를 잘 모르고 있었다는 쪽이 사실에 가깝다는 것이 사바토의 지적이다.[30] 그러나 부시의 여론전문가였던 티터(Bob Teeter)나 미디어 컨설턴트였던 앨리스(Roger Alies)가 이전에 퀘일의 진영에 고용되어 선거를 치른 경험이 있었다. 그들은 실제로 퀘일의 성품과 이미지를 잘 알고 있었고, 부시의 성품과 비교해서 러닝메이트로서는 최고의 조화를 이룬다는 결론을 내렸다. 그래서 퀘일은 리스트에 이름을 올릴 수 있었고 결국 러닝메이트로 낙찰되었다.

정치 컨설턴트 혹은 스핀닥터들은 언론과 아주 특별한 관계를 맺고 있다. 가끔씩 언론에 부정적으로 비쳐 나오기는 하지만 기사의 양에 비추어 스핀닥터들의 이야기는 자주 등장하는 편은 아니다. 이유는 간단하다. 뉴

---

28) 『朝日新聞』, 1995년 9월 27일자 조간 1면과 10월 4일자 조간 1면, 10월 5일자 석간 1면 참조.

29) 이하는 Larry Sabato, "Political Influence, the News Media and Campaign Consultants," *PS: Political Science and Politics,* Vol.22, No.1(Mar. 1989), pp. 15-17에서 참조.

30) Larry Sabato, "Political Influence, the News Media and Campaign Consultants," *PS: Political Science and Politics,* Vol.22, No.1(Mar. 1989), pp.16-17.

스를 전하는 미디어에 있어서 스핀닥터들은 좋은 소스가 된다. 지속적이면서도 마르지 않는 정보들을 가지고 이를 제공하는 역할을 하고 있기 때문이다. 저널리스트들이 그들의 편집장에게 어필할 수 있는 기사를 쓸 수 있도록 내부의 정보를 제공하는 이들이 바로 스핀닥터들이며, 그 답례로 저널리스트들은 스핀닥터들을 취재원으로서 잘 보호하게 되며 상당부분 그들의 원하는 방향으로 기사를 작성하게 된다. 결국 스핀닥터들은 공직 후보자들뿐만 아니라 미디어와도 좋은 관계를 유지하여야 한다. 공직자들의 임기와 관계없이 진영을 바꿔가며 정책을 개발하고 미디어를 분석하며 선거승리를 위한 전략을 제시하여야 하기 때문이다.

스핀닥터 혹은 정치컨설턴트는 주로 후보자와 선거진영의 편에 서서 여론조사와 미디어에 어필하는 의제를 설정해 내고 직접 기금모금까지 돕는 일을 수행하는 전문가를 일컫는다.[31] 스핀닥터는 스스로의 힘만으로 그들의 고객인 후보자에게 승리를 안겨다 주는 신화적 능력을 지녀왔다. 정당으로부터의 재정적 지원보다 유능한 정치 컨설턴트를 고용하는 것이 상대적으로 더 긍정적인 결과를 초래할 수 있다는 점 또한 계량적으로 입증된 바 있다.[32]

1990년 미국의 총선에서 하원의원 입후보자들의 43.6%가 적어도 한 명 이상의 컨설턴트를 고용했으며 그 수치는 92년 총선에서 63.7%로 급등하게 된다. 현직의원의 출마포기로 무주공산이 된 선거구에 출마한 후보 중 75%, 현직으로 재출마한 후보자의 66.2%가 컨설턴트를 고용했다고 한다.[33] 선거는 더 이상 후보자들 간의 싸움이 아니다. 후보자의 개인적 특성에 기대어 일을 하고 있는 선거 산업의 뛰어난 컨설턴트들 간의 전쟁이다.

---

31) 이하는 Stephen K. Medvic, "The Effectiveness of the Political Consultant as a Campaign Resource," *PS: Political Science and Politics,* Vol.31, No.2(Jun. 1998), pp.150-154 참조.

32) Medvic(1998) 참조.

33) James A. Thurber, "The Study of Campaign Consultants: A Subfield in Search of Theory," *PS: Political Science and Politics,* Vol.31, No.2(Jun. 1998), pp. 145-149.

이 컨설턴트 중 42% 정도가 정당관료출신인 반면 비슷한 비율이 바로 언론계출신이었다는 점이 콜로드니와 로간(Kolodny & Logan)의 연구를 통해 밝혀진 바 있다.34)

대통령과 그의 보좌진에 있어 언론의 지지는 커다란 자산이 된다. 그러기에 다른 어떤 것보다도 여론조사의 결과에 의존해 정부의 아젠다를 추진 가능하게 만드는 일에 노력을 다하게 된다. 여론보다 더 중요한 것은 현대의 백악관에서는 없다. 정부의 정책 아젠다를 의회에서 통과시키기 위해 우호적인 환경을 조성하고, 재선에서 승리하며, 나아가 역사에 길이 남을 대통령이 되기 위해서는 여론의 지지가 필요한 셈이다. 따라서 백악관 내의 여론 분석기구의 구조와 지침을 살펴보는 일은 중요하다. 제이콥과 샤피로(Jacob and Shapiro)는 케네디, 존슨, 닉슨 행정부에 걸쳐 여론 조사가 대통령직의 제도적 한 부분으로 자리매김하는 과정을 설명해 냈다. 여론 조사의 데이터와 그에 대한 분석은 통합되어 대통령 업무의 일부분으로 정례화된 것이다.35)

최근 10년간 정치 컨설턴트들의 역할은 더욱 활발해졌다.36) 미디어 컨설트 회사에 속한 정치 컨설턴트들 수가 증가해 일 자체도 보다 전문화·조직화되었다. 컨설턴트들의 약진에는 스핀닥터들도 일조했다. 그중에서도 TV와 같은 전자매체들은 컨설턴트들이 노출될 수 있는 기회를 증가시켰다. 1992년 선거의 경우, 지역 아침 뉴스 프로그램에서는 정치 컨설턴트를 고정된 게스트로 초청해서 정치 상황에 대한 총평을 듣곤 했다. 미디어의 확산과 더불어 뉴스시간이 늘어나면서 생겨난 수요를 정치 컨설턴트들이 적절한 코멘트로 채우기 시작한 것이다. 캘리포니아 주에서 활동하는 미디어

---

34) Thurber(1998), p.146.

35) Diane J. Heith, "Staffing the White House Public Opinion Apparatus 1969-1988," *Public Opinion Quarterly,* Vol.62, No.2(Summer 1998), pp.165-189.

36) 이하는 David B. Magleby and Kelly D. Patterson, "Consultants and Direct Democracy," *PS: Political Science and Politics,* Vol.31, No.2(Jun. 1998), pp. 160-169에서 참조.

컨설턴트인 화이트(Marice White)는 너무나 자주 그리고 많이 선거가 치러짐에 따라 사람들은 그들이 투표하는 대상이 무엇인지도 알기 힘들 정도로 복잡해졌다고 말한다. 이런 상황에서 적절한 의제설정과 사람들이 납득하기 쉬운 구호로 참여를 유도하는 것이 컨설턴트의 역할이라고 주장했다.

　스핀닥터의 활용 못지않게 중요한 것이 바로 첨단매체의 활용이다.37) 1992년 대선에서는 전국지에 속한 경험많은 정치부 기자들을 뛰어넘어 다른 식으로 선거 운동의 가능성을 보여주었다. 부시와 클린턴의 선거진영은 나라 전체에 걸쳐있는 지역단위의 미디어 시장에 메시지를 보내기 위해 최신의 기술까지 동원했다. 위성을 이용한 중계방송은 스핀닥터들로 하여금 지역의 대중에게 보내는 메시지를 조절하고, 지역 뉴스를 담당하는 사람들과 상호작용을 할 수 있는 기회를 부여했다. 전국단위나 지역단위의 미디어 머리 꼭대기에 올라와 있는 정치 컨설턴트들의 능력은 후보자의 입장에 관한 객관적인 정보를 제공하는 언론의 능력과 비교하여 한차원 더 높은 것이었다. 선거와 관련하여 미디어가 원하는 방향으로 스핀을 조정하는 것은 선거의 승부만큼이나 중요한 일이 되어 버렸다. 셀 수 없을 정도의 많은 전문가들이 후보자들의 연설이나 대선 토론회의 성공방법을 분석하고 있다. 이런 필터를 거치지 않은 정보들이 직접 마음을 정하지 못한 유권자들에게 다가와서는 선거자체를 점점더 어려운 과정으로 만들기도 한다.

　클린턴 선거진영은 위성기술을 이용해서 클린턴과 대선 투표인 참가자 개인 사이의 일대일 대화를 포함한 다양한 뉴스재료를 지역 언론사에 제공했다. 작은 규모의 지역언론과의 직접적인 접촉을 통해서 클린턴은 초반의 열세를 만회할 수 있었고, 나아가 승리를 거머쥘 수 있었다. 이런 전략은 집권 후 클린턴 행정부 때도 이어졌다. 긍정적인 사례는 아니지만, 클린턴 행정부가 중산층의 세금을 감면하고, 아이티에 대한 독립을 승인하는 약속을 저버린 것이 미시간에서의 타운 홀 미팅에서 벌어지자 이는 위성을 통해

---

37) 이하는 Robert N. Roberts and Anthony J. Eksterowicz, "Local News, Presidential Campaigns, and Citizenship Education: A Reform Proposal," *PS: Political Science and Politics,* Vol.29, No.1(Mar. 1996), pp.66-72에서 참조.

전역으로 송출되었고, 클린턴이 비난에 직면하게 된 경우도 있었다.

III. 한국정부의 대언론정책

한국의 청와대 및 정부는 기본적으로 인적, 물적 부족에서 파생하는 제도적 문제점을 안고 있다. 한국의 청와대 및 정부는 홍보의 필요성에 대해 제대로 이해하지 못하는 경우가 대부분이고 자연히 홍보비용에 대해 인색해지기 마련이다. 이미 10년 전에 25억 불을 들여 1만 3천 명의 홍보담당자를 각 부처에 배치해 왔던 미국과는 달리 홍보를 담당하는 인력을 확보해야 한다는 필요성 역시 인식하지 못하고 있으며 이 같은 제한성은 그대로 홍보정책 운영상의 문제로 귀결된다. 따라서 홍보라인의 전반적인 재검토가 필요시된다고 볼 수 있다.

한국의 청와대나 정부부처에는 스핀닥터나 프레이밍과 같은 적극적 홍보의 흔적을 찾아볼 수 없다. 때문에 가장 바람직하다는 건강한 긴장관계를 조성하는 것은 아예 무리라고 판단된다. 우선 현 정부의 홍보담당자들은 정치부 내의 국회출입팀과 행정부를 출입하는 기자들을 혼돈하고 있는 듯 하다. 국회팀이라고도 불리는 정치부기자들과 외교통상부, 통일부, 국방부, 기타 정부부서를 출입하는 기자들은 취재방식이나 취재원과의 관계 등에서 다소 차이가 난다.

정치부 정당팀은 청와대를 비롯하여 각 정당에 출입하면서 공식, 비공식 브리핑이나 보도자료, 각 개인의 기자회견 등을 소화하기도 하지만 국회의원이나 보좌관들, 당료들을 주 취재대상으로 한다. 즉 정치인들을 대상으로 하며 큼직한 기사가 공식취재과정보다는 사적인 취재과정이 보다 중요한 경우가 많다. 때문에 의원 개개인이나 보좌관, 당료들과의 친분관계가 중요한 취재자원이 된다.

반면 행정부에서는 직접 정책을 입안, 추진하는 공무원을 상대해야 한다. 물론 이 과정에서도 개인적인 친분이 어느 정도 중요한 작용을 하지만 기본적으로 정책담당자들을 취재원으로 하기 때문에 그만큼 제약이 따른다. 때문에 정책브리핑이나 배경설명 등을 통해 기자실과 대변인과의 건강한 긴장관계가 형성되어 있었다. 정책의 보안성이 강한 국방부의 경우 엠바고를 전제로 한 브리핑건들은 좀처럼 깨어지지 않는다.

행정부 관료들은 정책에 대한 보안을 지켜야 할 법적 통제하에 놓여 있고 이들의 행동은 곧 정책의 향배를 시사하기 때문에 정치인들에 비해 행동의 범위가 제약되어 있고 또 그만큼 기자들은 취재원을 보호해야 할 제한을 안게 된다. 또 다른 정당팀과 행정팀의 차이는 바로 여기에서 파생한다. 정치인들은 합당이나 탈당, 당 개편인사의 단행 혹은 대통령에 대한 비난성명이나 국회의 법안제출 등에 있어서 그 사실이 언론에 노출되었다고 해서 관료들처럼 직접적으로 책임을 지는 경우가 드물며 오히려 언론에 의도적으로 자신을 노출시킴으로써 유권자들의 관심을 유도해야 하는 특성이 있다.

때문에 정당에서는 취재원과 기자의 관계가 근본적으로 다를 수밖에 없다. 정보를 필요로 하는 기자들과 자신을 노출시켜 선거에서의 승리를 추구해야만 하는 정치인들의 필요 사이의 균형이 때로는 기자들에게, 혹은 정치인들에게 편향되는 경우가 있다. 특히 야당의원이나 오랜 세월 평의원을 거쳐 장관, 대통령 후보로 떠오른 현 대통령에게 언론이 지지보다는 비판을 보냈을 것이고 이 과정에서의 기억이 현 언론정책의 밑거름이 된 것이라고 가정한다면 이는 정당팀 기자들과의 관계를 행정부서 출입팀과의 관계와 크게 오인한 것이며 기자실 폐쇄결정 또한 이에 기초하고 있다면 시급히 시정되어야 할 것으로 본다.

맥클로스키의 법칙(McCloskey's Law)이란 것이 있다. 정부로부터 제공되는 정보의 양이 제한되어 있으면 있을수록 취재하려는 욕구는 커지고 이때 자그마한 정보라도 새어나간 정보, 특히 특정 기자에게만 배타적으로 제공된 단독기사일 경우 그에 대한 보도가치는 극대화된다는 것이다. 이 법칙을 교묘히 활용하여 의도적으로 정보를 흘리거나 특정 기자나 언론사에 제공함으로써 언론의 인지에 프레임을 씌울 수 있으며 보도를 특정방향

으로 유도하는 등의 방법으로 때로는 정부 간 관계에서 어려운 일을 처리할 수도 있다.[38]

기자실이 없어진다면 국장급 이상, 때로는 과장급 이상 간부들의 집에 기자들이 진을 치고 있는 기현상을 보게 될 것이다. 특히 기자실이라는 공적 장소를 벗어나 취재의 무대가 간부들의 집으로 옮겨질 경우 사적 관계의 확대로 인해 정보의 누수가 더욱 심해질 가능성도 없지 않다. 때문에 기자실을 유지한 가운데 정보의 스핀을 통해 보도를 조종하는 것이 더욱 바람직할 것으로 사료된다.

정부가 고의적으로 특정정보를 언론에 흘리는 관행은 거의 모든 나라에서 보편적으로 활용되고 있다.[39] 국내의 관심이 집중된 사안으로부터 언론의 카메라를 다른 쪽으로 유도하여 국내여론을 정부에 호의적인 방향으로 돌리는 데 이처럼 효과적인 방법은 없을 것이다. 민감한 정보를 흘림으로써 정부는 현재 고려하고 있는 정책대안에 대해 여론이 어떻게 반응하는지 미리 떠볼 수도 있고 심지어 외국정부의 대응도 엿볼 수 있게 된다. 정부관료들은 또한 현재 논의 중인 정책의 방향을 바꾸기 위해서라든가 인사의 임면에 대한 결정을 뒤엎기 위해 고의적으로 정보를 흘리는 경우도 있다고 한다.[40]

고의적으로 흘려지는 정보들은 대개의 경우 기자들의 취재를 통해 얻어진 정보보다 훨씬 커다란 반향을 가져온다.[41] 물론 언론팀에서는 흘려질 정보가 최대한 커다란 반향을 불러올 수 있도록 정보를 흘리는 시점을 미리 조심스럽게 계산해야 한다. 정부 부처로부터 제공되는 정보의 양이 가장

---

38) Robert J. McCloskey, "The Care and Handling of Leaks," in Simon Serfaty (ed.), *The Media and Foreign Policy* (London: MacMillan, 1990), p.119.

39) Keith Hindell, "The Influence of the Media on Foreign Policy," *International Relations,* Vol.XII, No.4(April 1995), p.75.

40) Richard Davis, *The Press and American Politics* (New York: Longman, 1992), p.143.

41) John P. Wallach, "Leakers, Terrorists, Policy Makers and the Press," in Simon Serfaty (ed.), *The Media and Foreign Policy* (London: MacMillan, 1990), p.83.

적을 때 정부에 의해 고의적으로 흘려지는 정보의 효과가 극대화된다는 맥클로스키의 법칙은 스핀닥터들이 유념해야 할 부분이다.

언론전문가들이 고의적으로 정보를 흘리는 경우를 여섯 단계로 분류해 볼 수 있다. 첫 번째는 정보누출자가 자신이 언론의 관심을 끌만큼 중요한 업무를 담당하고 있다는 인식을 기자들에게 심어주기 위한 경우(ego leak)이다. 물론 단순히 자긍심을 스스로 확인코자 하는 경우도 포함되지만 항상 영양가있는 정보를 가지고 있다는 사실을 은근히 피력하는 것은 기자들의 관심을 끄는 데에 필수적인 요소이다. 유사시 그 기자들을 활용해야 하기 때문이다.

일단 자신의 존재를 알린 다음에는 의도적으로 기자와 친분관계를 형성함으로써 서로 돕는 관계를 맺으려는 차원(goodwill leak)에서 정보가 흘려지기도 한다. 이렇게 해서 협조적인 관계가 형성되면 언론전문가들은 차츰 기자들과의 관계를 이용하기 시작한다. 가장 대표적인 경우가 특정 제안이나 정책을 있는 그대로 모두 알려주는 것(promoter leak)으로 그 제안이나 정책의 성공을 위해 미리 분위기를 조성하려는 경우 활용된다. 그런데 그 성공가능성에 대한 확신이 서지 않거나 정책결정그룹 내부의 찬반의견이 팽팽히 맞설 경우, 혹은 여론의 반향이 궁금할 경우, 현재 고려 중인 제안이나 정책을 흘려 장단점을 미리 파악하려는 차원(trial ballon leak)에서 정보가 흘려질 수 있다. 극단적인 경우 분명 정부에게 불리한 정책인데도 도저히 공식채널을 통해서는 그 정책의 방행이 바뀔 것 같지 않을 때 관련정보를 언론에 고의로 흘리는 유형(whistle-blower leak)이다.

일단 언론에 공개되면 아직 논의 중 인 정책이라도 자유롭게 정부측의 의견을 밝힐 수 있는 환경이 마련된다. 의견을 밝히는 것은 담당보좌진이지만 이런 환경을 만들어 줘야 하는 것은 분명 언론팀의 몫이다. 마지막으로는 경쟁자를 당황시키고 약올리기 위해 고의로 정보를 언론에 흘리는 유형(animus leak)이다. 언론에 정보를 흘리면 취재원인 정보누출자는 보호되는 대신 흘려진 정보를 담당하는 자신의 경쟁자를 쉽게 압도할 수 있기 때문이다.[42]

고의적인 정보누출이 중요시되는 이유는 흘리는 정보의 양이나 내용을 미리 계산하여 언론팀이 원하는 방향으로 언론보도의 내용을 유도(shape and angle)하여 프레임할 수 있기 때문이다. 보다 중요한 것은 흘려진 정보가 다른 언론사에 알려지지 않은 단독 정보인 이상 언론은 흘려진 정보가 고의적이든 우발적이든 항상 그 정보를 보도할 준비가 되어 있다는 점이다.

따라서 특정한 사안에 대한 언론의 단독보도는 그 언론의 독단적인 사고나 해설의 소산으로 볼 수는 없게 된다. 오히려 언론팀 혹은 그 요청을 받은 정부 관리들이 흘린 말들이 언론 나름대로의 논리와 운영방침, 그리고 이윤추구 메커니즘에 의해 편집되어 인쇄되는 경향이 더 짙다고 봐야 한다.[43]

정보의 누출과 함께 어려운 국면을 전환하기 위해 스핀닥터들이 주로 쓰는 방법이 현재 논의되는 것과는 전혀 새로운 이슈면서도 전국적인 관심을 끌 정도로 민감한 사안을 부각시키는 방법이다. 윈스턴 처칠은 정부의 언론에 대한 영향력에 대해 "진실은 너무나 고귀해서 항상 거짓이라는 경호원들을 붙여 주어야 한다"고 까지 술회하기도 했다.[44] 거짓까지는 아니더라도 스핀이라고 불리우는 경호원들은 항시 필요할 것으로 보인다.

여러 가지 사안들 중에서 가장 스핀의 효과가 뛰어난 것은 외교안보 사안이다. 그러나 외교안보 사안이라고 해서 무조건 스핀의 효과를 가져다주는 것은 아니다. 현재 미국의 전투병 추가파병 요청과 이에 대한 2003년의 청와대 논평을 예로 들 수 있을 것이다.

2003년 4월 공병 의료부대의 이라크 파병과 관련해 곤혹을 치뤘던 청와대로선 추가파병에 대한 논의가 보수와 진보 간의 이념대결로 확산되는 것을 막아야 할 입장에 처해 있었다. 단순한 지원 부대가 아닌 전투병 파병이

---

42) Wallach(1990), p.112.

43) Leon V. Sigal, "Who Sources Make the News," in Robert Karl Manoff and Michael Schudson (eds.), *Reading the News* (New York: Pantheon, 1987), pp. 27-29.

44) Philip L. Geyelin, "The Strategic Defense Initiative: The President's Story," in Serfaty(1990), p.40.

고, 파병되는 지역이 이라크 북부 모술 지역으로 실제 사상자가 발생할 가능성이 어느 정도 상존하고 있기에 정책을 결정하기 전에 미리 여론의 풍향을 단순히 진단함을 넘어 유도해야 하는 작업이 필수적이었다.

그러나 청와대의 입장표명은 파병과 미군추가배치, 북핵의 평화적 해결 등을 연계시킨다는 방향으로 흘러나왔다. 실리를 추구하겠다는 입장을 밝힌 것이다. 이러한 입장의 표명은 국정감사에서 당장 도마위에 오르게 되었다. 이러한 내용은 전략회의석상에서나 논의될 수 있는 것이지 대통령의 발표로서는 적절치 않다는 지적이었다.[45] 이러한 입장의 표명은 또한 진보와 보수 간 이념논쟁의 실마리를 제공하지도 못했다.

외교안보 사안을 활용한 스핀의 효과는 바로 외교안보 사안의 상징성에서 기인한다고 볼 수 있다. 단순히 정상외교에서의 회담이나 파티 등 상투적 장면연출에서 탈피, 무역현장에서 얼마규모의 투자를 외국기업의 어느 기업총수와의 면담을 통해 유치하였다거나 다자간 협상에서 활발한 물밑외교를 통해 우리측 제안을 성공시키는 장면, 사석에서 외국 주요인사들과 사복차림으로 허심탄회한 대화를 나누는 장면, 군부대나 주한미군을 방문하여 식사를 함께 하는 등의 모습 등은 간단하면서도 상징성을 띠고 있다.

이러한 장면들은 상징성에도 불구하고 그냥 카메라 앞에 노출시킬 경우 별 관심을 끌지 못하고 넘어갈 가능성이 농후하므로 항상 세심한 연출이 필요하다. 앞서 클린턴의 예에서 볼 수 있듯 클린턴 전 대통령이 아랍평화의 산파로 자리매김할 수 있었던 것은 국제무대에서의 능동적인 외교, 주도적인 활동, 활발한 대화참여 등을 통해 미국시민들에게 미국의 주도적 위치에 대한 자긍심을 확인할 수 있는 이벤트를 만들어 내었기 때문에 가능했던 것이다. 특히 국내정치적으로 곤경에 처해 있는 대통령에게 외교안보가 결부된 이미지메이킹은 언론수용자로 하여금 국내와 국외문제를 구분케 하고 외교적으로 중요한 역할을 수행 중인 대통령의 입지를 수긍하도록 프레임하는 효과가 만들어질 수 있다.

---

45) 이만섭 의원, 국가안전보장회의에 대한 국정감사(2003년 9월 29일).

언론보좌진은 단순히 정부의 소식들을 언론에 보도되도록 연결해 주는 역할만을 담당하고 있는 것으로 스스로 폄하시키는 것은 현대의 정부-언론 관계에 대한 곡해를 초래한다. 단순한 매개체로서의 기능에 더하여 각색과 연출의 기능을 담당해야만 한다. 주어진 상황하에서 대통령을 언론의 집중포화에서 벗어나게 할 전혀 다른 훌륭한 사안이 있음에도 불구하고, 또 상징성이 있음에도 불구하고 다만 언론의 관심을 끌기에 부족한 사안이라면 이를 각색과 연출을 통해 TV화면과 신문지상에 띄워보내야 하는 것이 스핀닥터들의 업무인 것이다.

이 같은 운영상의 문제점 외에도 몇 가지 해결해야 할 과제가 있다. 먼저 홍보전문가들의 충원과 그에 따른 비용을 확보해야 하는 문제를 해결해야 할 것이다. 이는 단순히 국내의 여론을 긍정적인 방향으로 유도한다는 정략적 차원을 떠나 국가의 이미지에 대한 대외홍보, 외국정부나 투자가들에 대한 홍보의 의미를 담고 있다는 차원에서 접근되어야 할 것이다. 국정홍보처에 모든 업무를 집중시키는 것은 홍보가 각 부처가 생산하는 정책과 유기적으로 연계되어야 한다는 사실을 도외시하고 있는 것이다. 국정홍보처의 인원만이라도 각 부처로 분산시켜서 각 부처가 홍보를 전문으로 하는 인원을 확보하고 있어야 한다. 이는 성공적인 정책수행에 필수적인 요소라는 점 또한 인지되어야 할 것이다.

이러한 측면에서 홍보전문가들뿐 아니라 정책입안과정에 참여하는 모든 전문가들이 홍보담당자라는 의식이 필요하다. 이를 위해서는 홍보가 무엇인지에 대한 전면적인 교육이 필요시되며 특히 정책과의 유기적 연계라는 측면이 인식되도록 해야 할 것이다. 홍보담당부서에 모든 것을 맡기고 정책추진에만 전념하겠다는 것은 현대 민주주의사회의 가장 커다란 구성요소를 도외시하고 있는 것과 마찬가지 발상이라고 봐야 한다.

대통령이 나서야 할 부분, 장관이 나서야 할 부분, 혹은 대변인의 일상브리핑이나 사안의 경중에 따라 실무진이 나서야 할 부분에 대한 경계를 사전에 설정하여 보안상 필요한 경우를 제외하고는 누구든 항상 언론에 노출될 가능성을 안고 정책을 추진해야 한다는 사실을 정책결정과 입안과정에 참여하는 모든 인사들이 알아야 한다는 것이다.

이제는 우리나라의 민주주의도 상당히 발전한 만큼 대언론관계를 어떻게 설정하는가 하는 문제가 국정운영에 커다란 영향을 끼치게 되었다. 건전한 긴장관계를 유지하면서 언론과 공생과 반목의 역학구도를 조성하기 위해서는 보다 전문화된 언론보좌기능이 강화되어야 하며 단순한 기자출신 및 언론전문가에 더하여 국제관계 현황이나 대북관계에 정통한 안보전문가, 설득과 연출에 능한 광고 전문가, 나아가 항상 정부에 비판적인 야당의 사정에 밝은 정치전문가 등이 망라된 건전한 의미의 스핀기능을 확보해야 할 시점인 것으로 판단된다.

제6강좌

탈냉전기에 있어 국제관계에 대한
새로운 논의들

　　탈냉전의 도래와 9·11의 발생은 국제관계이론에 대한 새로운 논의와 논쟁에 불을 당겼다. 미국은 세계유일의 초강대국으로 등장했고 그런 미국의 심장부는 테러의 대상이 되었다. 9·11사태 때 숨진 희생자[1]는 노르망디 상륙작전 D-day의 전사자 수[2]보다 더 많다.

　　탈냉전 직후 현실주의이론은 곧 장례식을 치를 것처럼 보였지만 사담 후세인의 쿠웨이트 침공, 코소보 분쟁, 아프가니스탄에서의 테러와의 전쟁과 2차 이라크전쟁이 벌어지는 동안 많은 이론적 논쟁이 진행되었다. 이 강좌에서는 탈냉전기와 9·11이 불러온 이론논쟁을 알아보기로 한다.

---

1) 뉴욕 세계무역센터에서만 4,763명이 사망 또는 실종되었고, 펜타곤에서 190명, 시신으로 발굴된 94명, 피츠버그 추락 여객기 승객과 승무원 45명을 합하면 약 5,000여 명이 9·11테러로 희생되었다. 유현석, 『국제정세의 이해: 9·11테러 이후 지구촌의 아젠다와 국제관계』(서울: 한울 아카데미, 2003), p.48.

2) 오하마 해변 전투에서 상륙작전 당일 미군의 사상자는 2,400명. 『동아일보』, 2005년 6월 6일자, 17면.

I. 지구촌 형성은 가능한 것인가: 저비스의 반론[3]을 중심으로

탈냉전기에 접어들면서 지구촌(global community)이라는 개념이 화두로 등장하였다. 이념대결의 국면에서 벗어난 강대국들이 공동의 위협에 대처하면서 평화와 번영을 도모하는 인류의 꿈이 집약된 개념이 바로 지구촌이었다.

과거에 자국의 안보를 확보하기 위해 심각한 갈등을 거듭하던 국가들이 오늘날 지구촌을 이끈다는 사실 자체가 아이러니가 아닐 수 없다. 더구나 그리스와 터키, 러시아와 중국처럼 이념대결보다는 역사적, 지정학적 라이벌들이 과연 이 공동체 안에서 공존해 나갈 수 있는 이해관계의 수렴과 인센티브가 마련될 것인지도 논의의 대상이다.

지구촌이라는 단어는 비록 용어 자체는 다르지만 과거에도 존재했었던 개념이다. 윌슨(Woodrow Wilson)의 주도하에 구성됐던 국제연맹(League of Nations)도 세계평화를 가져다 줄 것으로 기대되었었다. 전쟁비용의 고조, 평화가 가져다주는 공동선, 안보공동체를 구성하는 공동의 가치와 결합되어 지구촌 개념은 전통적인 국제정치 이론에 적지 않은 파장을 불러일으켰다.

저비스(Robert Jervis)는 지구촌 개념에 대해 다섯 가지의 질문을 던지고 있다.

1) 지구촌의 등장이 미국에 대한 모든 위협을 근절해 줄 것인가.
2) 지구촌이라는 공동체가 과연 지속될 것인가.
3) 지구촌을 형성하는 이유와 유지근거는 무엇인가.
4) 지구촌이 국제관계에 던져주는 함의는 무엇인가.
5) 지구촌의 개념이 전쟁의 원인에 대한 이론에 어떤 의미를 던져주는가.

---

3) Robert Jervis, "Theories of War in an Era of Leading Power Peace," Presidential Address for the American Political Science Association, *American Political Science Review,* Vol.96, No.1(2001) 참조.

저비스는 먼저 지구촌의 등장으로 미국이 다른 강대국으로부터 군사적 위협을 받지 않는다는 사실이 결코 어떤 종류의 군사적 위협으로부터도 자유롭다는 사실을 의미하는 것은 아니라고 주장한다. 9·11테러처럼 미국안보에 대한 위협은 상존하고 있다고 지적되었다. 특히 미국이 탈냉전기 국제관계의 규범으로 상정한 민주주의나 자결주의와 같은 가치들을 위협하는 것들은 지구촌이라는 공동체를 위협하고 있으며 결국 미국안보에도 위협요소가 된다는 것이다.

지구촌이라는 개념은 다분히 구성주의적 개념으로 평화나 민주주의를 향한 공동 정체성의 공유로 인해 형성된 것인데 이러한 정체성의 공유란 그 성격상 공유한 집단과 공유하지 않은 집단과의 차별을 전제로 한다. 저비스는 이 대목에 주목하고 있다. 지구촌의 테두리 안에 모든 국가들이 포함된다면 이들 국가들이 모두 평화와 민주주의라는 정체성을 공유함을 의미하는 것인데 그렇다면 이 경우의 정체성이란 다른 집단과 대별되는 것이 아닌 모든 국가에 공통되는 기본성질로 전락하여 결국 구속력을 상실하게 된다고 주장한다. 결국 모든 국가들의 민주화는 민주주의로부터 파생되는 정체성의 상실을 의미하는 아이러니를 지적하고 있는 것이다.

지구촌 개념의 전제 중 하나가 되는 것이 공동의 정체성으로부터 평화가 일궈진다는 것인데 여기에 대해서도 저비스는 이견을 제시하고 있다. 비록 냉전시기였지만 장기간에 걸쳐 평화가 유지되었기 때문에 정체성이 형성된 것이지 정체성으로 인해 평화가 형성된다는 논리는 원인과 결과를 혼돈한 것이란 지적이다. 특히 물질적 환경이 다르거나 추구하는 바가 다를 경우에 정체성이 형성되는 과정에 대해서도 의문을 제기할 수 있으며 정체성이 형성되는 기간에 대한 문제도 논의의 대상이 될 수 있다.

구성주의와 함께 지구촌 형성의 이론적 토대를 제공해 주는 자유주의 이론에 대해서도 저비스는 회의적 의문을 제기한다. 민주평화론은 소련으로부터의 위협에서 파생되었다고 해도 설명이 가능하며 이디아민의 우간다 등 적지 않은 비민주국가들은 분쟁을 일으키지 않았다는 사실 또한 주목해야 한다고 지적한다. 민주평화론에서 사례로 분석하는 대부분의 전쟁이 양자관계(dyad)에서의 분쟁이어서 다자간 관계에서 발생하는 전쟁의 원인을 설명하는 데에는 제한이 있다는 것도 지적하고 있다.

민주주의국가들은 결국 전쟁을 일으키지 않는 것이 아니라 전쟁결정에 상당히 신중할 뿐이라는 것도 고려대상에 포함시켜야 한다고 주장한다. 또한 민주주의는 여러 가지 비효율성을 동반하는데 경험없는 지도자들이 선출되어 장기적인 안목에서의 국정운영보다는 단기적인 실적위주의 정책을 추진하도록 하는가 하면 비민주국가에 대한 곡해를 초래하기도 한다는 것이다.

상호의존에 대해서도 회의적이다. 정보의 자유로운 전파와 확대가 예측성을 더해줌으로써 상호의존을 상승시킨다는 점에 대해서 처리가능한 수준 이상의 정보가 범람할 경우 오히려 오판의 가능성은 더욱 늘어가기 때문에 분쟁의 원인이 될 수도 있다고 지적한다. 강대국이 이익을 얻게 될 경우 상호의존이 유지될 뿐이라고 주장하면서 상호의존으로 오히려 경제적 이익이 감소할 경우에도 상호의존이 발생할 수 있는지에 대해 회의적이다.

평화의 원인이 상호의존일 수도 있지만 상호의존 관계에 놓여 있지 않은 국가들이라도 전쟁보다는 평화를 원할 경우가 있을 수 있다고 지적한다. 뿐만 아니라 1차 대전 이후 국가들 간의 높은 상호의존이 전쟁의 발발을 막지 못한 것과 마찬가지로 상호의존의 존재가 반드시 전쟁을 억제해 준다는 것은 아니라고 설명하고 있다. 그렇다면 상호의존은 평화의 원인이기보다는 평화의 결과라는 것이며 미국의 경험을 지나치게 일반화한 오류라는 것이다.

비록 저비스는 지구촌의 등장으로 전쟁원인에 대한 많은 이론들의 유효성이 타격을 받게될 것으로 예견하면서 지구촌의 개념이 무정부상태에서도 평화가 가능하다는 점을 일깨워 주었다고 결론을 맺고 있지만 그의 회의적 비평은 지구촌 개념에 대한 논쟁에 커다란 의미를 부여해 주고 있다.

II. 안보와 국익의 개념 변화: 나이의 논의를 중심으로

냉전시기에 군사작전의 범위와 반경은 항상 일정했다. 미국은 소련을, 소련은 미국을 지정학적으로 포위하고 봉쇄하고 위협하기 위한 전략들을 운용함으로써 안보를 추구했기 때문이다.

그런데 탈냉전은 이렇게 정형화되어 있는 군사작전의 반경과 상대방에 대한 봉쇄와 같은 고전적 개념을 베를린장벽과 함께 역사의 뒤안길로 사라지게 하였다. 그 자리에 아프리카, 아시아나 중동, 유럽의 분쟁지역에 어떻게 신속하고 유효하게 군사력을 이동시킬 수 있을 것인가에 대한 문제가 화두로 등장하게 되었다. 그와 함께 군사들이 파견될 수 있는 지역에 대한 역사적, 문화적, 경제사회적 상황에 대한 이해도 필요하게 되었다.

탈냉전은 어떤 의미에서는 미국에게 가장 소중한 존재를 앗아갔다고도 볼 수 있다. 바로 적의 존재이다. 사라진 옛소련의 위협은 미국으로 하여금 군사력 유지의 명분을 찾게 만들었고 유럽에서는 프랑스와 독일에게, 아시아에서는 중국에게 의구심어린 눈빛을 보내게 되었다. 9·11로 인하여 테러와의 전쟁이 벌어지고 이라크를 침공하는 과정에서도 프랑스는 미국에게 동조하지 않았다. 부시 행정부 출범직후 중국과는 하이난 섬 상공에서 미국의 정찰기 EP-3기와 중국의 미그기가 충돌하는 사건이 벌어지기도 하였다.

9·11 이후 미국은 적을 찾아 테러와의 전쟁을 수행했고 이 과정에서 중국은 미국의 견제를 피할 수 있었다. 결국 적을 찾게 되었지만 헌팅턴 (Samuel Huntington)의 문명 충돌론이 점차 실현되어가는 듯한 공포를 가져다 주기도 한다.

탈냉전이 초래한 또 하나의 변화는 더 이상 국제분쟁이나 군사개입의 이유가 군사적, 안보적으로 설명될 수 없다는 것이다. 이라크의 쿠웨이트 침공은 유가하락과 부채증가로 촉발된 것이었고 러시아의 체첸침공 역시 파이프라인의 확보를 위한 것이라는 분석이 설득력있게 제기되고 있다. 코소보에서는 인종 간 분쟁이 도화선이 되어 이에 대한 인도주의적 개입을 야기시키기도 하였다.

이 같은 변화는 이제 안보연구가 더 이상 군사전문가만의 전유물이 아님을 의미한다. 이제는 단순히 생명안전의 추구에서 탈피하여 삶의 질을 위협하는 요소까지 안보영역에 포함되게 되었다. 환경안보나 인권과 같은 사안이 안보논의의 화두로 등장하게 된 것은 이 같은 추세를 반영한 것이다.

이 같은 추세는 자연히 국익개념의 변화도 초래하였다. 냉전시기 국익은 안보우선주의에 의해 결정되었으며 때문에 소수의 안보전문가들에 의해 개념화되었었다. 그러나 탈냉전기에 접어들면서 국가이익의 결정주체에 대한 논란이 벌어지게 되었다. 전문가의 손에만 맡겨 둘 것인가, 행정부 관리나 의회엘리트들에게 위임할 것인가, 아니면 시민단체나 언론, 심지어 여론조사까지 동원하여 국익을 정의해야 할 것인가가 논쟁거리로 등장하게 되었다. 국익을 규정하는 주체에 대한 즉답을 회피하더라도 그 어떤 정책도 이제는 세금납부자인 국민에 대한 설득과정을 피해갈 수는 없게 되었다. 안보정책의 최우선순위로 자리 잡아 왔던 손익계산은 이제 국민에 대한 설득가능성에게 그 자리를 내주게 된다.

클린턴 행정부에서 국방부 차관보를 지낸 나이(Joseph Nye)는 3차원의 체스게임으로 국가이익을 개념화하고 있다.[4] 제일 위의 차원에서는 여전히 군사적 게임이 진행되고 있는데 이 게임에서는 미국이 일극으로서의 지위를 지키고 있다고 지적한다. 중간에 놓인 게임보드에서는 경제게임이 진행되고 있는데 국가 간의 힘의 구조가 다극화 현상을 보이고 있어 더 이상 미국이 주도하는 게임은 아니라고 해석한다. 가장 아래에 놓인 게임보드에서는 초국가적인 게임이 진행되고 있는데 그 양상이 복잡하고 국경의 개념마저 모호하여 과거의 개념으로는 설명조차 힘들게 되었다는 것이다.

이 과정에서 두드러지게 나타나는 현상이 바로 상호의존이다. 상호의존이란 체제 내의 서로 다른 부분들이 서로 연계되어 있어서 한 분야에서의 우위가 다른 분야에서의 우위를 보장해 줄 수 없고 그 분야에 대한 정책이

---

4) Joseph Nye, "Redefining the National Interest," *Foreign Affairs,* Vol.78, No.4 (Jul./Aug. 1999), pp.22-35.

다른 분야에도 파장을 미치게 되는 상황으로 그야 말로 "I depend, you depend, we depend, they rule"[5]의 상황이 도래되는 것이다.

상호의존의 상황에서는 선과 악의 구분이 모호해질 뿐만 아니라 항상 협력적인 상호의존만이 존재하는 것도 아니다. 서로 상대방을 확실히 파멸시킬 수 있는 군사력을 가지고 있을 경우, 마치 냉전시기 미국과 소련이 서로를 완전히 파괴할 수 있는 핵능력을 보유하고 있는 경우(mutually assured destruction, MAD)와 마찬가지로 섣불리 서로에 대한 공격을 감행할 수는 없을 것이다.

미국이 핵능력 면에서 프랑스나 영국과는 비교도 안 될 만큼 보잘 것 없는 북한이나 이란의 핵능력에 민감한 반응을 보이는 것 역시 프랑스나 영국은 미국과 어느 정도 상호의존의 상태에 놓여 있지만 북한이나 이란은 상황이 다르기 때문이다. 미국의 대북정책 목표 중 하나가 북한의 경제를 부활시켜 서방경제체제로 편입시키려 하는 것도 결국은 북한을 상호의존의 틀 안으로 유도하겠다는 계산이 깔려 있는 것이다.

상호의존상태에 놓여 있다고 해서 완벽하게 상호의존의 상태가 비례하는 완전상호의존은 존재할 수 없다. 그렇다면 누가 더 혹은 덜 의존하는가, 즉 상호의존의 비대칭이 영향력의 근원으로 작용하게 된다. 주일미군의 지위협정과 주한미군의 SOFA가 아무리 문구상 유사한 내용으로 구성되어 있다고 해도 일본과 미국 간의 상호의존의 정도와 한국과 미국 간의 상호의존의 정도 간의 차이에 따라 실행과정에서 차이가 나타날 수 있을 것이다. 이 같은 상황하에서 경제카드를 활용하거나 국제기구들을 움직이는 것이 무력의 사용 못지않은 영향력을 가지게 되었다.

바로 이러한 상황에서 나이가 도입한 개념이 바로 하드파워(hard power)와 소프트파워(soft power)이다. 원하는 것을 사거나 강제하여 취할 수 있는 힘이 하드파워라면, 문화적이고 이념적으로 호소하는 것이 소프트파워라고

---

5) Joseph Nye, *Understanding International Conflict: an introduction to theory and history* (New York: Longman, 2000), p.179.

나이는 설명한다. 소프트파워는 TV와 영화, 인터넷의 확산으로 그 영향력
이 확대일로에 있다는 것이다. 마치 논어에서 힘을 가지고 삼군(많은 수의
군대)을 무찌를 수는 있어도 필부의 마음은 얻을 수 없다는 구절이 있는데
이때 삼군을 무찌를 수 있는 능력을 가리켜 하드파워라 한다면 필부의 마음
을 얻을 수 있는 그 힘을 소프트파워로 지칭할 수 있을 것이다.

III. 미국의 군사개입: 하아스의 논의를 중심으로

군사력을 보유하고 있는 강대국가가 외국에 군사적으로 개입하는 이유
는 여러 관점에서 설명될 수 있을 것이다. 현실주의적 관점에서는 지정학
적 혹은 경제, 정치 및 심리적 이해관계의 추구로 대외군사개입을 설명하려
할 것이고 자유주의적 관점에서는 경제 및 무역의 이익을 위한 개입이라고
설명할 것이다.

역사적으로 군사개입은 다양하게 해석되어 왔다. 성 아우구스티누스(A.
Augustinus)에 의해 처음 주창되고 후에 토마스 아퀴나스에 의해 보다 이론
화된 '신의 전쟁(Christian Just War)' 이라는 측면에서 바라본 군사개입은
몇 가지 까다로운 조건을 갖출 경우 정당화될 수 있다는 시각을 견지하고
있었다. 가치있는 목적을 위하여 정당한 권력에 의해 마지막 수단으로 꼭
필요한 만큼의 군사력만을 동원하여 싸우되 민간인의 권리를 존중해야 한
다는 것이다.[6]

탈냉전 이후 미국의 군사개입을 정당화하기 위해 아버지 부시 대통령이
유사한 언급을 한 점도 주목할 만하다.[7] 이후 법적인 측면에서 군사개입을

---

6) Richard N. Haass, *Intervention: The Use of American Military Force in the
Post-Cold War World* (Washington D.C.: Brookings, 1999), p.9.

7) *Public Papers of the Presidents of the United States: George Bush, 1991,* Book
I (Washington: U.S. Government Printing Office, 1992), pp.70-72.

해석하는 경향이 대두되었는데 그로티우스(Hugo Grotius)는 마키아벨리나 홉스의 비도덕성을 비판하면서 침략에 대한 방어적 차원에서의 군사력 사용만을 정당화해야 한다고 주장했다. 근현대로 접어들면서 군사개입과 전쟁을 점차 정치도구로 간주하는 경향이 나타나기 시작했다. 즉 정치행위의 또 하나의 표현방법으로 군사력의 사용을 바라본 것이다.

1950년대와 60년대를 거치면서 가공할 만한 핵무기가 등장했고 군사개입과 분쟁은 핵전쟁을 초래할 위험앞에 직면하게 되었다. 그래서 나온 개념이 "자발적 억제(deliberate constraint)"라는 것이다.[8] 핵무기와 같은 비재래전적 무기의 사용을 억제하고 무력을 사용할 경우에는 재래무기만을 제한적으로 사용한다는 것이다. 한국전쟁은 이 같은 개념이 처음으로 적용되었던 사례였다고 볼 수 있다. 핵무기를 사용했더라면 쉽게 이길 수 있었던 전쟁이기도 했고 또 너무도 쉽게 핵전쟁으로 확전될 수 있었던 전쟁이기에 미국은 휴전이라는 선택을 했던 것이다.

베트남전쟁도 미국에게는 아픈 기억이 되었다. 어차피 핵무기를 사용할 수 없다면 대외군사개입은 곧 빠져나올 수 없는 수렁에 스스로 몸을 던지는 것과 같기 때문에 아예 군사개입이라는 대안을 포기해야 한다는 주장이 나오기 시작했다. 반대로 제한된 목적을 위해 제한된 군사개입을 여전히 대안으로 고려해야 한다는 주장 또한 계속되었다.

탈냉전은 군사개입의 형태와 유형에 영향을 줄 만한 변화를 가져왔다. 먼저 미국과 옛소련의 양자대결 구도하에서 양 진영하에 얽매여 있던 국가들이 탈냉전을 맞아 양 블록으로부터 자유로워졌다. 이는 미국과 러시아의 입김이 예전만큼 먹히지 않는다는 것을 의미하는 것이다. 미국과 옛소련의 대결하에서 숨죽이고 있던 국가들이 이제는 자국의 이익을 추구하게 되었다. 이념대결의 가능성이 줄어들고 동맹의 필요성이 없어지면서 그 공백을 민족주의가 채우게 되었고 이념이나 지정학적 혹은 정치적 이해관계보다는

---

8) Bernard Brodie, *Strategy in the Missile Age* (Princeton: Princeton University Press, 1965), p.309.

민족이 우선시되게 되었다. 기술의 발달로 국경의 개념이 모호해지면서 국가라는 개념도 점차 약화되는 계기도 마련되었다.

이 과정에서 생화학무기나 핵무기와 같은 대량살상무기는 이제 미국이나 러시아와 같은 강대국뿐 아니라 약소국은 물론 테러단체의 손에 들어갈 만큼 확산되었다. 이 과정에서 국제분쟁의 가능성은 점차 확대되었다.[9]

탈냉전기에 접어들면서 민주주의라든가 인권이라는 개념이 국제규범으로 자리매김하게 되었다면 그 규범에 의해 대외군사개입의 이해관계를 이해해야 한다는 것이다. 물리적인 이익보다도 인권을 수호하기 위해 군사개입을 할 수 있다는 명분과 정당화의 근거가 마련된 셈이다. 이러한 변화는 군사개입에 있어서 인도주의적 정당성이 중요한 명분으로 등장했다는 사실을 의미하는 것이다.

인도적 군사개입(humanitarian intervention)은 자국 국민들의 인권을 침해하는 정부에 대해 외국이 군사적으로 개입할 수 있는 권리를 갖고 있다는 개념에 의해 정당화되었다. 인권을 보호하기 위한 군사개입은 탈냉전기에 접어들면서 생겨난 새로운 현상은 아니다. 근대 이전의 시기에 있어서 인도주의적 개입은 1821년 그리스의 기독교도들을 오토만 투르크의 탄압으로부터 보호하기 위한 영국과 프랑스의 개입, 1876년 불가리아인들에 대한 오토만 투르크의 학살을 영국이 나서 조사하고 뒤이어 러시아가 개입한 사례, 1894년 아르메니아에 대한 인권적 차원에서의 개입 등의 사례에서 찾아볼 수 있기 때문이다.

현대에 들어서도 1971년 동파키스탄에 대한 인도의 개입이나, 1979년 우간다에 대한 탄자니아의 개입, 같은 해 캄보디아에 대한 베트남의 개입 등은 다 인도주의적 개입을 명분으로 내세운 것으로 해석해 볼 수 있다는 것이다.[10] 1990년의 걸프전, 캄보디아 내전의 개입과 소말리아 및 코소보

---

9) Haass(1999), pp.1-5.

10) Martha Finnermore, "Constructing Norms of Humanitarian Intervention," in Peter J. Katzenstein (ed.), *The Culture of National Security: Norms and Identity In World Politics* (New York: Columbia University Press, 1996) 참조.

에 대한 미국의 개입과 같은 탈냉전기의 군사개입들은 모두 인도주의적 개입을 명분으로 한 것이었다.

그렇다면 미국은 과연 어떤 기준에 의해 군사력을 사용하는 것일까? 1984년 레이건 행정부에서 국방장관을 지냈던 와인버거(Caspar Weinberger)는 여섯 가지 기준을 제시한 바 있다. 처음 세 가지는 무력 사용 여부를 결정짓는 기준을 제시한 것이다. 미국의 필수적인 국가이익 혹은 우방이 위험에 처해있는가, 군사개입에 대해 의회나 시민들의 지지를 이끌어 낼만한 타당한 근거가 있는가, 그리고 다른 모든 대안을 사용한 뒤 마지막 수단으로 군사력을 사용하는 것인가의 기준들을 만족시켜야 한다는 것이다. 그 다음으로는 어떻게 군사력을 사용해야 하는가의 문제인데 반드시 이긴다는 의지가 있고 전적으로 준비가 되어 있을 때 아주 명확한 목표를 위해 군사력을 사용해야 하며 군사력의 규모나 배비 등에 대한 지속적인 진단이 있어야 한다는 것이다.[11]

아버지 부시 행정부에서 합참의장을 지내며 1차 걸프전을 총지휘했으며 부시 행정부에서는 국무장관을 지낸 파월(Colin Powell)은 군사력 사용을 결정하기 이전에 여섯 가지 질문을 스스로 던져봐야 한다고 지적했다.[12] 군사력 사용의 정치적 목적이 중요한 것이며 명확히 규정되어 있고 수긍할 수 있는 것인지에 대한 질문이 첫째, 비군사적인 모든 대안이 실패로 돌아갔는지 확인해야 하는 것이 둘째, 군사력 사용이 목표를 달성해 줄 것인지에 대한 확인이 셋째, 그에 대한 비용의 계산이 넷째, 득실계산에 대한 분석이 다섯째, 군사개입이 성공한 이후 사태를 관리할 수 있는 대비가 되어있는지 자문해 보는 것이 여섯째로 제시되고 있다.

이러한 조건을 충족시키지 못한다면 대외군사개입이라는 카드를 꺼내서는 안 된다는 의미도 되고 또 이러한 조건만 충족시킨다면 대외군사개입은

---

11) Haass(1999), p.14.

12) Colin L. Powell, "U. S. Forces: Challenges Ahead," *Foreign Affairs,* Vol.72, No.5(Winter 1992-93), pp.32-45; Haass(1999), p.15.

유효한 정치적 수단이 될 수 있다는 의미이기도 하다.

그런가 하면 아버지 부시 대통령은 경우에 따라 군사개입의 공간적, 시간적 상황을 정의해 볼 수 있는 것이라는 주장을 했다. 그는 필수적인 국가이익을 위해서는 무력의 사용이 절대적인 것은 아니라고 지적하면서 군사개입에 대한 다섯 가지 기준을 제시하였다. 무력 사용에 따르는 위험을 부담할 가치가 있을 때, 무력의 사용이 효율적인 공간 및 시간적 배경하에서 비군사적인 모든 대안이 효과가 없을 경우 작전의 범위와 작전시간이 제한된 형태로 개입하여야 하며 군사개입이 가져다주는 이득이 군사개입으로 감당해야 할 비용과 희생을 정당화해 줘야 한다는 것이다.[13] 다자적인 지원은 필요는 하지만 절대적인 것은 아니라고 덧붙이면서 명확하고 실현가능한 목표를 향해 현실적인 계획을 세우고 목표가 달성된 후에 병력을 철수시킬 수 있는 현실적 기준과 대안이 필요할 뿐이라는 것이다.

클린턴 행정부에서 국무장관을 지낸 올브라이트(Madeleine Albright)는 유엔대사로 재직하던 시절 유엔의 평화유지군 개입과 관련된 다섯 가지 기준을 제시한 바 있다. 첫째로는 국제평화와 안보에 실질적인 위협이 존재하는가의 문제이고, 둘째는 개입작전의 목표가 명확히 규정되어 있으며 그 범위 역시 명확히 한정되어 있는가를 묻고 있다. 셋째는 분쟁상태가 종식되어 있을 경우 분쟁당사자들이 유엔의 군사주둔을 찬성하고 있는가, 넷째는 개입에 필요한 재정자원이 확보되어 있는가, 다섯째로는 유엔의 개입이 정확히 언제 끝날 수 있을 것인가에 대한 확실한 판단이 서있을 때에 한해 유엔이 군사적으로 개입해야 한다고 주장하고 있다.[14]

탈냉전기 미국의 군사개입도 이익이라는 개념만으로는 설명이 불가능해졌다. 따지고 보면 현실주의에서는 국가들이 이익을 추구하기 위해 행동한다는 사실을 주장하고 있지만 정녕 이익이 무엇인가에 대한 분석은 결여되

---

13) Haass(1999), p.16.

14) Madeleine K. Albright, "Use of Force in a Post-Cold War World," address at the National War College, Washington D.C., September 23, 1993; Haass(1999), p.17.

어 있다. 이익이라는 것의 실체에 대한 규명보다는 국가가 추구하는 대상으로 막연히 규정해 놓기만 한 것이라는 지적이다.

구성주의적 입장에서 본다면 이익의 개념을 보다 새롭게 해석할 수 있을 것이고 대외개입의 이유를 전혀 새로운 곳에서 찾아볼 수도 있을 것이란 지적도 제기되고 있다.[15] 이익이라는 것은 막연히 국가들이 원하는 것, 좋은 것, 돈을 가져다주는 것이라는 개념정의에서 탈피해서 옳고 그름의 입장에서 정의되어야 한다는 것이다. 즉 국제사회의 규범(norm)이 어떤 목표를 이익으로 설정해야 하는가를 결정하고 그 이익개념에 의해서 행동이 이뤄진다는 것이다. 규범이 변하면 이익의 성격도 변하게 되고 국가들의 행동역시 변화하게 된다.

IV. 네오콘, 민족주의, 테러리즘

부시 행정부의 출범과 미국의 보수주의적 외교정책의 구사와 더불어 신보수주의에 대한 세계적인 관심과 논란이 고조되었다. 그런데 우리가 흔히 네오콘이라고 부르는 사상조류는 Neo-Conservatism으로 신보수주의(New Conservatism)와는 근본적으로 다른 것임을 유의해야 할 필요가 있다. 네오콘과 신보수주의가 위기의식에 대한 발현의 형태로 나타난 것은 사실이지만 이들이 인지했던 위기의 근원은 근본적으로 다른 성격의 것이었기 때문이다.

신보수주의는 우선 2차 세계대전과 냉전의 시작, 한국전쟁과 베트남전쟁을 거치면서 공산주의세력의 발호, 미국안보에 대한 위협이라는 외생적인 위기의식에서 파생된 반면, 네오콘은 미국사회 내부에서 파생된 위기의식의 표현으로 이해할 수 있을 것이다.[16] 특히 네오콘은 기존 사회정치적 질

---

15) Finnermore(1996) 참조.

서의 붕괴와 사회전반의 가치관이 좌경화되는 현상, 국가권력의 지나친 확대와 사경제 부분에 대한 지나친 간섭, 나아가 종교 또는 가치관의 붕괴 등에 위기의식의 근원을 두고 있다.

네오콘에 대하여 또 한 가지 이해하지 못하고 있는 현상은 네오콘이 부시 행정부나 레이건 행정부의 출범과 더불어 갑작스럽게 등장한 것이 아니라는 점이다. 네오콘은 사실 고전적 자유주의를 지향하고 있기 때문이다. 레이건 대통령의 정치경력이 민주당원으로부터 시작된다는 사실 또한 유의할 만하다. 자유주의를 지향하는 민주당 행정부들이 집권하면서 뉴딜정책을 고비로 국가주도의 경제개발, 국가권력의 거대화 및 사경제부분에 대한 개입확대, 세금의 확대로 인해 자유주의가 추구하는 많은 가치들이 상실되었다는 발상에서부터 네오콘이 시작되었다고 볼 수 있다. 즉 뉴딜 이전의 자유주의가 추구하던 가치를 복원하겠다는 것으로 집약해 볼 수 있다.

때문에 레이건 행정부 출범 이후 공화당이 상·하원에서 다수의석을 차지하면서 12년 동안 집권할 수 있었고 또 클린턴 행정부의 8년이 지난 뒤 다시 부시 행정부에 접어들어 8년을 집권할 수 있었던 것은 뉴딜식 자유주의에 대한 미국시민들의 보수적 정서의 강력한 표출로도 해석되기도 한다.[17]

지구화현상과 함께 이와 배치되는 민족주의가 또 하나의 화두로 등장하고 있다. 민족주의(nationalism)[18]는 정치적 단위와 민족적 단위가 일치해야 한다는 정치적 원리를 지칭하는 것으로 이런 원리가 지켜지지 않거나 침해되었을 경우의 불만족이나 이 원리가 복원되었을 경우에 생기는 만족의 감정을 민족주의감정(nationalist sentiment)으로 지칭한다. 민족주의 운동(nationalist movement)이란 이런 감정이 행동으로 옮겨지는 현상을 가리키는 것이다.

---

16) 이봉희, 『보수주의: 미국의 신보수주의를 중심으로』(서울: 민음사, 1996), p.301.

17) 이봉희(1996), p.308.

18) 민족주의에 대한 논의는 Ernest Gellner, *Nations and Nationalism* (Ithaca: Cornell University Press, 1983) 참조.

민족주의는 보편성과 특수성을 모두 함축하는 용어라고 볼 수 있다. 민족주의는 같은 민족에게는 보편적으로 적용되는 특성을 지니고 있는 반면 자신들만의 특별한 민족성에 대한 편견을 지향하는 특수성을 내포하고 있다고 볼 수 있기 때문이다. 보편성을 주장하면서도 자신만의 부분성(partiality)을 지니려는 인간의 본성과도 연계되어 있다는 것이다.

민족과 국가의 정의는 다양하게 내려볼 수 있을 것이다. 막스 베버는 국가를 정당한 무력을 독점하고 있는 기구로 정의[19]하였는데 모든 사회가 국가를 갖는 것은 아닐 것이며 모든 민족이 국가를 갖고 있지도 않다. 민족은 문화가 같은 사람들을 지칭하는 문화적 정의와 같은 민족이라는 인식을 공유하는 인식적 정의에 의해 분류될 수 있는데 민족이 없는 사람을 그림자가 없는 사람에 비유하기도 한다.

가령 독일인 아버지와 프랑스인 어머니 사이에 태어난 사람이 2차 대전 중 겪은 정체성의 혼란이나 독일계 미국인으로 태어난 미국시민이 독일군으로 참전하는 경우가 간혹 영화에 소개되는데 이 또한 그림자 없는 인간으로 볼 수 있을 것인가? 정보화로 인해 국경의 개념이 모호해지는 지구촌에서 왜 민족주의가 화두로 등장하는 것일까? 민족 간 갈등이 국제분쟁의 주요원인으로 등장하는 이유는 무엇일까?

한편 9·11 이후 테러에 대한 관심이 고조되면서 전 세계적으로 반테러정서가 형성되는 계기가 마련되었다. 알 카에다 등 이슬람권의 테러, 체첸과 관련된 테러, 팔레스타인에서의 테러로 전 세계가 테러로 얼룩져 있는 듯한 인상을 주기도 한다. 그런데 이들 테러들은 그 성격과 근원이 모두 상이하다.

먼저 문명의 충돌이 현실화되었다고 회자되는 알 카에다 등 이슬람권 테러단체의 서구국가들에 대한 테러는 미국식 민주주의와 민주주의식 사고 및 생활방식을 세계에 전파하려는 서구와 미국식 생활방식의 추방을 목표로 하는 이슬람 원리주의와의 갈등이 '테러 대 테러와의 전쟁'이라는 형태

---

19) Max Weber, *Weber: Political Writings* (Cambridge: Cambridge University Press, 1994), p.310.

로 표출된 것으로 해석해 볼 수 있다. 이라크전쟁에서 당초 미국의 예상과는 달리 대량살상무기가 발견되지 않자 미국은 전쟁의 명분을 사담 후세인 폭정의 종식과 민주화로 서둘러 바꾸었다. 그만큼 민주주의에 대한 미국시민들의 의견이 수렴되어 있음을 의미하는 것이다.

체첸의 러시아에 대한 테러는 주권과 독립에 관련된 것으로 알 카에다의 테러와는 다소 성격이 다르다. 러시아로부터 주권을 회복하여 독립한다는 목적하의 테러는 어떤 측면에서는 일제치하 독립투사들의 테러와도 일맥상통하는 측면이 있다고 볼 수 있다.

반면 팔레스타인의 이스라엘 테러는 이스라엘이라는 정부가 수립된 1948년으로 거슬러 올라가 파악해야 한다. 서구의 역사는 기독교와 이슬람의 성지인 예루살렘을 빼놓고는 논할 수 없을 정도로 서구와 이슬람의 대결로 점철되어 왔다. 1948년 영국정부에 의해 이스라엘이 수립되고 때마침 대통령 선거를 맞고 있던 미국의 트루먼 행정부가 유태인계 미국시민들의 표를 의식해 이스라엘 정부를 인정하면서 팔레스타인인들이 자신들의 터전을 빼앗기게 된 것이 문제의 발단이었다. 때문에 팔레스타인에서의 테러 또한 알 카에다의 양상과는 다른 것이다.

V. 국내정치의 영향력 확대

탈냉전이 불러온 또 하나의 변화는 바로 국내정치의 영향력 증가라고 볼 수 있다. 전쟁이 벌어지면 어쩔 수 없이 발생하는 전사자(Killed in Action, KIA)의 수는 미국의 군사개입여부를 결정짓는 중요한 변수로 등장하게 되었다. 베트남전쟁에 대한 기억이 아직 미국사회에 깊게 남아 있는 데다가 미국에 대한 직접적인 위협이 없는 상황에서 사상자가 많이 발생할 경우 부정적인 여론이 형성되기 때문이다. 가장 효과있는 작전으로 가장 많은 화력을 집중함으로써 가장 적은 수의 희생을 동반하는 형태로 군사작전이 변화한 것도 바로 국내정치의 영향력 때문이라고 보아야 한다.

냉전이라는 양극체제에서 벗어난 탈냉전기의 국제관계는 국내정치, 특히 지도자에 대한 분석이 결여된 채로 개연성 있는 설명력을 갖추기는 힘들다. 미국의 대외정책은 클린턴 대통령에서 부시 대통령으로 최고지도자가 교체되면서 그 성격이 대폭 바뀌었고 러시아의 대외정책 역시 푸틴의 등장과 더불어 크게 변화한 측면을 부정할 수 없다. 한국의 대북정책 역시 김대중과 노무현이라는 진보적 지도자의 등장으로 이전과는 크게 다른 양상을 띠었다는 사실은 굳이 설명할 필요가 없을 것이다.

이 같은 양상은 자연스럽게 국제관계의 연구에도 영향을 미쳐서 밀러(Helen Milner)는 국제관계와 비교정치 간의 융합(synthesis)을 주장하였으며[20] 국제관계분석을 위한 접근법 간의 절충주의(eclecticism)를 주장하는 카첸슈타인(Peter Katzenstein)과 오카와라(Nobuo Okawara)의 연구[21]도 주목해야 할 가치가 있다. 국내정치적 요소를 고려대상에 포함시킬 수 없는 통계적 기법(formal approach)을 통해 국제관계를 분석하는 메스키다(Bruce Bueno de Mesquita)와 같은 학자조차도 국내정치의 중요성을 인정[22]하고 있어 국내정치의 영향력 분석을 통해 국제관계를 이해하려는 시도는 당분간 지속될 것으로 보인다.

---

20) Helen Milner, "Rationalizing Polictics: The Emerging Synthesis of International, American, and Comparative Politics," *International Organization,* Vol.12, No.4 (Autumn 1998).

21) Peter J. Katzenstein and Nobuo Okawara, "Japan, Asian-Pacific Security, and the Case for Analytical Eclecticism," *International Security,* Vol.26, No.3(December 2001).

22) Bruce Bueno de Mesquita, "Domestic Politics and International Relations," *International Studies Quarterly,* Vol.46, No.1(March 2002), pp.1-9.

제7강좌

에너지와 국제관계

　이명박 정부 출범 이후 자원외교 차원에서 논의되고 있는 대안들은 러시아와 남미 및 아프리카지역으로의 자원외교 다변화, 다자주의적 접근 추진, 러시아·중국·일본 등 역내 자원외교협력관계 구축, 비화석 연료에너지의 개발 및 연구협력 등으로 집약될 수 있다. '신동북아협력구상'을 통해 한국의 자본과 기술, 북한의 노동력, 러시아의 자원이 시너지효과를 낼 수 있는 시베리아의 천연가스개발은 이미 이명박 정부의 출범 이전부터 제기해 왔던 사안이다. 러시아와의 에너지협력은 시베리아횡단철도(TSR)를 한반도에 연결시키려는 러시아의 오랜 숙원과 맞물려 있는데 가스파이프와 철도, 북한에 대한 전력공급 등 패키지 딜로 논의되고 있기도 하다.

　현재 우리나라는 중동지역에 대한 에너지수입의존율이 80%를 넘는 수입원의 편중성으로 인하여 에너지가격 상승에 따른 리스크를 안고 있을 뿐 아니라, 자원의 소비가 자원의 개발 및 생산을 훨씬 초과하는 소비형 구조를 이루고 있어 에너지 안보의 취약성은 상당히 심각한 수준이다.

　환자가 의학에 바라는 것이 병의 진단과 처방이듯 정책결정자가 국제관계이론에서 원하는 것은 이론적 일반화나 연역적 추론이 아닌, 정세의 진단과 대안임에 틀림없다. 보다 구체적으로 정책결정자가 국제관계이론으로부터 얻고자 하는 것은 현상황에 대한 분석틀과 그 틀을 구성하는 주요변수를 규명하고 그로부터 전략을 추출하는 일이다. 때문에 정책결정자는 국제관계이론의 일반적 개념들을 특정한 전략으로 전환시켜야 하며 상대방과 상대방의 세계관, 상대방의 전략에 대해 정확히 인식해야 한다.[1]

중동지역에 대한 에너지 수입편중 현상이 병명으로 진단되었다면 러시아와의 자원협력이나 다자기구 협력체제의 구축이라는 처방전에는 리스크 요소가 내포되어 있지는 않는가? 에너지문제를 단순히 에너지가 아닌 에너지 안보로 부르는 것은 에너지의 수급과 개발, 협력이 국가안보에 영향을 준다는 사실을 의미한다. '에너지'라는 용어에 '안보'라는 단어가 붙어 함께 사용된다는 것은 안보라는 개념이 전통적 정의의 범주를 넘어 포괄적으로 사용되고 있음을 의미한다. 에너지 역시 식량, 이주(migration), 환경, 보건, 나아가 인간의 행복(human security)과 같은 사안들과 함께 국가의 안위에 영향을 미치는 요소로 파악해야 한다는 것을 의미하기도 한다. 전쟁의 살상과 파괴력으로 인해 그 발생의 정도가 현저히 줄어든 이유도 있겠지만 에너지나 식량 등의 급작스런 공급중단 역시 산업생산력은 물론 방위력의 저하 및 국민생활의 곤란 등 전쟁 못지않은 파괴력을 동반하기 때문이다. 북한주민의 남한으로의 이탈과 같은 갑작스런 이주, 황사피해에서 어느 정도 엿볼 수 있듯이 환경의 변화, 조류독감이나 질병의 발생 등도 국가안보를 위협하는 요소로서 관리되어야 하는 시대가 되었다.

에너지 안보의 논의는 에너지와 관련된 정책들이 단순한 에너지의 수급이라는 수준을 넘어 에너지 공급체제의 취약성 극복, 에너지 수급의 위험성 최소화, 비화석 에너지 개발 및 재생가능한 에너지원이 확보 등을 포괄하는 범위로 확대되었다. 에너지 가격의 변화와 그로 인한 에너지 활용의 제한,

---

1) Miroslav Nincic and Joseph Lepgolf (eds.), *Being Useful: Policy Relevance and International Relations Theory* (Ann Arbor: The University of Michigan Press, 2003), p.xi.

생산성 및 국가경쟁력의 재력의 저하를 의미하게 된 것이다. 이는 에너지 문제가 경제적, 과학적 차원을 넘어 외교적, 나아가 안보적 이슈로 확대되었음을 의미한다.

안보개념의 확산은 안보적 사안으로 취급되어야 하는 사안들의 확대를 의미하는 것이지만, 동시에 이들 사안들이 전통적 안보정책의 범주에서도 진단되고 처방되어야 함을 의미하기도 하는 것이다. 전통적 무기와 같은 물리력을 동원하지 않더라도 에너지와 식량의 공급 등을 또 다른 무기로 활용할 수 있기 때문이다. 정치와 경제, 사회와 같은 학문적 영역을 뛰어넘어 다른 나라에 미칠 수 있는 영향력을 얼마나 확보할 수 있는가, 다른 나라의 영향력으로부터 벗어나 생산력과 방위력을 어느 정도 확보할 수 있는가의 여부로 국가 간의 관계영역이 설정되기 때문이기도 하다.

I. 향후 동북아 역학관계의 전개양상 전망

향후 국제관계의 전개양상은 미국 영향력의 감소, 기존 강대국의 상대적 영향력 증가, 중국이나 인도, 러시아와 같은 신흥경제대국의 등장으로 인하여 1극체제에서 다극체제로 전환될 가능성이 농후하다. 역사상 다극체제가 처음 등장하는 것은 아니다. Concert of Europe 시대의 국제관계가 그러하였고 19세기 서세동점 상황하에서의 동북아가 그러하였다. 이 같은 전망은 최근 미국의 국가안보위원회(National Intelligence Council)가 발간한 *Global Trends 2025*에서 언급된 것들이다.[2]

향후 전개될 다극체제는 세 가지 점에서 지금까지 존재해 왔던 다극체제와 차이가 있다. 첫째는, 체제를 이끌어가는 강대국이나 강대국그룹이 존재

---

2) National Intelligence Council, *Global Trends 2025: A Transformed World,* released on November 19, 2008.

하지 않는다는 점이다. 독일, 영국, 오스트리아, 프랑스 등이 주도하던 근대 유럽의 국제질서나 미·소가 주도하던 냉전체제의 국제질서와는 전혀 다른 양상이 전개될 것으로 판단된다. 미국이 여전히 강한 강대국으로 존재하겠지만 전통적 강대국들과 신흥강대국들의 영향력이 상대적으로 강화되어 그 어떤 국가나 그룹도 세계체제의 흐름을 주도할 수 없게 된다는 점이다.

둘째는, 비국가단체들이 특정국가나 국가그룹과 연계되지 않은 상황하에서도 하나의 세력을 구축하거나 혹은 독자적으로 강대국들과 같은 수준의 영향력과 혹은 그 이상의 파괴력으로 하나의 행위자를 구성한다는 사실이다. 알카에다와 같은 테러단체는 미국이 거의 8년간 괴멸시키기 위한 노력을 경주했지만 아직도 명맥을 유지하고 있다. 여러 다자기구들 역시 지역화 경향을 나타내면서 국가들의 결정에 제한요소로 등장하고 있다.

셋째는, 국제적인 영향력의 증가나 감소가 군사력이나 경제력에서 기인하기보다는 석유나 천연가스 등 자원의 보유와 접근여하에 의해 결정된다는 것이다. 적지 않은 미 정부보고서들은 향후 국제질서 전개에 있어 미국의 영향력 감소를 원유수입에 대한 지나친 의존 때문으로 지적하고 있다. 그런가하면 자원의 보유가 외교적인 영향력으로 연계되면서 러시아는 CIS 국가(독립국가연합)들에 대한 영향력 확대를 모색하고 있기도 하다.

*Global Trends 2025*에서 언급된 내용들을 종합, 정리하면 다음 표와 같다.

〈표 1〉 Global Trends 2025의 주요 내용

예상가능 상황	예상임팩트
중국과 인도 등의 부상으로 국제질서가 다극화될 것으로 예상되며 세계적 기업들, 종교단체, 종족들, 범죄조직 등과 같은 비국가적 단체들의 국제영향력 역시 증가할 것으로 예상됨	2025년경에는 민족국가단위로 형성된 국제사회는 더 이상 존재하지 않을 것이며 국제적인 힘은 더욱 새로운 행위자들에게 분배됨과 동시에 전통적 강대국의 영향력이 감소되어 전혀 다른 국제역학관계가 조성될 것으로 예상됨. 이들 신흥강대국들은 서구식 정치경제발전모델을 따르기보다는 중국식의 국가자본주의식 경제발전방식을 따르게 될 것이 유력함

현재 서방에서 동방으로 진행 중인 부와 경제력의 이동이 지속될 것으로 전망됨	경제적 윤택을 추구하는 국가들의 증가추세가 지속되면서 지정학적 안정을 추구하는 경향 역시 증가할 것으로 예상되나 이 같은 경향은 러시아와 같이 서구식 질서에 도전하는 국가의 영향력을 증대시킬 것으로 우려됨
미국의 유일강대국 지위는 지속되겠지만 현재와 같은 지배적 영향력은 감소될 것임	경제불황과 군사적 영향력의 감소 등으로 인하여 대외정책과 국내정치적 요소들 간의 우선순위가 조정될 것으로 전망됨
2025년경 12억 인구와 지속적 경제성장으로 에너지, 식량 및 수자원문제가 대두될 것임	기술혁신의 성공여부가 이 문제의 해결향배를 결정할 것임. 현존하는 기술들로 2025년의 수요를 감당하기에는 역부족임
젊은 층의 인구비가 높은 국가들의 수는 감소하겠으나 아직도 몇몇 국가에서는 높은 젊은 층의 인구비가 경제성장에 장애요소로 등장할 것임	아프가니스탄이나 나이제리아, 파키스탄과 예멘과 같이 유소년인구비가 높은 국가에서의 실업문제가 극적으로 타결되지 않는 한 이들 국가의 지속적인 불안정과 국가파탄 가능성은 지속될 것임
중동지역 역학관계의 급변과 치명적 살상능력의 확산으로 분쟁가능성이 증대되고 있음	러시아와 중국, 인도 등의 영향력이 현재보다 증가될 것이지만 여전히 지역균형자로서의 미국의 역할이 필요
2025년에도 테러의 위험은 상존하겠지만 중동지역의 경제발전과 젊은 층의 실업문제가 해결될 경우 테러의 설득력은 점차 줄어들 것으로 예상됨. 테러리스트들은 결국 치명적 살상능력을 분산시키게 될 것임	생화학이나 핵무기를 활용하여 대량살상을 노리는 테러공격의 가능성은 무기기술과 핵프로그램의 확산으로 인하여 증가될 것으로 예상됨. 특히 그같은 공격으로 인한 실제적 및 심리적 폐해는 세계화가 증대된 2025년에는 더욱 심각한 결과를 초래할 것임

주요 불확실요소	잠재적 결과(Potential Consequences)
자원비축이나 화학연료, 청정석탄 등에 대한 기술진전으로 석유와 천연가스가 2025년경까지 주에너지원으로서의 지위를 상실할 것인가의 여부	유가와 천연가스비의 상승은 러시아와 이란의 국력 증가를 초래할 것이며 특히 러시아는 영국이나 프랑스에 근접하는 수준의 경제력을 보유하게 될 것으로 전망됨. 대체에너지기술의 진전으로 유가와 천연가스비를 억제한다면 장기적으로 산유국들의 영향력 감소가 예상됨

기후변화의 진전속도 및 가장 심각한 피해지역	자원결핍, 특히 수자원 결핍이 위협요인으로 등장할 것임
중상주의의 쇠락과 국제시장의 쇠퇴	자원민족주의의 대두로 강대국간 분쟁가능성 대두
중국과 러시아에서의 민주주의 진전여부	경제적 다양화(economic diversification)가 선행되지 않는다면 러시아에서의 정치적 다원화(political pluralism)는 기대하기 힘들 것임. 중국에서의 중산층의 확대는 정치적 자유가 보장될 기회를 증대시킬 것이지만 잠재적으로 민족주의의 확산가능성도 존재함
이란의 핵무장에 대한 위기의식의 고조로 중동지역에서의 군비경쟁과 군사화 진전 가능성	핵우산의 존재하에 발생하는 저강도 분쟁이나 테러 등은 의도치 않은 상승효과로 인해 분쟁의 확산으로 연계가능
이라크의 안정화와 이스라엘-아랍간의 분쟁해결, 보다 광범위하게는 중동 전역의 안정화여부	대부분의 시나리오들은 현재의 정치적 요동상황(turbulence)이 심화될 것으로 예상함. 경제성장으로의 복귀와 보다 발전한 이라크, 이스라엘-팔레스타인 문제가 해결될 경우 지역안정이 가시화될 수 있으나 군사강국으로 발돋음하려는 이란과 원유 및 천연가스로부터의 에너지원 전환이라는 과제 역시 존재함
유럽과 일본이 인구증가로부터 파생되는 경제적 및 사회적 문제를 해결할 수 있는지의 여부	유럽에서의 무슬림계 통합의 성공은 사회적 위기를 회피할 수 있게 해 줄 뿐 아니라 경제생산능력의 확대를 가져다 줄 것임. 그러나 유럽과 일본이 인구문제에 소극적으로 대처한다면 장기적인 쇠퇴에 직면하게 될 것임
강대국들이 변화된 국제질서의 구조와 역할에 적응하기 위해 국제기구와 협력할 지의 여부	신흥강대국들은 UN이나 IMF와 같은 국제기구에 대해 이중적 태도를 견지해 왔으나 국제사회에서의 지위가 상승한다면 이 같은 태도 역시 변화가능함. 아시아에서의 통합은 보다 강력한 지역기구로 발전가능함. NATO는 유럽의 군사력 감소로 말미암아 점차 역외지역에서 발생하는 사태해결과정에서 난관에 봉착하게 될 것이며 전통적인 동맹은 약화될 것임

그렇다면 이 같은 큰 그림밑에서 전개될 자원외교의 동학은 어떻게 전개될 것인가?

II. 자원외교 위기요소들의 분석

오바마 행정부가 제시한 새로운 에너지정책(New Energy for America) 틀은 현재 미국이 직면해 있는 에너지위기의 단기적 해결책의 제시, 환경친화적 에너지체제의 구축을 위한 500개 이상의 일자리 창출, 중동과 베네주엘라로부터 수입하고 있는 에너지의 양을 초과하는 에너지 절약, 하이브리드차의 보급확대, 재활용가능한 전기의 생산, 온실가스의 감축 등으로 구성되어 있다.[3] 청정석탄 활용기술의 개발과 알래스카 천연가스 파이프라인의 건설 등에 우선순위를 둔다는 점 등 미국의 대외에너지 의존도를 중장기적으로 축소하겠다는 의지가 표명되어 있다. 사실 이러한 정책들은 부시대통령이 2006년 연두교서에서 발표한 Advanced Energy Initiative의 내용과 크게 차이가 없는 내용들로 구성되어 있다. 2025년까지 중동에서의 원유수입량 75% 감축, 청정석탄을 활용한 화력발전, 풍력 및 원자력 발전의 활용, 탈석유기조와 더불어 전력소비개선과 자동차연료기술개발 등은 이미 천명된 바 있는 정책들이다. 그만큼 이러한 공약들이 실제 정책으로 추진될 가능성이 높다는 것이다. 미 상원 외교위원회의 루가(Richard Lugar) 의원은 미국의 자원외교에 있어 6가지의 위협요인을 제시한 바 있다.[4] 상원 외교위원회에는 상원의원이었던 오바마도 속해 있었다.

"석유에 대한 의존도가 높은 만큼 유전지대의 취약성은 배가되게 마련이다. 특히 유전지역에서 자연재해가 발생하거나 전쟁으로 유전지대의 안전이 위협받을 경우, 혹은 주요유전에 대한 테러공격 혹은 테러분자들에 의한 점령 등은 심각한 안보문제로 연결될 수 있다. 또한 원유나 천연가스의 수송라인의 안전 역시 안보적으로 민감한 사안으로 등장했다."

---

3) http://my.barackobama.com/page/content/newenergy

4) U.S. Senate Fopreign Relations Committee Chairman, Richard G. Lugar, "U.S. Energy Security — A New Realism," addressed at the Brookings Institution on March 13, 2006.

"2006년 2월, 실제로 사우디아라비아의 유전지대에 대한 테러공격시도가 있었다. 뿐만 아니라 알카에다를 비롯한 주요 테러단체들이 공공연하게 유전지대에 대한 공격을 공언하고 있는 상황이다. 뿐만 아니라 발전소, 댐, 정유시설, 자원수송시설 역시 테러공격을 당할 경우 국지적으로 커다란 파장을 불러올 수 있다."

"유전지대에 대한 안전이 더욱 취약하게 된 것은 대체유전지대의 감소와 그에 따른 대체원유 생산능력의 감소 때문이다. 즉 주요 유전지대가 공격받을 경우 그 지역에서 생산하는 만큼의 원유를 생산해 줄 수 있는 대체유전이 감소하면 할수록, 대체원유의 생산량이 감소하면 할수록 유전지대에 대한 공격은 더욱 그 파장이 커질 수밖에 없다. 특히 러시아로부터 북한지역을 거쳐 파이프라인을 구축할 경우 이러한 취약성은 더욱 커질 수밖에 없다."

"유전지대에 대한 안전이 확보되고 파이프라인과 원유수송라인에 대한 안전이 보장된다고 가정하더라도 원유매장량이 점차 감소된다는 사실은 어쩔 수 없는 현실이다. 더욱이 중국과 인도, 브라질 등의 경제성장에 따른 원유와 천연가스 수요의 급증으로 이러한 현상은 더욱 가속화될 전망이다. 이들 국가들의 성장과 기존 경제대국들의 지속적인 자원수요는 충분한 원유를 확보하기 위한 갈등요소를 내재하고 있다고 볼 수 있다. 결국 원유매장량의 고갈은 원유에 대한 접근 자체가 무기화될 가능성을 의미하는 것이다."

"대개의 경우 산유국들은 민주화의 정도가 낮은 권위주의 정부인 경우가 대부분이어서 국내적인 불만을 대외적인 위협으로 통제하려는 경향을 띠게 된다. 때문에 자원의 무기화를 통한 자원소비국들과의 대결국면을 통해 국내문제를 해결하려는 시도를 할 경우 자원안보는 더더욱 위협받게 된다."

그러나 결국에는 원유와 천연가스의 매장량은 고갈되어 가는 과정에 있다는 사실은 틀림없고, 이를 인지한 국가들이 대체에너지 개발에 착수한 것 역시 사실이다. 이는 대체에너지의 개발에 어느 정도의 시일이 소요되는지 현재로서 정확한 예측이 가능하지는 않지만 언젠가는 원유와 천연가스가 주에너지원으로서의 지위를 상실하게 된다는 것을 의미하는 것이다.

포스트 석유(Post-Petroleum) 시대에 있어서 가장 확실한 사실은 산유국가들의 대내정치적 변화와 그에 따른 불안정이 예상된다는 것이다. 석유수출을 통한 부를 통해 비민주적 통치를 정당화해 온 사우디아라비아, 이란, 베네주엘라, 볼리비아 등의 산유국들은 석유이외의 산업에의 투자를 확대하면서 산업구조의 개편과 경제다원화를 추진하게 될 것이다. 대체에너지의 등장으로 유가가 하락하면 더 이상 석유수출을 통한 인기영합주의로 비민주적 통치를 정당화할 수 없게 된다는 의미이다. 결국 이들 국가들은 중국이 현재 추진하고 있는 것과 같은 경제개혁을 추진하게 될 것이고 이는 이들 국가들이 에너지 수출국가에서 에너지 수입국가로 전환하게 된다는 것을 의미한다.[5]

1. 러시아에의 에너지 의존

산유국들이 자원을 무기로 활용하는 경향은 이미 수년전부터 나타나기 시작한 현상이다. 원유와 천연가스는 이제 자원의 수준을 넘어 자원수입국가들에게 영향력을 행사할 수 있는 효과적인 무기와 동일시되게 된 것이다. 실제로 이란은 자국에 대한 경제제재가 단행될 경우 가담국들에 대한 원유공급 중단을 천명한 바 있다. 또한 베네주엘라의 휴고 차베스 대통령도 미국에 대한 원유수출중단을 협상카드로 활용한 바 있다.

한국이 자원외교의 새 활로로 기대를 걸고 있는 러시아는 천연가스를 이미 외교적 압력수단으로 활용하고 있는 국가임을 주목해야 한다. 2006년 1월에 우크라이나에 대한 천연가스 수출을 중단하겠다고 위협한 바 있다. 천연가스가격을 네 배 가까이 인상하려는 의도에서였다. 러시아는 한겨울에 우크라이나에 대한 가스공급을 위협함으로써 우크라이나를 거쳐서 천연가스를 공급받는 서유럽국가들(오스트리아, 프랑스, 이탈리아)에게까지 간접

---

5) National Intelligence Council, *Global Trend 2025,* p.46.

적 위협을 시사한 것이다. 결국 두 배 가까운 가격인상에 합의한 러시아는 러시아에 우호적인 국가들에 대해서는 가격을 인상하지 않아 천연가스를 외교무기로 사용하고 있다는 사실을 명백히 확인시켜 준 바 있다.

시베리아 원유파이프라인의 건설을 둘러싸고도 러시아는 일본과 중국의 경쟁관계를 교묘히 이용하여 왔다. 동시베리아 유전으로부터의 원유와 천연가스의 안정적 공급이 필요한 중국과 일본은 2003년부터 파이프라인건설루트를 둘러싸고 치열한 경쟁을 벌여왔다. 2003년 5월 후진타오 주석과 푸틴 대통령과의 정상회담에서 중국 측이 요구하는 루트가 합의되자 일본은 75억 불 제공이라는 물량공세를 통해 러시아로 하여금 바이칼호 근처의 타이쉐트(Taishet)에서 동해의 나홋카(Nakhodka)에 이르는 태평양 연안루트를 발표하게 하였다. 이 루트는 일본이 선호하는 루트이기도 했지만 중국이라는 1개 소비국을 대상으로 하기보다는 일본과 한국, 나아가 미국시장까지를 고려한 포석이기도 하였다.[6]

러시아는 다시 대미견제를 위해 중국과의 협력이 필요시되자 일본이 선호하는 루트를 일부수정, 중국과의 접경지대인 스코보로디노(Skovorodino)까지 파이프라인을 선건설하고 중국에 대한 원유의 우선공급을 천명한 바 있다.[7] 2006년 3월 후진타오 주석과의 정상회담에서 푸틴 대통령은 시베리아 천연가스를 중국 서부의 신장 위구르 자치구에 대량 공급가능한 파이프 건설에 합의했으며 2008년 완공될 동시베리아 송유관을 통해서 연간 3천만 톤을 공급하기로 했다. 뿐만 아니라 중국석유화학공사는 러시아의 로스네프트사와 합작하여 러시아 유전개발에 참여하기로 하기도 하였다.[8]

뿐만 아니라 러시아는 국제적 영향력 확보와 강화를 위해 사실상 에너지

---

6) 이형근, "동북아 에너지 개발현황과 협력과제," 『세계경제』 2004년 11월(서울: KIEP), p.101.
7) 김형국·백훈, "다자주의 에너지협력의 동북아 적용 가능성," 『한국동북아논총』 42집 (2007), p.164.
8) 정형곤·나승권, "동북아 에너지 협력: 대외에너지 환경변화와 우리의 대응," 『KIEP 세계경제』, 2006년 6월호, p.31.

를 무기로 활용하여 왔다. 국제에너지시장에서의 러시아의 입지를 강화하고 수출능력의 최대화를 위한 생산시설을 확대하며, 에너지 수출을 위한 인프라 구축 및 이를 위한 CIS국가들과의 공동에너지공간 확립, 동·서 시베리아 에너지망의 통합 등을 골자로 하는 에너지전략 2020을 추진하고 있다.9) 유럽에 대한 천연가스공급을 통하여 유럽에서의 영향력 확보를 노린 포석이기도 하다.

특히 CIS국가들의 친러 성향에 따라 가스공급량을 조절함으로써 에너지의 무기화를 구체화하고 있기도 하다. 친러성향의 벨로루시와 아르메니아 등에 대해서는 반러성향의 우크라이나, 그루지야, 몰도바 등에 비해 상대적으로 낮은 가격에 가스를 공급하였을 뿐 아니라 앞서 언급한 바와 같이 우크라이나에 대해서는 한때 가스공급을 중단하기까지 하였다. 뿐만 아니라 상하이협력기구(SCO) 내에서의 에너지클럽을 구성하여 에너지를 무기로 한 국제영향력 강화에 박차를 가하고 있기도 하다.10)

이 같은 러시아의 에너지정책은 실용주의노선을 넘어 미국에 대한 견제와 세계 헤게모니 장악의 욕구에서 비롯된 에너지민족주의로 해석되기도 한다. 특히 가스프롬을 "강한 러시아"의 상징으로 신화화하여 패권국가로서의 이미지를 되찾으려는 듯한 행태를 보이는 것 또한 그같은 경향을 반영하고 있는 것이라고 해석된다.11)

현재 구상되고 있는 러시아와의 에너지협력은 '신동북아 협력구상' 하에서 한국의 자본과 기술, 북한의 노동력을 러시아의 자원과 연계시킨다는 구상하에서 진행되고 있다. 북한지역을 통과하는 파이프라인을 통해 동시베리아지역의 천연가스를 도입하고 북한지역에 전력을 공급하는 논의가 진

---

9) 현재 러시아는 석유의 약 80%, 천연가스의 약 90%에 육박하는 분량을 서시베리아에서 생산하고 있지만 점차 생산량의 주축을 동시베리아로 이전할 가능성이 높다.

10) 고재남, "푸틴정부 에너지 전략의 국제정치적 함의," 『주요국제문제분석』(2006. 10.16).

11) 이경완, "신자유주의적 세계화와 러시아의 자원민족주의: 러시아-EU의 새로운 에너지 협력방안보색," 『러시아연구』 17권 1호, p.276.

행되고 있다. 시베리아횡단철도의 한반도 연결과 맞물려서 러시아가 한반도의 주요한 경제파트너로 등장하게 되는 발판이 마련되는 것이다.

러시아와의 에너지협력을 북한과 연계시키는 것은 파이프라인과 철도의 연계 등 경제적 시너지를 창출할 수 있는 구상이지만 한반도 통일을 염두에 둔 국제정치적 관점에서는 중장기적 리스크요소임에 틀림없다. 우선 북한 지역의 대부분의 공업시설들이 옛소련의 지원하에 건설된 것으로 이들 노후된 시설의 복구를 둘러싸고 이미 북한은 러시아의 지원을 요청한 바 있다.

러시아와의 에너지협력의 성공은 미국과 중국의 첨예한 전략적 이해관계가 상충하는 한반도 통일에 또하나의 주요행위자가 등장한다는 것을 의미한다. 러시아로부터의 에너지공급에의 의존도가 높아지면 높아질수록 그만큼 한반도에 대한 러시아의 에너지공급이 유용한 외교적 압력카드의 일환으로 대두될 가능성 역시 커지는 것이다.

〈표 2〉 북한경제대표단의 대러경협제안 프로젝트 2002년 4월

지역	프로젝트	내용
연해주	승리화학공장 시설현대화	옛소련기술과 자본으로 건설된 공장설비의 현대화
	전력교환	러시아의 유휴전력 공급
	나진항 개발	나진항 확장개발
	야쿠치야(Yakutia) 석탄 공급	야쿠치야지역 석탄 북한 공급
	공동벌목 및 목재가공	북한 벌목인력 공급
하바로프스크	무역, 건설, 원유가공, 목재	목재생산, 의약품산업분야 협력, 관광산업개발, 평양-하바로프스크 항공노선재개
아무르	농업협력	북한노동력 활용한 농지개발

출처: 김삼식, "2003년 북한의 대외경제관계 전망," KOTRA 심층기획조사; 박정민, "북핵문제와 남·북·러 삼각에너지협력,"『한국과 국제정치』24권 2호(2008), p.52

2. 중국과 러시아의 에너지 경쟁관계

산유국들이 원유 및 천연가스를 외교적 압박수단으로 활용하는 페트로폴리틱스(Petro-politics)의 경향은 또 다른 갈등요소를 내포하고 있다. 원유 공급의 중단은 군사무기의 유동성에 직접적으로 영향을 미치는 요소이며 군사적으로 필요한 비축량의 고갈은 무장해제를 의미하는 것이기도 하다. 따라서 비축량이 고갈되기 이전에 필요한 자원을 확보하기 위한 선제공격을 유도할 수도 있다. 프랑스의 로렌지방이나 수에즈운하의 전략적 가치가 모두 자원과 연계되어 있었음을 상기할 필요가 있다.

카스피 연안의 천연가스를 확보하여 유럽 및 다른 국가들과의 공급계약을 차질없이 수행해야 하는 러시아로서는 향후 중앙아시아 국가들을 자국의 영향력하에 묶어두려는 행보에 더욱 박차를 가할 수밖에 없을 것이다. 중국 역시 지속적인 경제성장을 위해서도 원유공급에 의존할 수밖에 없어 사우디아라비아를 비롯한 중동지역 국가들과의 관계개선을 통해 이 지역에서의 주주로서의 역할을 확보하려 할 것이다. 이란 역시 늘어만 가는 중국의 원유수요를 중국과의 관계개선의 계기로 활용할 공산이 크며 이 경우 이란은 러시아와 중국의 국제정치적 후원을 확보하게 되는 것이다. 인도 역시 미얀마와 이란, 중앙아시아로부터의 에너지 공급을 확대하려 할 것이고 이들 지역으로부터 인도로 연계되는 파이프라인이 지나는 곳의 크고 작은 분쟁에 인도가 개입할 가능성을 의미하는 것이다. 인도의 개입은 인도의 전략적 가치로 보아 중국과 러시아의 개입과 이들 간의 분쟁으로 연계될 가능성도 존재한다.

세계 2위의 에너지소비국으로 부상한 중국은 전략석유의 비축을 10차 5개년 경제계획의 핵심부분으로 규정하고 절강성과 산동성, 요녕성 등지에 석유비축기지를 건설하는 등 에너지확보에 총력을 기울이고 있다. 이미 일본과 동중국해의 가스를 둘러싼 분쟁을 겪고 있는 중국으로서는 러시아로부터의 안정적 에너지 공급이 경제성장의 더욱 절실한 조건이 되어 있다. 텐와이텐(天外天), 춘샤오(春曉), 뜨완치아오(斷橋), 핑후(平湖) 등 4개의 가스전이 자리잡고 있는 동중국해역은 폭이 400해리에 채 못 미쳐 중국과 일본의 200해리 배타적 경제수역이 서로 겹쳐 있는 구간이기도 하다. 일본은 겹쳐진 수역의 중간선을 양국의 경계선으로 설정하고 있기는 하지만 해역의 해저광맥이 서로 연계되어 있어 중국이 가스를 생산할 경우 일본 측에 있는 가스마저 빨려들어갈 수 있다는 우려를 제기하고 있는 반면, 중국은 중간선 자체를 인정하지 않은 채 해군함대를 동원하면서까지 자국의 자원채굴권을 주장하고 있다.[12]

중국은 전방위 에너지외교의 전략으로 지도급 인사들의 정상회담을 통해 앙골라 등 자원보유국들과의 자원외교를 강화하고 있다. 이 같은 중국의 에너지확보외교는 무차별외교로 명명되기도 하지만 이는 중국의 대미견제라는 차원을 도외시한 것이다. 앙골라 등 아프리카 국가들과의 자원외교를 통해 앙골라는 이미 중국에 대한 제2원유수출국으로 부상하였으며 이집트, 가나 등에 대한 차관제공 및 무관세 대우, 나이지리아, 수단 및 적도기니, 베네수엘라 등에 대한 철도, 도로, 통신시설 및 인프라 건설제공 등 무차별 접근 등을 통해 에너지확보외교를 전개하고 있다.[13]

이 결과 중국은 볼리비아로부터 금을, 필리핀으로부터는 석탄을, 에콰도르에서는 석유를, 호주에서는 천연가스 등을 확보할 수 있었다. 특히 다르푸르 지역에서의 대량학살사건으로 불량국가로 지목받은 수단과의 에너지외교를 통해 중국은 수단의 대규모 유전개발 컨소시엄의 지분 40%를 확보했고 석유수출 터미널을 건설했으며 이 대가로 무기를 지원하였다고 전해진다. 뿐만 아니라 차드, 가봉, 나이지리아와도 에너지 공급계약을 체결하여 중국내 수요의 25%를 아프리카지역에서 확보하는 데에 성공하였다. 이란으로부터도 30년간 2억 5천만 톤의 LNG를 확보할 수 있었다.[14]

---

12) 박홍영, "동북아 에너지문제의 현황과 전망: 협력의 필요성과 갈등요인," 『한국동북아논총』 38집(2006), p.307.

13) 손성환, "동북아지역의 에너지 협력방안," 『주요국제문제분석』(서울: 외교안보연구원, 2006), pp.3-4.

14) 오경택, "에너지 자원을 둘러싼 동북아 국가들의 경쟁과 협력," 『세계지역연구논총』

오바마 행정부가 추진할 정책구상들은 에너지를 무기화하고 있는 러시아, 미국과의 무역수지가 경제발전에 커다란 몫을 차지하고 있는 중국, 미국과의 FTA재협상은 불가하다는 입장을 밝히고 있는 한국, 에너지 대외의존도가 높은 일본과의 잠재적 갈등요소를 내포하고 있다. 특히 이러한 정책이 러시아와 중국의 안보협력관계와 맞물려 어떤 파장을 일으킬 것인지에 대한 판단과 주요요소들에 대한 관찰이 필요하다. 오바마 행정부의 정책여하에 따라 중국과 러시아의 안보협력관계가 이완되어 에너지분야에서 두 나라의 경쟁관계가 형성될 소지는 충분하다. 한반도와의 철도연결에 있어서도 러시아는 중국이 한반도로부터의 철도연결을 선점할 것을 우려했다고 전해진다.[15]

III. 다자기구

앞서 국제관계의 향후 전개양상이 전통강대국과 신흥강대국의 혼재양상 하에서 자원부국과 국제기구 등 많은 행위자가 등장할 것이란 전망을 내놓은 바 있다. 국제관계의 행위자가 많아지면 많아질수록, 즉 국제질서가 다극체제로 흐르면 흐를수록 다자기구에서의 정책결정이나 집행은 더욱 어려워진다. 특히 미국 등 다자기구에서의 지도력을 행사해 온 국가들의 일방주의외교와 자원의존으로 인한 영향력 감소로 국제분쟁의 다자기구적 해결은 더더욱 어려워질 것이다.

그럼에도 불구하고 에너지 교역의 특수성으로 말미암아 에너지교역을 관

24집 1호, p.163.

15) Alexandre Mansourov, "Russian-North Korean Relations in the 2000s and Prospects for Multilateral Conflict Resolution on the Korean Peninsula"; 박정민, "북핵문제와 남북러 삼각에너지협력," 『한국과 국제정치』 24권 2호(2008), p. 56에서 재인용.

리하기 위한 다자기구적 시도는 각 지역에서 진행되고 있다. 유럽에서의 역내에너지시장(Internal Energy Market)과 에너지헌장조약(The Energy Charter Treaty), 북미지역에서의 NAFTA Energy Working Group, 동남아에서의 ASEAN을 중심으로 에너지 협력이 추진되고 있다. 한국에서도 과거 유럽공동체가 석탄 및 철강분야의 협력에서 발단된 것처럼 동북아의 공동체를 에너지실크로드를 통해 구성하겠다는 구상 역시 활발히 논의되고 있다.

이러한 현상은 다양한 에너지자원마다 물리적 특성이 달라 그 자원이 국경을 통과할 때의 방식에 따라 에너지를 상품으로 분류할 것인가 혹은 서비스로 분류할 것인지에 대한 WTO규정적용의 문제, 환경문제가 개재되어 에너지교역을 무역과 시장의 원칙에 의해서만 풀어나갈 수 없다는 점, 파이프라인이나 전력망의 연계가 대개의 경우 2개국 이상의 국가 간의 논의를 필요로 한다는 점 등을 반영하고 있는 것이다.[16]

특히 에너지 산업이 국영기업인 경우가 많아 국가 간 에너지의 교역 자체가 민간차원이라기보다는 국가차원이라는 점 또한 주목해야 한다. 실제로 러시아의 경우 에너지정책은 사스프롬과 트란스네프트, 100% 국영회사인 로스네프트 등의 삼두체제로 운영되지만 이들의 결정구조는 사실상 크렘린으로 직결되어 있어 사실상 러시아의 정책결정에 좌우된다고 볼 수 있다. 이러한 사정은 중국도 마찬가지로 SINOPEC이나 ChinaPetro와 같은 회사 역시 중국 중앙정부의 결정으로부터 자유롭지 못하다,

다자주의에 대한 기대와 시도는 탈냉전이 시작되면서 끊임없이 진행되어 왔지만 동북아지역에 내재하는 종교적·문화적 이질성 등을 감안한다면 유럽에서의 나토의 확장과 같은 안보적 다자기구의 구성을 동북아시아에서 기대하기는 무리이다. 물론 다양한 경제 및 무역기구들이 성공적으로 운영되고 있지만 안보분야에서의 다자기구의 활약은 그에 훨씬 미치지 못할 뿐 아니라 구성 자체도 난관에 봉착하는 경우가 대부분이다. 단적으로 말하자

---

16) 김형국·백훈, "다자주의 에너지협력의 동북아 적용 가능성,"『한국동북아논총』42집(2007), pp.147-148.

면 일본과 중국이 공동으로 참여하는 안보다자기구가 성공적으로 운영된 사례를 찾아보기 힘들다. 특히 국가 간의 에너지 교역은 에너지의 안보화로 말미암아 국가주권, 환경, 복지와 관련되어 더욱 복잡하게 전개되는 양상을 띤다.

에너지가 안보의 범주에 포함되고 에너지가 국가 간 영향력 행사의 도구로, 나아가 무기의 일환으로 취급되고 있다는 사실은 에너지협력을 위한 다자기구의 생성이 모든 문제를 해결해 줄 것으로 기대하거나 생성자체를 낙관적으로 볼 수 없음을 의미하는 것이다. 미국에 대한 중국과 러시아의 견제, 미국정책 여하에 따른 중국과 러시아의 분쟁요소 내재, 북한에 대한 영향력 확보 및 통일을 상정한 에너지 수급 등을 고려한다면 다자기구적 접근이 분쟁해결의 만병통치약은 결코 아니라는 점을 지적하지 않을 수 없다.

제8강좌

세계화시대 국제관계의 이해와
보수·진보 논쟁

　탈냉전의 도래와 남북한관계의 개선은 외교안보와 국제관계에 대한 일반시민들의 관심을 고조시켰고 이런 관심의 고조는 외교안보정책 결정과정에도 영향을 미치게 되었을 뿐 아니라 각종 선거에서도 관건으로 등장하게 되었다.

　냉전시기 동안 외교안보에 대한 사안은 성역과도 같았다. 특히 북한과 대치상태에 놓여 있었기 때문에 북한문제나 통일, 외교안보는 소수 전문가들의 고유영역이었고 일반시민들은 관심을 두지도, 두어서도 안 되는 부분이었다. 그러다 냉전이 끝났고 북한과의 관계개선이 이뤄졌다. 통일에 대한 관심이 높아진 만큼 북한 핵문제나 미국의 대북정책에 대한 미디어의 보도빈도도 늘어났고 여론도 민감하게 반응하게 되었다.

　미국을 유일강대국으로 하는 국제질서의 형성과 세계화의 진행으로 미국의 대외정책 또한 여론의 관심대상으로 부각되게 되었으며 한반도 주변 4강의 정책도 이제는 더 이상 남의 일이 아니었다. 이러한 시대조류와 함께 남한사회의 세대교체와 그로 인한 안보의식의 변화도 북한의 권력승계와 맞물려 통일과정에서 예상치 못한 변수로 등장할 가능성이 있다.

복잡한 세계화시대의 국제관계를 이해하기 위해서는 일단 자신의 사고 정향을 제대로 파악해야 한다. 자신은 스스로를 보수라고 생각했는데 알고 보니 진보성향을 지니고 있었다면 남의 인생을 사는 것과 마찬가지로 남의 생각을 자기의 생각인양 알고 지내는 것과 다름이 없다.

더구나 세대 간 인식의 차이가 깊어진 현 세태를 감안할 때 자신의 이념 적 정향에 대한 파악은 외교안보정책의 입안과정에서부터 선거, 나아가 국 제관계에 대한 이해에 적지 않은 영향을 미치게 된다.

I. 한국사회의 세대구성과 안보관의 변화

386세대의 부상으로 상징되는 남한사회의 세대교체는 유권자 구성비의 변화를 초래했다. 386세대가 20대에서 막 30대로 진입하려는 시기였던 1992년 대선에서 20대와 30대가 차지하는 비중은 30.5%와 26.7%로 57.2% 를 차지했고 5년 뒤인 1997년 대선에서는 20대와 30대가 26.9%와 26.7%를 차지해서 53.6%로 나타났다.

386세대가 40대로 접어들기 시작한 2002년 대선에서는 20대가 23.5%, 30대가 25.4%, 40대가 22.1%로 총 유권자의 71%를 차지하고 있어[1] 향후 선거에서 386세대나 그보다 젊은 유권자들의 표 향방이 선거의 결과에 결 정적인 영향을 미칠 수 있다는 점을 시사하고 있다.

한국일보와 미디어리서치가 2002년 대선직후에 공동으로 진행한 여론조 사[2]에 의하면 2002년 대선에 반영된 유권자들의 안보의식 변화를 우회적

---

1) 『조선일보』, 1992년 11월 21일자, 2면; 『조선일보』, 1997년 12월 13일자, 7면; 『동아 일보』, 2002년 10월 8일자, 8면.
2) 『한국일보』, 2003년 1월 1일자 참조.

〈표 1〉 바람직한 한미관계에 대한 견해

연령별	사례수	현재와 같은 긴밀한 우호관계를 계속 유지 (%)	미국과 거리를 두는 쪽으로 나아가야 한다 (%)	모름/무응답 (%)	계 (%)
20대	(244)	49.6	50.4	.0	100.0
30대	(254)	43.4	55.5	1.1	100.0
40대	(212)	59.8	37.8	2.5	100.0
50대	(133)	72.5	26.0	1.5	100.0
60세 이상	(157)	77.7	16.1	6.2	100.0

으로 살펴볼 수 있다. 특히 2002년 대선기간 중 전사회적 반향을 불러일으켰던 여중생 사건으로 인하여 한미관계에 대한 인식의 변화가 두드러지게 나타나고 있었다.

먼저 바람직한 한미관계에 대한 의견에서 현재와 같은 긴밀한 우호관계를 유지하는 쪽과 거리를 두는 쪽으로 나아가야 한다는 의견이 맞서는 20, 30대의 견해와 현재와 같은 우호관계 유지를 절대적으로 희망하는 40, 50,

〈표 2〉 SOFA문제의 바람직한 해결책

연령별	사례수	전면적인 개정을 요구해야 한다 (%)	협정 운용의 개선을 요구해야 한다 (%)	현행대로 그대로 두어야 한다 (%)	모름/무응답 (%)	계 (%)
20대	(244)	59.1	39.7	1.2	.0	100.0
30대	(254)	57.3	41.2	1.5	.0	100.0
40대	(212)	54.1	42.5	2.8	.6	100.0
50대	(133)	53.3	39.5	3.0	4.3	100.0
60세 이상	(157)	45.1	33.8	6.1	15.0	100.0

60대의 의견이 대비되고 있다.

한미행정협정(SOFA)에 대해서는 모든 연령층이 전면적인 개정을 요구하거나 협정 운용의 개선을 요구하는 것으로 나타나 현재의 SOFA에 대해서 폭넓게 퍼져 있는 부정적인 인식을 확인할 수 있었다(〈표 2〉 참조). 이 같은 추세는 커다란 돌발변수가 발생하지 않는 한 연령층의 분포를 고려해 봤을 때 시간이 진행될수록 더욱 확산될 것으로 분석된다.

주한미군의 역할에 대해서도 각 연령층의 50% 이상의 다수가 긍정적으로 인식하고 있는 가운데 20대의 38.2%, 30대 37.4%, 40대 31.0%로 대체로 30% 이상이 주한미군의 역할에 대해 부정적으로 인식하고 있는 것으로 나타나 50대의 17.8%와 60세 이상의 15.1%와 대비되는 추세를 보였다(〈표 3〉 참조).

이 같은 추세는 2004년에도 계속되어 주한미군의 철수가 안보공백을 초래할 것이라는 물음에 대해 20대의 55.7%, 30대의 66.2%, 40대의 53.5%가 '전혀 불안하지 않다' 혹은 '별로 불안하지 않다'로 응답한 반면 40대의 46.5%, 50대의 58.5%, 60세 이상의 64.2%가 '매우 불안하다' 혹은 '다소

〈표 3〉 주한미군의 역할에 대한 인식

연령별	사례수	한반도 및 동북아 안정에 기여하고 있다 (%)	남한은 지키나 동북아의 긴장 요인이 되고 있다 (%)	동북아 안정에 기여하나 한반도 긴장 요인이 되고 있다 (%)	남북화해의 걸림돌이 되고 동북아에도 긴장 요인이 되고 있다 (%)	모름/ 무응답 (%)	계 (%)
20대	(244)	19.3	39.4	19.8	18.4	3.1	100.0
30대	(254)	26.6	31.2	17.0	20.4	4.9	100.0
40대	(212)	38.0	21.3	17.7	13.3	9.8	100.0
50대	(133)	51.7	15.1	11.3	6.5	15.4	100.0
60세 이상	(157)	50.5	11.8	7.9	7.2	22.6	100.0

불안하다'로 응답하여 세대별 인식차를 확연히 보여 주었다.[3)

북한의 핵무기 보유선언으로 더욱 복잡해진 북한 핵문제에 대해서도 세대별 인식차가 존재하고 있었다. 우선 북한의 핵문제가 한반도의 안보에 위협요소가 될 것이라고 50% 이상이 응답한 세대는 60세 이상의 세대뿐(54.9%)이었다. '실제 핵개발로 이어지지는 않을 것' 혹은 '한반도 안보를 실질적으로 위협하지는 않을 것'이라는 응답이 20대부터 50대까지 50% 이상이 나와—40대는 49.4%—북핵문제를 그다지 심각하게 생각하지 않는 세태를 반영하고 있다(〈표 4〉 참조).

최근 북한이 핵무기 보유선언을 하였음에도 불구하고 주식시장에 커다란 영향을 미치지 못한 것은 이 같은 인식을 반영하고 있는 것으로 풀이된다. 이 같은 분위기는 어디까지나 미 항공모함의 이동과 같은 가시적인 무력충돌 조짐이 결여된 상황을 반영하고 있음을 주목해야 한다.

대북정책에 있어서도 강경정책을 선호하는 응답은 모든 세대에서 30%

〈표 4〉 북핵 관련 움직임에 대한 평가

연령별	사례수	한반도의 심각한 안보위협이 될 것이다 (%)	한반도 안보를 위협하는 주된 요인일 것이다 (%)	실제 핵 개발로 이어지지는 않을 것이다 (%)	한반도 안보를 실질적으로 위협하지는 않을 것이다 (%)	모름/ 무응답 (%)	계 (%)
20대	(244)	12.7	32.0	29.5	24.4	1.3	100.0
30대	(254)	8.7	35.9	29.0	24.5	1.9	100.0
40대	(212)	14.5	27.2	26.3	23.1	9.0	100.0
50대	(133)	12.9	23.0	35.6	20.6	7.8	100.0
60세 이상	(157)	27.2	27.7	11.3	9.0	24.8	100.0

---

3) 『한국일보』, 2004년 6월 15일자, A6면.

〈표 5〉 바람직한 대북정책

연령별	사례수	대북 포용정책 기조와 속도를 유지하며 핵 문제 해결 (%)	포용정책을 유지하되 핵 문제 해결 때까지 속도를 조절 (%)	경제지원 일시 중단 등 상호주의에 따른 압박책을 병행 (%)	포용정책 대신 강경 대응 (%)	모름/ 무응답 (%)	계 (%)
20대	(244)	22.4	55.3	16.3	3.8	2.2	100.0
30대	(254)	34.8	42.7	14.8	6.8	1.0	100.0
40대	(212)	28.8	40.3	21.4	6.4	3.1	100.0
50대	(133)	25.5	44.9	19.8	6.0	3.8	100.0
60세 이상	(157)	28.2	28.0	19.7	9.4	14.7	100.0

〈표 6〉 노무현 정부의 국정운영 과제

연령별	사례수	경기 회복 (%)	북한 핵문제 해결 및 남북관계 증진 (%)	부정 부패 척결 (%)	정치 개혁 (%)	빈부 격차 해소 (%)	대미 관계 재정립 (%)	지역 감정 해소 (%)	교육 문제 해결 (%)	구조 개혁 등 기타 (%)
20대	(244)	41.7	15.3	15.9	10.4	3.8	7.4	2.5	.7	2.3
30대	(254)	52.2	8.8	11.2	6.2	5.1	4.4	4.7	6.5	.9
40대	(212)	44.4	14.5	13.5	7.2	5.9	4.6	4.9	4.3	.8
50대	(133)	49.0	17.1	13.4	5.6	7.6	3.0	3.0	.0	1.4
60세 이상	(157)	36.9	21.7	16.8	5.0	9.7	.3	3.9	1.6	4.1

미만으로 나와 한반도에서의 무력충돌에 대한 거부감을 나타내고 있다.
그렇다면 유권자들이 가장 중요시하는 문제는 무엇이었을까. 단연 경제

문제였다. 경기회복과 빈부격차 해소를 가장 중요한 문제라고 대답한 응답자는 20대의 45.5%, 30대의 57.3%, 40대의 50.3%, 50대의 56.6%, 60대가 46.6%였다(〈표 6〉 참조).

II. 보수·진보 논쟁과 외교안보

김대중·노무현 정부하에서 남북한 관계의 급격한 진전은 남한사회 내에서 보수와 진보 간의 논쟁을 불러일으켰다. 햇볕정책은 추진되고 있었지만 남북한의 대치상황은 계속되고 있었고, 주한미군은 남한에 주둔하고 있다는 사실이 이 사회에 내재되어 있던 보수와 진보 논쟁의 불씨에 기름을 끼얹은 형국이 되었다.

'대북정책의 패러다임 전환'[4]이 논의되면서도 한편에서는 여전히 북한을 적으로 간주하는 이중적 현상이 노정된 것이다. 대북정책에 대한 찬반은 친북과 반공을 나누는 잣대가 되어 버렸으며 나아가 신세대와 구세대, 빈과 부, 신문과 TV, 친미와 반미, 안보지향과 통일지향의 정향을 가르는 잣대와 같은 기능을 하게 되었다.

북한에 대한 적대적 이미지의 변화는 이미 국방백서에도 반영되었으며, 이와 함께 대북지원의 비용과 효과의 균형에 대한 논의도 개재된 매우 복합적이면서도 복잡한 담론화현상이 진행되고 있음을 목도하게 된다.

문제는 일반시민들이 보수 및 진보에 대한 자신의 정향을 인식하고 있지 않을 뿐 아니라 보수와 진보가 혼재되어 있는 경향이 있기 때문에 사안별로 보수와 진보에 대한 입장이 바뀐다는 사실이다. 보수와 진보를 나누는 잣대로 몇 가지 사안을 들 수 있다. 사형제도의 존폐여부, 동성애문제, 그리고

---

4) 조한범,『남북 사회문화공동체 형성을 위한 대내적 기반구축방안』(서울: 통일연구원, 2004), p.22.

임신중절에 대한 입장에 따라 보수와 진보를 나누어 볼 수 있을 것이다. 나아가 국익의 결정문제, 인간의 권리와 시민의 권리문제, 성장과 분배, 안보와 복지 등 다양한 사안에 대해 보수와 진보는 입장을 달리 한다.

　보수와 진보는 서로 상반된 개념이지만 닭과 달걀처럼 공생관계에 놓여 있다. 진보란 기존의 질서가 있어야만 가능한 것이고 또한 진보가 있어야만 보수하고자 하는 바가 생기기 때문이다. 서구의 통념으로 볼 때 보수주의는 영국의 계몽철학이나 프랑스 혁명에 대한 반발로서 태동했는데, 계몽철학과 프랑스혁명으로부터 기존 질서를 수구하고자 하는 주장을 보수주의로, 바꾸고자 하는 주장을 진보주의로 개념화한 것으로 이해할 수 있다.

　여기에서 또 한 가지 짚고 넘어가야 할 것은 시장경제를 신봉하는 것과 보수는 반드시 일치하지 않는다는 점이다. 시장경제는 그야말로 시장에 의해서 모든 수급을 결정하는 것을 뜻한다. 그런데 인터넷상에 범람하는 성인컨텐츠, 매춘, 미성년자 성매매 등에 있어서도 시장경제원리를 적용하는 것이 과연 보수적인 것일까. 이런 부분에 국가가 간섭하는 것은 작은 정부에 반하는 과연 진보적인 발상인 것인가.

　보수주의에 대한 일반적 정의는 "권위를 받아들이고, 미지의 것에 대해 이미 알려진 것을 선호하며, 현재와 미래를 과거와 결부시키는 경향이 있는 기질, 정치적 입장 및 [정치철학상] 일련의 가치체계"로 집약될 수 있다.[5] 에드먼드 버크는 기존질서를 "편견"으로 집약하고 있는데 이 편견을 수구하고자 하는 사상을 보수주의로 정의하기도 한다. 이때의 편견은 편향된 인식을 지칭하는 오늘날의 의미가 아니라 오랜 경험을 거쳐 축적되어 관습화되고 구체화된 실행체계를 가리키는 것으로 사용하였다.[6]

　보수와 진보를 판가름하는 기준은 다양하게 살펴볼 수 있는데 강정인 교

---

5) 강정인, 『서구중심주의를 넘어서』(서울: 아카넷, 2004), p.305.

6) William R. Harbour, *The Foundations of Conservative Thought: An Anglo-American Tradition in Perspective* (Notre Dame: University of Notre Dame Press, 1982); 정연식 역, 『보수주의 사상의 이론적 기초』(대구: 경북대학교 출판부, 1994), p.75.

수는 일곱 가지를 제시하고 있다.[7] 먼저 일반적으로 특정한 사건이나 현상, 이념의 실체적 내용에 따라 분류하는 경우이다. 이는 우선 현존하는 가치와는 다르지만 사회구성원 대부분이 동의하는 새로운 가치를 설정하고, 그 가치에 부합하는 행위나 사상을 진보로 분류하고 그에 반하는 기존 가치중심의 사상과 행위를 보수로 평가하는 경향이다.

두 번째는 위상적 기준으로 수구하고자 하는 질서의 내용에 따라 진보와 보수를 나누기 때문에 유사한 성향의 외교정책일지라도 그에 대한 인식이 달라지는 경우이다. 구한말 대원군의 쇄국정책은 보수정책으로 인식되고 있지만, 오늘날 반미자주성향의 정책은 진보적인 것으로 인식되고 있다. 반대로 김옥균의 정책은 진보적인 것으로 인식되어 왔지만 오늘날 대미관계 강화를 주장하는 목소리는 보수적인 것으로 인식되는 것이 바로 이러한 기준을 적용했기 때문이다.

세 번째는 똑같이 개혁성향의 정책이라도 그 추진 방식이 얼마나 급진적인 속도로 얼마나 많은 범위의 개혁을 요구하느냐에 따라 보수와 진보를 분류하는 방식이다. 점진적인 변화를 추구한다면 보수의 입장을 따르는 것이고, 급진적이고 혁명적인 변화를 추구하는 것은 진보적 정향으로 볼 수 있다. 노무현 정부의 양극화 해소정책에 대한 입장도 마찬가지로 볼 수 있다. 장기적으로 국가의 부가 편중되는 양극화 현상은 해소되어야 한다는 방향에 대해서는 국민들의 동의를 이끌어 낼 수 있을 것이나 어느 정도의 기간 동안 이 문제를 해결해야 하는가에 대해서는 보수와 진보의 입장이 달라질 수 있을 것이다.

네 번째는 정책결정자의 목표나 결과를 기준으로 보수와 진보를 판가름 짓는 방식이나 그 해석에 따라 정책결정자 본인의 의지와는 상관없는 해석이 내려질 수 있다는 단점이 있다. 전두환의 대북유화책은 보수로, 김대중의 햇볕정책은 진보로 분류되듯 정책의 내용과는 상관없이 정책결정자의 이념적 성향이 정책의 성향을 가름짓는 잣대가 되기 때문이다.

---

7) 강정인(2004), pp.329-331.

다섯째는 세계적 차원에서 사상적, 행위적 우위가 기정사실로 굳어진 제도는 비록 그 제도가 생소한 지역에서도 보수로 간주된다는 것이다. 그 예로서 강정인 교수는 해방 직후 도입된 자유민주주의를 우리가 보수적 시각에서 해석했던 예를 들고 있다. 당시 자유민주주의는 우리에게 생소한 개념이었음에도 불구하고 서구제도의 문물을 받아들이는 과정에서 서구제도에 이미 정착된 자유민주주의를 그대로 받아들인 때문이다.

여섯째는 변화의 주체에 따라 상층엘리트 주도의 변화는 그 내용과 상관없이 보수로, 일반시민이나 하층계급에 의한 변화는 진보로 분류하는 경향이다.

일곱 번째 기준은 판단시점에 대한 것으로 어제의 진보가 오늘의 보수라는 등식이 성립하는 경우인데 동일한 성향의 정책이라도 판단시점에 따라 보수 혹은 진보로 판단될 수 있다는 것이다. 비교의 대상에 따라 똑같은 외교안보정책이 때로는 진보적으로, 때로는 보수적으로 평가받는 경우인데 예를 들어 김대중 정부의 외교정책은 김영삼 정부의 정책보다 진보적으로 평가해 볼 수 있지만 노무현 정부의 외교정책과 비교하여서는 보수적으로 인식되는 경우이다.

실체적 기준을 제외하면 대부분의 경우 보수·진보 판가름의 기준이 상대적이라는 것을 알 수 있다. 특히 어제의 진보가 오늘의 보수가 된다느니 혹은 과거의 것을 타파하는 것이 개혁이고 진보이며 과거의 것을 보호하고 지키는 것이 보수라는 정의를 적용하면 보수나 진보는 상황에 따라 정의될 뿐 그 실체적 내용을 파악할 수 없게 된다.

때문에 오늘날의 보수주의는 수구(守舊)라는 성향을 제외하면 일관성이 없고 내용이 없으며 이념적으로 모호하다는 비난 앞에 취약할 수밖에 없다. 공산주의나 자유민주주의, 사회민주주의 혹은 파시즘과 같은 전혀 다른 성격의 정체(政體)를 지지하는 행위들이 모두 기존질서의 유지라는 보수주의적 행위로 이해될 수 있을 것이다.[8] 이는 보수적 행위를 본능적인 귀속감에

---

8) William R. Harbour, *The Foundations of Conservative Thought: An Anglo-*

서 비롯된 공통된 특징으로 보는 것과도 무관하지 않다. 즉 오랜 기간 지속되어 온 물리적 환경에 적응하려는 욕구가 인간에 내재하는데, 그 욕구는 기존의 사회질서에 적응하려는 정치적 충동의 형태로 표출된다는 것이다.9)

에드먼드 버크가 영국에서는 명예혁명 이후 형성된 정치질서를, 프랑스혁명 이전의 왕정을, 미국에서는 식민지인들의 자치를, 그리고 인도에서 전통적 질서를 옹호하였다는 사실은 그의 보수주의 철학이 변화에 맞서 지키려고 하는 현상의 유사성에서 비롯된 것이 아님을 말해 주는 것이다. 마찬가지로 19세기 영국의 보수주의자와 유럽 및 미국의 보수주의자, 나아가 19세기의 서구보수주의자와 20세기 서구보수주의자의 보수하고자 하는 내용은 서로 다를 수밖에 없는 것이다.10)

여기서 내용의 잡다함, 상호모순, 일관성의 상실과 같은 비판의 소지가 생겨나는 것이며11) 기존제도에 대한 실체적 평가가 아닌 불가침성, 필연성의 관점에서 막연히 방어하고자 할 뿐, 고유하고 불변적인 이념체계를 갖고 있지 않다는 비난을 받게 되는 것이다.12)

그러나 자율적인 이념체계로서 보수주의를 파악할 경우 정의, 질서, 균형, 절제와 같은 보편적 가치의 관점이 개재되어 어느 정도 정형화된 보수주의의 정의가 가능해진다.13) 따라서 기존체제의 수호를 정당화하기 위해 동원되는 우파의 현상유지 이데올로기로서의 정치적 보수주의에 비해 철학적 보수주의는 보수주의의 실체를 지향하고 있다.14)

진보주의가 이론 혹은 합리적 이성의 필요성이나 정당성을 주장하고 그

America Tradition in Perspective (Notre Dame: University of Notre Dame Press, 1982); 정연식 역, 『보수주의 사상의 이론적 기초』(대구: 경북대학교 출판부, 1994), p.1.

9) 이봉희, 『보수주의: 미국의 신보수주의를 중심으로』(서울: 민음사, 1996), pp.29-30.

10) 강정인(2004), p.310 참조.

11) 정연식 역(1994), p.83 참조.

12) 강정인(2004), pp.308-309 참조.

13) 강정인(2004), p.307; Huntington(1957), p.454.

14) 강정인(2004), p.306 참조.

에 기준하여 정책을 제시하는 데 반하여, 보수주의는 이론이나 합리적 이성이 실천적 지침으로서 불충분한 기능만을 수행할 뿐이라는 입장을 고수한다. 특수한 문제에 봉착했을 때 진보주의는 이론이나 합리적 이성, 원칙 등에서 해답을 찾는 경향이 나타나는 반면 보수주의는 전제와 원칙들만을 제공해 주는 사변적 이성보다는 경험에 기초한 귀납적 방법을 선호한다.[15]

진보와 보수는 인간성에 대해서도 견해를 달리 한다. 범죄자에 대한 사형의 필요성과도 연관되는 문제로 진보주의는 범죄의 원인을 사회적 환경에서 찾으며 보수주의는 개인의 책임이라는 입장을 견지한다. 때문에 교화를 통해 사회로 복귀시켜야 한다는 견해와 사회로부터 격리시켜야 한다는 견해가 맞서게 되는 것이다.[16]

진보주의가 분배적 정의를 강조하는 데 반해 보수주의는 상호교환적 정의의 개념을 들면서 결과의 평등보다는 노력에 따른 평등을, 권리와 함께 의무를 강조함으로써 자유(freedom)만이 가치있는 자유(liberty)라고 주장한다.[17] 이 때문에 에드먼드 버크는 인간의 권리와 인민(people)의 권리를 양분하고 있는데 사회에 내재된 위계질서를 인정하고 자기의 의무를 다한 자만이 인민으로 불리어지고 인민의 권리를 향유할 수 있다고 주장한다.[18]

대부분의 경우 보수적 시각에서는 작은 정부와 적은 세금이 선호되고 진보적 시각에서는 정부가 경제의 전반에 걸친 계획을 세우고 일자리를 창출하며 빈부의 격차를 줄이는 정책이 선호된다. 정부가 관여하지 않아도 시장의 원리에 의해 경제가 운영될 것이기 때문에 국가는 최소한의 외교와 국방, 치안의 역할만을 담당하고 이를 위한 세금만을 징수하면 된다는 것이

---

15) 정연식 역(1994), pp.61-64.

16) 정연식 역(1994), pp.35-36.

17) 이봉희, 『보수주의』(서울: 민음사, 1996), p.198과 pp.304-305; Robert Nisbet, "The New Deposition," *Commentary,* Vol.59(June 1975), p.32; 정연식 역(1994), p.107; Russell Kirk, "Prescription, Authority, and Ordered Freedom," in Frank Meyer (ed.), *What Is Conservatism?*(New York: Holt, Rinehart and Winston, 1964), p.24.

18) 강정인·김상우 역, 『에드먼드 버크와 보수주의』(서울: 문학과 지성사, 1997), p.274.

보수의 의견인 반면, 뉴딜과 같은 대규모 경제정책을 통해 국가가 경제를 직접 챙기면서 이에 소요되는 예산을 세금으로 충당하면서 성장보다는 분배위주의 정책을 선호하는 것이 진보의 입장이다.

보수가 상황에 따라 다분히 실용적인 측면을 보이는 반면 진보는 다소 혼란이 야기되더라도 원칙에 충실하다. 보수는 혼란을 상당히 부정적으로 간주하는 경향이 있기 때문에 점진적인 개혁을 선호하는 한편 변화를 거부하는 경향이 있다. 반면 진보는 끊임없는 변화를 통한 역사의 진화를 추구하므로 개혁지향적인 성향이 강하다.

인간능력에 대한 입장도 상이하게 나타난다. 보수는 기본적으로 인간능력을 불완전하고 미완의 것으로 보는 반면 진보는 인간 합리성을 신봉하는 경향이 있다. 때문에 보수는 국민의 대표는 지적 엘리트 집단에서 선택되어야 한다고 주장한다. 인간의 능력이 불평등하다는 사실을 인정하기 때문인데 이 점에서 보수주의자인 매디슨은 스스로를 비민주주의자라고 표현하기까지 한다.[19] 반면 진보는 인간의 합리성에 기초하여 완벽에 가까운 제도를 만들어 낼 수 있으며 이를 위해 끊임없이 개혁을 추구해야 함을 강조한다.

III. 보수·진보와 국제관계의 이해

이제 더 이상 우리 사회내부의 사안에 대한 우리의 사고적 정향이 국제사회와 분리될 수 없는 시대가 왔다. 보수이건 진보이건 나름대로의 명분과 정당성이 있겠지만 보수가 무엇이며 진보의 내용은 또 어떤 것인지, 정녕 자신의 사고적 정향은 보수인지 아니면 진보인지를 파악하는 일은 세계화시대의 국제관계를 이해하는 첫 걸음이 되어야 할 것이다.

---

19) 이봉희(1996), pp.126-127.

사안에 따라 생각이 달라질 수는 있겠지만 일관성 있는 정향을 유지하는 것은 자신의 정체성과도 관계되는 문제이기도 하다.

그럼에도 불구하고 우리 사회의 보수와 진보에 대한 논쟁은 세계화와는 동떨어진 방향으로 전개되어 왔다. 앞선 제기한 바 있는 사형제도나 낙태, 동성애문제와 같이 보수와 진보를 둘러싼 보편적 주제와는 유리된 논쟁이 전개되어 왔기 때문이다. 우리 사회에서 보수와 진보는 반북과 친북의 정향을 기준으로 구분되는 경향이 짙게 나타난다. 북한에 동정적이거나 온건정책 지향적, 통일 지향적 의견을 피력하면 진보, 북한에 대결적, 강경정책 지향적, 붕괴유도적 의견을 피력하면 보수로 구분된다. 이는 잘못된 것이다.

통일 지향적 사고는 한 민족이 한 국가를 구성하여 살아가야 한다는 강력한 민족주의적 주장과 일맥상통하는 것으로 보수적 사고로 간주할 수 있다. 그러나 우리 사회에서는 포용적, 친북적 사고로만 취급되어 진보적 정향으로 평가받게 된다. 전시작전권 환수문제도 마찬가지이다. 자국의 영토 안에서 전쟁이 발생했을 때 작전지휘권을 행사하는 것은 주권국가로서 마땅한 권리이지만 우리 사회에서는 진보적 사고로만 간주된다. 어쩌면 전시작전권 환수문제는 보수와 진보의 의견이 수렴할 수 있는 몇 안 되는 이슈이기도 할 것이다.

세계화 시대에 한반도 밖에서는 통신과 경제교류의 확산으로 국경마저 무의미해지고 있는 와중에 한반도는 아직도 냉전의 언저리에서 경직된 사고에 안주하고 있는 것은 통일시대와 함께 갑자기 도래할 사상적, 이념적 혼란을 예고하는 것이기도 하다. 통일시대에는 더 이상 북한에 대한 정향이 보수와 진보를 구분해 줄 기준이 되어줄 수 없기 때문이다. 냉전적, 분단적 사고를 탈피하여 보수와 진보에 대한 논쟁 역시 세계화를 지향할 준비를 시작하여야만 경제규모에 걸맞는 건실한 사상적 위상을 도모할 수 있을 것이다.

제9강좌

동아시아적 가치논쟁과 동북아 안보질서

I. 왜 동아시아적 가치논쟁이 필요한가?

탈냉전 이후 동북아 안보질서구축에 대한 논의가 끊임없이 진행되어 왔다. 이에 대한 연구들은 대부분 미국 주도의 일극체제형 질서에서부터 미-중의 양극체제질서를 비롯하여 미국이 배제된 상태에서 중국과 일본의 세력균형 등을 상정한 현실주의적 국제질서와, 미국 주도의 혹은 지역국가중심의 안보협력체를 통한 평화의 모색이라는 자유주의적 국제질서를 추구하는 두 가지 범주에 넣어 볼 수 있다.

이러한 동북아 안보질서구축에 대한 논의는 그러나 경제분야의 통합과 협력에 대한 논의와는 달리 동아시아적 가치논쟁과 무관하게 진행되어 왔음이 사실이다. 이는 경제분야와는 달리 안보분야에 있어서 아시아적 가치에 대한 논쟁이 다분히 시기상조임을 지적하는 것이기도 하다.[1] 동북아의

---

1) 문정인·이정훈, "아태질서의 변화와 재조명: 신아시아론을 중심으로," 김달중·문정

안보에 일본과 한국과의 동맹을 축으로 짙게 드리워져 있는 미국의 그림자는 무시할 수 없는 독립변수로 자리잡아왔기 때문이다. 경제분야에서 동아시아적 가치는 세계화의 물결 속에 본격적인 논쟁의 대상으로 등장하게 되었고 IMF의 한파 속에 반서구주의 혹은 자유주의적 세계질서에 대한 대안의 형태를 띠기도 했다. 논의의 핵심은 동아시아적 가치에 기초한 경제개발모형에 대한 것이다. 미국이 민주주의의 확산을 외교정책의 한 기둥(third pillar)으로 천명하면서 또 한 차례 민주주의에 대한 동서양 간의 논쟁이 확산됐다. 그러나 이러한 논의들은 동북아 안보질서를 구축하기 위한 논쟁으로는 발전하지 않고 동아시아적 가치는 안보분야에서는 뒷전에 밀려나 있을 수밖에 없었다.

안보질서의 구축과정에서 동아시아적 가치논쟁의 결여는 지역국가들로부터 환영받지 못하는 구도를 만들어 낼 가능성을 배제할 수 없다. 서세동점(西勢東漸)의 19세기, 중화주의적 세계관에 빠진 나머지 코앞에 들이닥친 일본과 서구세력의 위험을 인식하지 못해 국권마저 유린당했던 아픔이 "서구중심적 세계관의 무의식적 내면화"로 인한 "타자중심적 세계관의 폐해"로 재현될 수 있다는 지적[2]은 쉽게 지나쳐 버릴 수 없는 대목이다.

이 강좌에서는 동아시아적 가치논쟁과 동북아 안보질서구축논의의 연계를 모색하고자 한다. 안보구축문제에 있어 동아시아적 가치를 논의한다는 것이 시기상조라면 마땅히 안보구축에 이론적 뿌리가 되는 국제정치이론이 동아시아에 과연 그대로 적용가능한지를 검증하는 작업이라도 선행되어야 한다는 취지에서이다.

동아시아적 가치논쟁과 동북아 안보질서구축에 대한 논의가 서로 연계되기 위해서는 먼저 현재 동북아 안보질서의 구축논의에서 지배적 담론으로 자리잡고 있는 자유주의나 현실주의, 구성주의와 같은 이론들에 내재되

인·이석수, 『새천년 한반도 평화구축과 신지역질서론』(서울: 오름, 2000), p.263.
2) 강정인, "서구중심주의에 대한 이론적 고찰: 현대 한국정치사상의 빈곤원인에 대한 탐색," 『한국과 국제정치』 16권 1호(2000 봄·여름 통권), pp.329-331.

어 있는 서구적 편향을 지적하여 걸러내는 작업이 선행되어야 할 것이다. 그 다음 단계로는 걸러진 서구적 편향의 빈 공간에 동아시아적 가치를 담아내는 작업이 될 것이며 이 단계가 성공적으로 마무리된다면 서구적 이론틀에 동아시아적 가치가 담긴, 혹은 동아시아적 틀에 서구적 이론이 가미된 대안들을 모색해 볼 수 있을 것이다.

이 강좌에서는 그 첫 번째 단추부터 끼워보고자 하는 것이다. 때문에 이 글은 동아시아 안보질서 구축에 지배적 담론으로 자리잡고 있는 신자유주의나 신현실주의, 혹은 구성주의적 방안의 대안을 모색하고자 작성된 것은 아니다. 대안의 모색은 현재 지배적 담론으로 채택되고 있는 세 이론의 적용가능성에 대한 문제를 제기하고 이에 대한 동감대가 형성된 이후에야 가능하기 때문이다.

따라서 이 강좌에서는 동아시아적 가치논쟁의 전개과정과 동북아 안보질서구축과 관련된 이론적 논의들을 소개하고 이를 바탕으로 신현실주의나 신자유주의 및 구성주의 이론들이 현재 동북아 안보질서구축에 적용될 수 있는지의 타당성 여부를 진단해 보고자 한다. 보다 구체적으로는 이들 이론에 내재되어 있는 서구적 편향을 밝혀냄으로써 동북아의 안보구축논의에 있어서도 동아시아적 가치가 자리잡을 공간을 마련해 보고자 하는 것이다.

II. 동아시아적 가치논쟁의 흐름과 동북아 안보질서구축

동아시아적 가치에 대한 광범위한 동서양 간의 논의는 경제부분에서 발단되었다고 볼 수 있다. 동아시아적 가치는 전후 일본을 비롯하여 한국과 대만, 싱가포르 등 이 지역 국가들의 경이적인 경제발전의 원동력으로 지목되면서 청산의 대상에서 찬사의 대상으로 그 위상을 탈바꿈하게 된다. 자본주의를 질식시킬 것으로만 인식되던 전제주의, 유교주의 혹은 전통주의라는 낙인들이 '동방적', '아시아적', '유교주의적' 이라는 형용사로 바뀌

어 자본주의를 수식하게 되었다는 것이다.[3]

동아시아 특유의 국가주도형 개발모형은 이후 중국을 필두로 말레이시아, 베트남, 태국, 인도네시아 등 동아시아지역 신흥개발국가들에 의해 답습되었다. 그러나 지금까지 이 모델을 통해 성공을 경험한 사례는 일본과 한국, 대만, 싱가포르 등에 불과하다고 볼 수 있다. 그 이유는 이 모델이 요구하는 조건들을 갖추기가 수월하지 않기 때문이다.

동아시아형 경제개발모델은 세 가지의 필수조건을 요구한다.[4] 우선 강력한 중앙정부의 통제력이 필요하다고 지적된다. 선진국에 비해 절대적 열세에 놓여있는 자원을 전략산업에 집중하기 위해서이다. 바로 이 때문에 동아시아식 경제개발모형은 가부장적 유교문화를 시장원리와 결합시킨 "연성권위주의(soft authoritarianism)"에 불과하며 경제성장을 통해 정치적 정통성을 확보하려는 개발독재라는 혹평을 받게 된다.[5] 두 번째로는 식견과 판단력을 갖춘 정치지도자라는 것이다. 이러한 지도자에 의한 자원과 기술, 노동력의 효율적 운용이 필수적 요소로 지적되고 있다. 마지막으로는 강력한 정부에 기본권을 위임한 채 산업사회로의 전환에 따르는 엄청난 부담을 소화해 낼 수 있는 체제순응형 국민이 또한 필요하다는 것이다.

동아시아적 가치에 대한 관심은 바로 이 세 가지 필수조건이 과연 어디에서 기인하는가 하는 문제에서 시작되었다고도 볼 수 있는데 이 문제를 풀어나가는 과정에서 정치적 변수가 파생되어 나오게 된다. 바로 유교민주주의가 그것이다. 일본이나 한국, 싱가포르와 대만 등에서 정부주도형의 경제개발이 성공할 수 있었던 것은 "유교의 위민사상에 기반한 정부의 강력한 책임의식, 관료-지식인의 철저한 민본주의가 국민과 기업인들의 민족주의와 합칠 수 있었기 때문"[6]이라고 지적된다.

---

3) 구춘권, "'아시아적' 자본주의? 전후 유럽의 성장구도에 대비되는 한국과 일본에서 자본주의 발전의 특수성들,"『한국정치학회보』33집 1호(1999 봄), p.211.

4) 함재봉,『유교 자본주의 민주주의』(서울: 전통과 현대, 2000), p.79.

5) 전제국, "'아시아적 가치' 관련 동서논쟁의 재조명,"『한국과 국제정치』15권 1호(1999 봄), p.202.

아시아적 민주주의라고 불리우는 아시아 특유의 정치문화와 형태를 유교민주주의라고도 부르는 이유가 바로 여기에서 파생되는 것이다. 경제발전에 대한 동아시아와 서양의 시장주의적 방식의 차이를 추적하다 보니 강력한 정부와 이에 순응하는 국민이라는 정치적 관계가 추출되었고 이 관계를 가능케 하는 요인으로서 유교민주주의라는 정치적 요소가 대두된 것이다.[7]

동아시아적 가치에 대한 논의는 흔히 서구중심주의와의 대비라는 연계선상에서 진행되어 왔다. 이러한 논의는 크게 세 가지 방식으로 대별될 수 있는데 서구중심주의에 대한 대응유형에 따라 동화적 담론과 역전적 담론, 그리고 대안적 담론 등이 그것들이다.[8] 동화적 담론이 서구중심적 문화에 대한 순응적 태도를 보이는 것과는 대조적으로 역전적 담론은 서구중심주의를 전면적으로 부정하고 동아시아적 가치를 대체적, 우월적 담론으로 채택하려는 전략이라는 것이다. 이에 대한 대안적 담론으로서는 여러 가지가 제시되고 있지만 그중 서구중심주의와 동아시아적 가치와의 융합적 조화를 모색하는 것에 대한 논의가 가장 대표적이라고 지적된다. 동화적 담론과 역전적 담론사이에서의 타협 혹은 이질적 문화의 발전적 진화라고도 해석될 수 있겠지만 서구와 동아시아의 발전적 융합을 도모하는 것을 골자로 하는 것만큼은 틀림없다는 것이다.

이러한 논의에서 가장 우선시되어야 할 것은 유교민주주의와 서구식 민주주의와의 차이에 대한 것이다. 그중에서도 유교민주주의가 추구하는 이상들의 우선순위가 반드시 서구식 민주주의가 추구하는 이상들의 우선순위

---

6) 함재봉(2000), p.86.

7) 동아시아형 개발모형의 동남아시아로의 확산으로 더 이상 '유교민주주의'란 용어가 부적절하다는 지적도 제기되었다. 태국의 불교나 말레이시아, 인도네시아의 회교와 결합하게 되었기 때문이라는 것이다. 또한 중국 역시 유교 등 모든 종교와의 단절을 추구했기 때문에 엄격한 의미에서 유교의 영향권하에 놓여 있다고 보기에는 힘들다는 의견도 제시되었다. Nathan Glazer, "Two Cheers for 'Asian Values'," *The National Interest,* No.57(Fall 1999), p.29.

8) 강정인, "아시아적 가치와 서구중심주의," 『신아세아』 8집 1호(2001년 봄호), pp. 85-89.

와 일치할 수 없다는 점은 국제정치이론이 무조건적으로 동북아시아에 적용되기 부적절하다는 논지와도 적지 않은 관련이 있다.

민주주의는 서구식 민주주의가 되었든, 유교식 민주주의가 되었든 여러 가지 선을 추구한다. 만일 여러 선들을 동시에 만족시킬 수 없다면 그에 대한 우선순위를 설정하여 가장 중요한 것부터 추구하게 된다. 바로 이 우선순위를 설정하는 기준은 그 지역의 문화와 관습, 종교와 역사 등이 어우러진 그 지역 나름대로의 상식(local knowledge)에 의해 결정된다. 바로 이 때문에 동아시아에서 가장 우선적으로 추구되는 가치가 이 지역과는 동떨어진 상식을 가진 서구의 안목에서 투영될 때는 비민주적으로 보이는 것이다. 그러나 분명한 사실은 민주적 권리에 대해 서구식 민주주의와는 대별되는 동아시아적 기준에 의한 해석이 가능하다는 것이고 우선순위설정의 기준이 다르다고 해서 비민주적일 수는 없다는 점이다.[9]

민주주의는 많은 가치를 추구하고 인권 역시 그중 하나에 불과하다. 불이 난 집을 상정해 보면 인간의 생명이 인권에 우선시될 것이고 때로는 남자성인의 인권은 노약자나 여성들의 생명을 위해 포기될 수도 있을 것이다. 마찬가지로 하나의 주권국가는 그 국가가 처한 특수상황에 맞춰 민주주의적 가치에 대한 우선순위를 설정하게 될 것이다. 이 과정에서 대부분의 개발도상국가들은 경제적 번영 속에 살 권리에 높은 우선순위를 부과하고 인권과 같은 기본권을 잠정적으로 유보하는 결정을 하게 된다.

오늘날의 중국 역시 예외는 아니다. 중국은 경제개발을 추구하는 과정에서 이미 민족주의를 공산주의에 대체하는 지배이념으로 확립했다.[10] 민주주의가 권위주의를 변화시킬 수는 있겠지만 민족주의를 대체하지는 못할 것이며 특히 동아시아에서는 더더욱 그러할 것이다. 후에 논하겠지만 민주

---

9) Daniel Bell, *East Meets West: Human Rights and Democracy in East Asia* (Princeton: Princeton University Press, 2000), pp.106-137.

10) John P. McClaran, "U.S. Arms Sales to Taiwan: Implications for the Future of the Sino-U.S. Relationship," *Asian Survey,* Vol.XI, No.4(July/August 2000), p. 633.

평화론(democratic peace)의 동아시아에서의 의미는 분명 퇴색될 수밖에 없는 것이다.

동아시아적 가치에 관한 논의들은 결국 전후 냉전이라는 환경하에서 무분별하게 수용되었던 서구식 민주주의의 판단기준을 도마위에 다시 올려놓을 수 있게 해 준다. 결국 동아시아적 가치에 대한 논쟁들은 탈서구주의의 바람을 불러일으켰고 역사 속의 아시아, 냉전 속의 아시아가 아닌 현대 속의 아시아를 재발견하려는 움직임과도 연계되게 된다. 결국 아시아만의 자기정체성(self-identity)의 형성을 향한 사회학적 함의를 띠게 된다는 것이다.[11] 유럽의 발전이전상태와 동일시되어 오던 부정적 이미지의 아시아에서 벗어나 종래의 서구중심적 보편성을 타파하고 대체적인 보편성을 모색케 하는 계기를 마련해 준 것이기도 하다.

동아시아적 가치에 대한 논쟁은 경제발전방식에 대한 논의에서 출발해 민주주의에 대한 논의로 옮겨졌지만 국제관계분야에 있어서만은 그리 활발하게 진행되지 못했던 것이 사실이다. 특히 외교사를 제외한 이론분야에서는 현실주의나 이상주의, 구성주의 등과 같은 서구의 이론수용에만 급급한 나머지 동아시아적 가치를 국제관계연구에 담아내려는 노력이 상대적으로 적었던 측면은 인정하지 않을 수 없다. 지금까지 발표된 연구 중에서는 국제관계이론의 서양철학적 배경에 대체해 동양철학적 바탕에서 국제관계이론을 전개할 수 있다는 논리의 연구도 발표되어 눈길을 끈다.[12]

이 연구에서는 국제관계의 철학적 배경이 반드시 서양사상일 필요는 없다는 주장이 제기된다. 결국 국제관계는 다양한 방법에 의해 기술될 수 있고 동양철학에서도 얼마든지 현재의 국제관계이론들을 뒷받침할 만한 사상적 요소가 발견된다는 것이다. 한편 춘추전국시대와 같이 국가 간의 관계가 정형화되어 있었던 시기에 대한 연구를 통해 서구의 베스트팔리아체제

---

11) 김석근, "한국에서 아시아적 가치논쟁이 갖는 사회학적 함의," 『신아세아』 8집 1호 (2001년 봄호), pp.114-120.

12) Stephen Chen, "Writing Sacral IR: An Excavation Involving Kung, Eliade, and Illiterate Buddhism," *Millennium,* Vol.29, No.3(2000), pp.565-589.

출범 훨씬 이전부터 존재했던 동아시아식 국제관계에 대한 연구도 발표되었다.[13] 국내에서는 19세기 말 근대국제정치의 개념들이 조선조에 어떻게 도입되어 어떤 형태로 소화되었는가에 대한 일단의 연구들이 진행되어 왔으며[14] 동북아시아의 평화체제를 18세기의 조공체제라는 틀을 통해 분석한 연구도 발표되었다.[15]

탈냉전기에 접어들면서 동아시아 안보질서에 대한 논의는 다자적 접근법이 주류를 이뤄왔다. 한반도 평화를 위한 4자회담의 시도가 그 틀 안에서 이뤄졌으며 북한의 핵문제를 해결하기 위한 한반도에너지개발기구(KEDO) 역시 크게 다자적 협력의 범주에 포함될 수 있다. APEC과 ARF 등 다자기구들의 활성화가 모색되면서 나토의 확대라는 유럽적 상황을 그대로 동아시아에 적용하려는 발상이 논의되기도 했었다. 세계화(globalization)라는 전 세계적 추세는 신자유주의적 발상들이 동북아시아 안보논의의 중심적 지위를 차지한 것과 무관하지 않다. 세계화는 결국 이념적으로 자유시장원리를 신봉하는 신자유주의적 성격을 띠고 있어 미국적 자본주의, 보다 포괄적으로는 미국적 가치와 기준을 전 세계에 관철시키고자 하는 미국의 "헤게모니 전략 그 자체"였기 때문이다.[16]

다자적 접근법에서 핵심적 개념으로 등장하는 안보관리 혹은 안보통제(security governance) 역시 국가 간의 협력을 통해 초국가적 구심점을 구축하고 이를 통해 안보를 도모해 나간다는 것이다. 다분히 신자유주의적(neoliberal) 발상이라고 볼 수 있는 것이며 이들 논의는 미국의 지도력을

---

13) Gerald Chan, "The Origin of the Interstate System: The Warring States in Ancient China," *Issues & Studies* 35, No.1(January/February 1999), pp.147-166.

14) 하영선 편, 『19세기 조선의 근대국제정치개념 도입사』(미출판물).

15) 조선사행록을 통해본 18세기의 조공체제를 통해 동아시아 평화체제를 연구한 시도로서 남궁 곤, "동아시아 평화체제에 관한 연구: 조선사행록을 통해 본 19세기 조공체제," 『한국정치학회보』 33집 3호(1999 가을), pp.219-240.

16) 유현석, "아태지역의 자유주의적 경제협력과 아시아 중상주의의 갈등: APEC의 사례," 『국제정치논총』 41집 1호(2001), pp.307-309; 김재철, "세계화와 국가주권: 공존을 향한 중국의 탐색," 『국제정치논총』 제40집 3호(2000), p.69.

전제하고 있다. 그렇다면 서구중심적 안보논의의 무비판적 수용은 환영받지 못하는 안보질서를 만들어 낼 뿐이며 결국 허구를 초래해 낼 수도 있다. 동아시아의 안보질서를 구축하기 위한 이론적, 사상적 기반은 우선 동아시아라는 특수성과 분리된 채 논의될 수 없다.

III. 국제관계이론과 동북아 안보질서구축에 대한 논의

현재 양자간 동맹 네트워크라는 형태로 운용되는 동북아시아의 안보질서는 현실주의라는 이론적 토대에 그 뿌리를 두고 있다고 볼 수 있다. 현실주의적 논점의 핵심은 무정부상태에서 합리적이면서 개별적 행위자인 국가들 간의 힘의 분배가 국가들의 행위를 결정한다는 가정이다. 때문에 의도보다는 능력이 중시되고 이 과정에서 모든 국가들은 각자의 안보극대화를 추구한다고 가정된다. 특히 신현실주의에서는 외교정책결정과정에 개재되는 많은 국내정치적 변수들을 환원주의적(reductionist) 요소로 간주하여 그 영향력을 일정(constant)하게 통제하고 있다.

이 같은 측면에서 보자면 현실주의는 환경에 중점을 둔 이론체계여서 과정에 중점을 둔 자유주의 이론과 대비를 이루고 있다.[17] 신현실주의에서 구조(structure)라고도 표현되는 환경이 국가의 이익과 행동, 그리고 그 결과를 결정짓는 주요 요소라는 것이다. 이러한 과정에서 추출될 수 있는 국가의 행위란 결국 안보의 자구적 추구나 상호의존과 협력의 모색보다는 폭력에 의존하는 행태 등의 형태가 되는 것이다. 이 과정에서 동맹은 안보를 추구하는 가장 전형적인 형태로 자리잡아 왔다.

결국 부시 행정부가 취임초부터 동맹국들과의 관계강화를 강조해 온 것

---

17) Jennifer Sterling-Folker, "Realist Environment, Liberal Process, and Domestic-Level Variables," *International Studies Quarterly,* Vol.41, No.1(1997), pp.4-8.

은 이론적 배경이나 내용의 구체성 결여18)를 떠나 결국 힘의 배분에 따른 세력균형이라는 전형적인 현실주의 논리와 일맥상통한다고 볼 수 있다. 동북아에서 미국은 일본 및 한국과 동맹을 체결하고 여기에 대만에 대한 안보협력까지 포함해 중국과 북한, 북한과 러시아, 그리고 러시아와 중국 간의 동맹과 대결구도를 형성하고 있다. 결국 동북아 안보관리의 주요 수단은 이 지역에 주둔하고 있는 10만 명 이상의 미군병력이다. 이미 일본과 신안보협력지침에 따른 협력구도를 다져왔으며 이제 미사일 전역방위체계(MD)로 그 무게중심을 옮기려는 과정에 놓여 있으며 대만에 대한 방어의지도 이미 전략적 모호성(strategic ambiguity)을 벗어나 보다 적극적인 형태로 탈바꿈할 것임이 천명되었다. 2002년 부시 대통령의 첫 연구교서에서는 미국을 위협하는 대량살상무기의 생산국으로 북한을 공공연히 언급함으로써 동북아에서 북한의 행위를 통제하겠다는 의지를 분명히 했다.

미 행정부가 일본 및 한국과의 동맹을 강화하면서 대만에 대한 안보지원 의사를 보다 명확히 밝힌 그 이면에는 중국의 부상을 견제하겠다는 의지가 깔려있다. 사실 동북아시아의 안보질서구축문제를 논의하면서 중국과 미국과의 대결구도를 언급하는 것은 이미 새로운 사실이 아닐 정도가 되었다.

중국의 입장에서는 오히려 미국의 존재가 동북아시아의 안보를 위협하는 요소로 인식될 것이다. 태평양전쟁 발발을 계기로 본격적으로 이 지역에 개입하기 시작한 미국은 2차 대전 종전과 중국의 공산화, 한국전 등을 거치면서 중국을 봉쇄하는 전략을 추구하기 시작하였다. 한국전쟁에서의 북진과 그에 대한 중국의 개입은 중국과 미국 간의 지정학적 이해관계가 충돌한 첫 사례로 기록되게 되었다.

미국의 정책이 궁극적으로 중국을 봉쇄하려는 의도를 내포하고 있다는 중국의 주장19)과 중국의 군사강국 부상을 염려하는 미국, 특히 국방부의

---

18) Jeffrey W. Legro and Andrew Moravcsik, "Faux Realism: Spin versus Substance in the Bush Foreign-policy Doctrine," *Foreign Policy* (July/August 2001) 참조.

19) Joseph S. Nye, "China's Re-emergence and the Future of the Asia-Pacific," *Survival,* Vol.39, No.4(Winter 1997-98), p.73.

입장[20]은 이미 1990년대 중반부터 평행선을 그어왔다. 이러한 현상은 국력 성장의 잠재력이 곧 위협으로 인식되어질 뿐 아니라 국가의 의도보다는 능력 자체를 중시하는 현실주의적 사고가 안보질서논의를 지배하고 있기 때문으로 해석할 수 있다. 일본이나 중국의 방위비 증가가 의도와는 관계없이 상대방에게 위협의 대상으로 인식되어지는 것도 같은 맥락으로 볼 수 있을 것이다.

결과적으로 이 지역 국가들은 절대적 이익보다는 상대적 이익을, 의도보다는 능력을, 보다 포괄적으로는 제도화를 통한 다자적 평화보다는 얽히고 설킨 동맹체계를 통해 안보를 추구하는 경향을 보이고 있다.[21] 다자적 평화로 인해 얻어지는 파이가 공평하게 분배되지 않을 것이란 의구심에서 절대적 이익보다는 동맹을 통한 상대적 이익의 선호는 다분히 현실주의적 경향으로 간주할 수 있다. 불균형한 이익의 배분이 결국 다른 국가의 이해관계를 침해하게 될 수도 있기 때문이다.[22] 경제력의 성장도 상호의존보다는 국력의 상승으로 이어져 결국에는 군사력의 증가와 결부될 것이란 사고도 현실주의적 추론의 결과라고 볼 수 있다.[23] 따지고 보면 중국이 WTO에

---

20) Office of International Security Affairs, Department of Defense, *The United States Security Strategy for the East Asia-Pacific Region* (East Asian Security Report, 1998), p.31; White House, *A National Security Strategy for a New Century* (May 1997); Center for Naval Analyses, Department of Defense, *Peoples War at Sea: Chinese Naval Power in the Twenty-First Century* (CRM-95-214, March 1996); Center for Naval Analyses, Department of Defense, *China and Security in the Asian Pacific Region Through 2010* (CRM-95-226, March 1996).

21) David A. Baldwin, "Neoliberalism, Neorealism, and World Politics," in David A. Baldwin (ed), *Neorealism and Neoliberalism: The Contemporary Debate* (New York: Columbia University Press, 1993), pp.4-8; Yongho Kim, "Neo-realism, Neoliberalism, Constructivism & Peace on the Korean Peninsula," *Asian Perspective,* Vol.24, No.2(2000), pp.208-212; 정진영, "국제정치 이론논쟁의 현황과 전망: 새로운 이론적 통합의 향방," 『국제정치논총』 40집 3호(2000), pp.11-13.

22) Kenneth Waltz, *Theory of International Politics* (New York: Random House, 1979), p.105.

23) Andrew Mack and J. Ravenhill (eds), *Pacific Cooperation: Building Economic and Security Regimes in the Asia-Pacific Region* (Boulder: Westview Press,

비로소 가입한 최근까지 경제적 협력도 다자적이기 보다는 양자적 관계에서 진행되어 왔을 정도로 이 지역은 다자관계보다는 양자관계가 국제관계의 중심을 이뤄왔다고 볼 수 있다.

반면 신자유주의적 입장에서의 논의는 동북아시아의 안보가 불안정한 이유를 다자적 협력의 결핍(low density)에서 찾고 있다. 이 논의에서의 주요 개념은 안보관리(security governance)로 집약될 수 있는데 국제기구나 제도화, 연례안보협의 등을 포괄하는 지역공동체로 향하는 중간자적 개념이라고 볼 수 있다. 지역국가 간의 초보적인 논의를 통해 안보관리체제를 출범시킴으로써 지역안보를 운영할 안보공동체를 지향하는 것이 논의의 핵심으로 파악해 볼 수 있을 것이다.

신자유주의 혹은 제도적 자유주의에 따르면 개별국가들은 보다 낳은 이익을 위하여 관리체제를 선호하게 된다는 것이다. 개별적인 이해추구는 결과적으로 공동의 손해를 초래할 뿐이며 공동노력을 통해 부가가치를 창출해 낼 수 있는 기회를 잃게 되기 때문이라는 것이다.[24] 즉 보다 낳은 이해관계의 추구를 위해 국가들이 서로 협력하게 된다는 것이다. 이런 측면에서 안보관리는 다분히 계약적(contractarian) 성향을 띠고 있다. 이러한 과도적 노정을 거쳐 안보공동체가 형성되게 되면 자연히 계약적 성격도 규범적(constitutive)으로 전환되어 역내 안보체제가 완성된다는 논지이다.

자유주의적 평화논의에는 세 종류의 흐름이 있다. 경제적 자유(economic liberty), 정치적 자유(political liberty) 혹은 민주평화론(democratic peace), 그리고 제도주의적 자유주의(institutional liberalism) 혹은 신자유주의적 제도주의(neoliberal institutionalism) 등으로 대별되는 이 논의들은 흔히 칸트적 평화론의 세 기둥으로 분류되기도 한다.[25]

1995), p.13.

24) Oran A. Young, *Governance in World Affairs* (Ithaca: Cornell University Press, 1999), p.4.

25) Bruce Russett, John R. Oneal, and David R. Davis, "The Third Leg of the Kantial Tripod for Peace: International Organizations and MIlitarized Disputes,

경제적 평화론은 무역의 확장이 국가 간의 경제의존도를 심화시키고 이 때문에 상호간의 무력사용을 억제하게 되며 결국 평화를 가져온다는 논지이다. 두 번째 기둥으로는 민주평화론을 들 수 있다.[26] 민주평화론은 민주주의국가들 간에는 전쟁이 발생하지 않았다는 통계적 사실에 기초해서 민주주의를 세계적으로 확장시킴으로써 세계평화를 일궈낼 수 있다는 논지이다. 세 번째 기둥은 자유주의적 제도론(liberal institutionalism)으로 다자간의 협약을 통해 발생한 국제적 구속력을 통해 무력사용을 억지하며 평화를 신장시킬 수 있다는 주장이다. 앞서 언급한 안보관리는 바로 여기에서 파생되는 개념이다.

동맹과 양자관계가 안보관리의 주요 수단이라는 현실주의적 지적에 대해 자유주의적 논의들은 탈냉전기 미국의 대외무력개입이 단 한 차례도 그 형태에서는 양자관계나 동맹의 형식이 아닌 다자적 형태를 띠어왔다는 시사점을 남긴다. 걸프전당시 미국은 다국적군을 구성하였었다. 소말리아와 보스니아에서는 유엔평화유지군을 조직해 유엔의 깃발아래 미군을 보냈다. 코소보에서는 나토라는 지역안보공동체의 간판을 이용했다. 물론 이들 작전의 주된 역할은 미국이 담당하였지만 미국은 단독군사개입을 회피하려는 의지를 분명히 보여준 셈이다.

미국이 다자적 개입을 선호하는 것은 일방적이며 단독의 군사개입이 초래할 외교적 부담을 줄이고 동맹의무에서 파생하는 원치 않는 개입을 회피하고자 하는 계산이 깔려있을 것으로 분석된다. 특히 동북아시아지역과 같이 역내국가들이 미국과 무역마찰을 빚는 경우 동북아시아에 대한 미국의 군사적 역할은 이들 역내국가는 물론 미국의 여론으로부터도 지지를 얻을

1950-85," *International Organization,* Vol.52, No.3(Summer 1998); John R. Oneal and Bruce Russett, "The Kantian Peace: The Pacific Benefits of Democracy, Interdependence, and International Organizations, 1885-1992," *World Politics* Vol.52(October 1999).

26) 클린턴 대통령은 민주평화론을 미국외교의 한 방향으로 설정한 바 있다. 자세한 사항은 State of the Union Message by the President of the United States of America, January 25, 1994 in *New York Times* (January 26, 1994), p.A 17 참조.

수 없다. 결국 자유주의적 논의들은 양자관계 중심의 동맹체제로는 미국이 동북아시아의 무력분쟁 발생시 효과적인 대처를 하지 못하게 될 것이란 점을 시사해 준다. 때문에 미래의 동북아시아 안보질서 구축과정에서 다자주의적 지역안보협의체를 구성하는 방향으로 논의가 진행되어야 한다는 점을 지적해 준다.

한편 구성주의와 동북아 안보질서 논의와의 연관성은 나토(NATO)의 확장에서 파생된다고 볼 수 있다. 냉전의 종식과 더불어 이론적으로는 사라졌어야 할 나토의 확장은 러시아라는 공동의 위협 앞에 맞아떨어진 구성국가들의 전략적 이해관계의 결과 혹은 구성국가들 간의 협력관계가 정형화된 산물이라는 현실주의와 자유주의적 논리로 설명될 수 있을 것이다. 구성주의는 이 양대 이론의 틈바구니에서 정체성에 초점을 맞춘 대안적 설명을 가능케 하였다. 나토라는 범주 안에서 진행되었던 국가 간 교류(interaction)의 확대가 공동의 정체성(identity)을 일궈내고 이 정체성에 의해 국가의 이해관계(national interests)가 설정됨으로써 나토의 확대가 가능했다고 보는 것이다.[27]

나토라는 집단안보체의 목표에 구성원들의 행위를 종속시켰다면 체코, 헝가리, 폴란드 등 동유럽 3국의 가입이 불필요했던가 혹은 동유럽국가들에 대해 무차별적인 영입을 가능케 했을 것이다. 그러나 이들이 우선적으로 받아들여진 것은 서구화, 보다 구체적으로는 민주화라는 기준에 가장 근접한 국가들이었기 때문이다. 즉 탈냉전기 나토라는 기구의 집단적 정체성은 민주주의라는 구심점을 통해 형성된다고 보는 것이다. 나토의 확산을 곧 민주주의의 확산으로 동일시할 수 있는 논거는 바로 여기에서 기인된다.

결국 구성주의적 논의가 동북아시아에 던져주는 함의는 이 지역 국가들에 공통되는 정체성을 형성함으로써 평화를 구축할 수 있다는 방향으로 집약된다. 공통의 정체성 형성을 위해 교류(interaction)를 증가시켜 궁극적으

---

27) 이에 대한 대표적 사례로는 Frank Schimmelfennig, "NATO Enlargement: A Constructivist Explanation," *Security Studies,* Vol.8, No.2/3(Winter 1998/99-Spring 1999) 참조.

로 이해관계의 구심점을 마련함으로써 이 지역에서의 안보질서를 구축할 수 있다는 시사점을 제공해 주는 것이다. 한중일 3국의 협력을 상징하는 베세토(BeSeTo)라든가, 한국의 일본문화개방, 중국의 한류(韓流)와 같은 문화교류를 통해 공동의 정체성을 형성해 나가면 이 정체성에 의해 역내 국가들의 이해관계를 수렴하여 보다 안정적인 안보질서를 구축할 수 있다는 논리적 계산이 산출된다.

그런데 이러한 서구적 이론들이 과연 서구 못지않은 장황한 역사를 지닌 동아시아 국제관계의 역동성을 설명할 수 있을까? 자칫 동아시아의 국제관계를 동아시아와 관계없는 서구를 바탕으로 만들어진 이론의 잣대로 재단하는 우를 범하고 있지는 않을까? 여기서 우리는 한 권의 책을 눈여겨 볼 필요가 있다. 벨(Daniel A. Bell)이 쓴 *East Meets West: Human Rights and Democracy in East Asia*라는 책으로 프린스턴대학교 출판부에서 2000년에 나온 책이다. "East Meets West." 인터넷을 들어가 살펴보았더니 "West Meets East"라는 제목의 책도 있었다. 그 책은 중국입양아문제를 사회문화적으로 다룬 책이었고 또 엇비슷한 제목의 인테리어 디자인 서적도 있었다. 그런데 이 책은 분명 정치학 서적이다. 정치학 서적이라고 말하니 얼핏 19세기 후반 서세동점의 시대상을 반영한 외교사나 국제관계 서적을 연상하는 학생이 있을 지도 모르겠다. 그렇게 생각하기에 그럴싸한 제목이기도 하다. 하지만 이 책은 분명 정치사상서적이다. 부제가 지적하듯 인권과 민주주의를 동아시아적 관점에서 해석하고 있기 때문이다.

이 책은 대화체로 엮어져 있는데 미국에 본부를 둔 인권단체 소속의 샘 데모(Sam Demo) 라는 가상의 주인공이 다른 전문가들과의 대화를 통해 논지를 전개하는 구성이 상당히 특이하다. 특히 이 책의 서두에서부터 강조되는 "local knowledge"는 민주화의 척도에 대한 서구위주적 사고방식에 일침을 가하고 있다. 조기영어교육 덕택에 요즘에는 초등학생도 쉽게 이 두 단어를 알 수 있을 만큼 쉬운 단어로 구성되어 있는 개념이지만 지역정서라고 번역하자니 너무 지엽적으로 해석한 것 같고 그렇다고 지역의 일반상식이라고 번역하자니 이 또한 필요이상으로 일반화시킨 것 같아 사실 자신있게 해석하기가 꺼려진다. 하여튼 "local knowledge"는 민주주의의 무조건적 적용보다는 시간과 장소에 따른 차별성의 기준을 제시해 주는 개념으로 다가온다. 다시 말하면 민주화는 각 국가라는 공간적 배경에 따라, 또 그 나라가 처한 특별한 상황에 맞춰 추구되어야 한다는 점을 지적하고 있는 것이다. 나아가 민주주의라는 개념 역시 "local knowledge"에 의해 각색될 경우 가장 설득력을 얻을 수 있다고 지적하고 있다.[28]

결국 서구민주주의의 이상이 아무리 원대하고 '민주적'이라고 해도 서구민주주의가 적용되어 '민주화' 되는 지역의 local knowledge와 그에 익숙한 지역주민들을 설득하지 않고서는 결코 서구민주주의는 동아시아지역에서 '참된' 민주주의로 자리잡을 수 없다는 의미를 던져주고 있다. 이 책에서 싱가포르의 이광요 선임장관은 "항상 스스로만이 옳다고 믿는(self-righteous) 서구인들이 민주주의의 이상을 설교하는 곳은 그들이 이해하지도 존중하지도 않는 곳이다,"[29] "민주주의는 (오히려) (동아시아적인) 지역 중심의 생활방식(communitarian forms of life)을 무너뜨릴 수 있다"고 꼬집고 있다.[30]

이 책은 세 파트로 나뉘어져 있다. 첫 번째 파트인 1, 2장은 인권과 민주주의에 대한 동아시아적 해석을 제시하고 있는 부분으로 데모(Sam Demo)라는 주인공과 로(Joseph Lo)라는 학자가 서구식 개념과 동아시아적 재해석을 주제로 논쟁을 벌이는 형태로 전개된다. 두 번째 파트인 3, 4장은 저자가 이광요 싱가포르 선임장관의 저작 및 어록, 관련서적 등을 기초로 그와의 가상대화형식으로 싱가포르의 민주화에 대한 찬반논쟁이 전개되는데 실제 대화록을 읽고 있는 것 같은 느낌을 전해준다. 마지막 파트 5장에서는 동아시아적 관점에 입각해 동아시아식 민주제도의 대안들을 제시하고 있다.

거두절미하고 이 책에서 서구식 민주주의의 무분별한 적용을 반대하는

---

28) Daniel A. Bell, *East Meets West: Human Rights and Democracy in East Asia* (Princeton: Princeton University Press, 2000), p.170.

29) Bell(2000), p.272.

30) Bell(2000), p.236.

논점은 크게 세 가지로 나눠볼 수 있다고 생각한다. 우선 시민의 권리를 어떤 시각으로 볼 것인가 하는 개인적 관점에서 시작하여, 시민들이 자신들의 대표를 선출하는 선거과정에 대한 논점이 두 번째, 그리고 그렇게 선출된 대표들로 구성된 정부가 과연 어떤 역할을 해야 하는가 하는 것이 마지막 세 번째 논점이다.

시민의 권리는 기본권인 인권과 정치적 권리라고 볼 수 있는 민주적 권리로 대별된다. 이 책은 인권이나 정치적 권리에 있어서도 서구적인 정의에 따른 동아시아에의 적용을 단호히 비판한다. 인권이나 민주적 권리에 대해 또 다른 정의들이 존재할 수 있다는 상대적 관점을 제시하고 있는 것이다. 때문에 동아시아국가에 대해 인권신장을 요구할 경우 그 지역의 정치적 상황이나 문화적 배경에 대한 깊은 이해가 결여된 도덕적, 정치적 판단은 삼가는 것이 바람직하다고 권고하고 있다.[31] 상황에 따라 인권보다는 다른 가치를 추구하는 것이 지역 사람들에게는 더욱 설득력있게 다가서기 때문이다.[32]

특히 박정희 시대를 일컬어 애용되는 용어인 '개발독재'와도 관련된 논의가 진행되어 흥미롭게 읽어 내려갈 수 있었다. 발전도상에 있는 국가들 — 이 책에서는 싱가포르의 예를 들고 있고 개발독재라기 보다는 권위주의적 정부로 표현하고 있다 — 은 인권과 같은 정치적, 사회적 가치보다는 경제적 발전을 보다 높은 가치로 간주하게 된다는 것이다. 경제적으로 윤택한 사회에서 살 수 있는 권리 또한 존중되어야 한다는 차원에서이다. 그렇다고 인권이나 민주적 권리를 아예 포기해 버린다는 흑백논리적 의미는 결코 아니다.

다만 우선순위[33]가 높다고 간주되는 권리를 먼저 추구하고 그 권리가 만족되면 인권과 같은 권리를 추구할 수 있다는 의미로 해석된다. 우선순위는 물론 해당국가의 정치경제적 상황과 문화적 배경, 그리고 "local know-

---

31) Bell(2000), p.105.
32) Bell(2000), p.37.
33) Bell(2000), p.40.

ledge"에 의해 정의된다. 그리고 인권신장과 경제개발이라는 선택의 갈림 길에서 망설임 없이 후자를 선택하게 되고 이 선택은 서구식 민주주의적 가치를 우선적으로 추구하는 것보다 지지를 얻게 된다는 것이다.

이와 마찬가지로 서구식 선거과정이 가족중심적 사회에는 부적절하다는 점이 두 번째 논점으로 제시되고 있다. 이광요 장관은 유권자들이 자신들의 삶에 영향을 미칠 수 있는 정책을 스스로 만들어 내는 권리가 있어야 한다는 개인의 자율성(individual autonomy)과 그에 뿌리를 둔 서구식 선거과정이 이상적이지 않다고 역설한다. 특히 싱가포르처럼 사람들이 스스로 선택한 삶의 계획을 실천해 나가는 데 무관심하거나 정치적 분야에서 자신들의 권리주장에 소극적인 가족중심적 사회에서 서구식 선거과정은 서구에서처럼 커다란 반향을 불러일으키지 못한다고 지적한다.[34] 서구식 민주주의가 주창하듯 개인이 신성하거나 별개의 개체가 아닌, 가족이라는 범주에서 존재하며 그 가족은 대가족의 일부로서, 나아가 보다 넓은 사회의 세포로 인식하는 동아시아인들의 관습과 전통이라는 맥락에서 개인의 영화나 발전이라는 개념은 한낱 낙관적 허상에 불과할 뿐이라는 것이다.[35] 여기까지는 설득력있게 받아들여졌다. 그런데 이 책의 결론부분에서는 이해는 가지만 의아하기까지 한 대안들에 대한 논의가 진행되고 있다. 삶의 경험이나 가족위주의 사고 등으로 인해 다른 유권자들보다는 상당히 진지한 투표행태를 보이는 중년가장에게 두 표를 인정해 주는 복수투표제를 도입한다거나, 학자들로 구성된 의회를 구성해 선거를 통해 선출된 의원들과 양원을 이루게 한다는 아이디어 등은 이미 시민단체들의 활동이 정상궤도에 진입 중인 우리나라와는 동떨어진 얘기로만 들릴 뿐이었다.

마지막으로 정부의 형태가 민주적이든 그렇지 않든 별로 중요하지 않다는 조금은 충격적인 얘기가 독자들을 기다리고 있다. 훌륭한 정부, 선한 정부는 그 과정이 아니라 결과로 결정되기 때문이라는 것이다. 이 책에서

---

34) Bell(2000), p.232.
35) Bell(2000), p.192.

소개된 이광요 장관의 정부론은 정직하고 국민들을 보호하는 데 유효하고 능률적이어야 하며 훌륭한 삶과 자녀들이 부모들보다 더욱 잘살 수 있는 안정되고 질서있는 사회에 진출하고자 하는 모든 이들에게 기회를 준다는 것으로 집약될 수 있다.

보다 구체적으로는 의식주와 고용 및 건강, 인종과 언어, 종교를 뛰어넘은 질서와 정의의 구현, 타인의 자유를 침해하지 않는 범위 안에서의 자유의 신장, 경제적 성장과 사회의 발전, 지도자들의 높은 도덕적 기준, 건실한 인프라와 문화적으로 풍성한 삶의 보장 등의 가치가 추구되고 있는데 흥미로운 것은 민주주의에 대한 언급이 빠져 있다는 것이다.[36] 민주주의는 이 같은 정부를 성취하는 하나의 도구일 뿐이며 민주주의보다 더 효율적인 방식이 있다면 민주주의를 채택하지 않으리란 이광요 장관의 주장(I am against democracy)을 인용함으로써 동아시아에서의 정부론이 서구식 민주주의제도가 지향하는 것과는 차이가 있음을 저자는 적시하고 있다.

따지고 보면 민주평화론이 있기 훨씬 이전에 동아시아에서는 유교적 중화사상에 입각한 국제관계가 형성되었던 기간이 상당히 오래 지속되어 왔었다. 이 기간 동안 중국왕조가 조선을 침략했던 것은 원과 금(청)이 유이하다. 물론 송과 명에 대해 끝까지 유교적 동맹관계를 유지하려 했던 고려와 조선을 복속시키기 위해서였다. 그렇다면 민주평화론을 뒷받침해 주고있는 통계학적 자료가 기초하고 있는 기간보다 비교도 되지 않을 만큼 긴 기간 동안 유교적 평화가 존재해 왔었다고도 볼 수 있다. 이 책은 아주 초보적이고 원초적이기는 하지만 유교적 평화와 민주평화론과의 교량적 논리를 제공해주고 있다.

다음 강좌에서는 서구이론에 편향된 동아시아 안보논의가 과연 어떤 오류를 범할 수 있는가를 살펴보기로 한다.

---

36) Bell(2000), pp.185-187.

제10강좌

동북아 안보질서구축과
국제정치이론의 서구적 편향

앞서 언급하였듯이 이 강좌에서는 동북아 안보질서구축의 토대가 되고 있는 국제정치이론들의 서구적 편향을 밝혀냄으로써 이들 이론들이 동아시아라는 틀에 걸러지지 않은 채 무비판적으로 적용되는 데에는 한계가 있다는 점을 지적하고자 한다. 동북아 안보질서구축논의와 동아시아적 가치논쟁과의 초보적 연계고리를 만들고자 하는 것이다.

I. 신자유주의적 편향: 칸트적 평화론(Kantian Peace)의 비판적 고찰

칸트적 평화론은 크게 세 가지의 기둥으로 구성되어 있다. 경제적 평화론이나 민주평화론, 자유주의적 제도론 모두가 각기 그 나름대로의 서구적 편향을 내포하고 있고 이러한 편향은 결국 이론적 불완결성으로 연결되어 동북아지역 안보질서구축에 적용되기에는 제한성을 내포하게 되는 것이다.

1. 경제적 평화론

경제적 평화론은 간단히 요약하자면 앞서 언급한 바와 같이 국가 간의 무역이 확대되면 무역상대국 간의 상호의존도가 심화되고 상대방과의 분쟁해결에 있어서 무력이외의 대안을 선호하게 된다는 것이다. 자유무역주의를 통한 이 같은 추세의 확장은 상대방에 대한 신뢰구축으로 연결된다는 논지이다.

그런데 동아시아에서는 경제적 상호의존이 안보에의 신뢰구축으로 이어지는 사례를 찾아보기 힘들다. 경제대국 일본은 한일국교정상화가 실현된 1965년 이래 미국과 더불어 한국의 가장 중요한 무역상대국으로서의 위치를 차지해 왔다. 지난 IMF위기때는 가장 많은 외화를 지원해 줄 정도로 일본 역시 한국에 대한 무역의존도가 심화되어 있는 상황이다. 일본은 뿐만 아니라 중국에 있어서도 주요 무역상대국으로 자리잡아 왔다.

그럼에도 불구하고 이 같은 상호경제의존이 한국과 일본, 중국과 일본 관계에 내재하는 역사적 적대감을 해소시키기에는 역부족인 것으로 보인다. 일본의 역사교과서를 둘러싸고 항상 불거져 나오는 갈등은 결국 역사적 불신에서 파생된 것으로밖에 해석할 수 없다. 특히 미일동맹의 연계선상에서 파악할 수 있는 한미동맹이 미일동맹과 연계되어 제도적으로 한미일 동맹으로 탈바꿈하지 못하는 가장 커다란 이유 역시 한국의 일본에 대한 역사적 불신 때문이다. 역사적 불신과 경쟁의식이 상대방에 대한 인식에 뿌리깊게 각인되어 있을 경우에는 무역자유화로 인해 생겨날 수도 있는 무역불균형이 오히려 불안정의 근원이 될 뿐 아니라 무력충돌로 연결될 수도 있을 것이다.

동아시아에서 분쟁위험지역으로 가장 손꼽히는 대만해협과 한반도의 상황만으로도 이 같은 주장이 뒷받침된다. 중국과 대만 간의 무역규모는 간접

무역으로 진행되던 1980년의 2억 4,200만 불에서 1990년에는 51억 6,000만 불로 성장했으며 다시 2000년에 이르러서는 312억 2,000만 불, 2007년에는 1,022억불이라는 사상최고치를 기록하게 된다. 대만의 본토에 대한 수출량은 대만의 전수출규모의 16.9%를 차지하며 본토로부터의 수입은 4.4%를 차지한다.[1]

한편 남북한 간의 교역은 1990년의 1,300만 불에서 2억 8,700만 불로 규모가 성장했으며 2000년도에는 4억 2,500만 불, 2007년에는 17억불을 기록해 17년새 약 130배에 달하는 성장을 기록하게 된다.[2] 안타깝게도 이같은 무역의 신장이 안보분야에서의 신뢰구축으로 이어졌다는 그 어떠한 신빙성있는 근거도 찾아볼 수 없다. 대만해협을 둘러싼 양안의 긴장관계는 유지되고 있으며 미 클린턴 행정부의 대만정책을 상징해 주던 '전략적 모호성(strategic ambiguity)'이 부시 행정부의 출범과 더불어 포기되면서 그 긴장의 강도가 더해지고 있는 실정이다. 하물며 양안 간 무역규모의 80분의 1정도의 교역량을 기록하고 있는 한반도에서 남북한교역이 신뢰구축으로 이어질 것이란 희망섞인 기대감이 현실화되기는 더욱 요원한 것으로 분석된다. 금강산에서의 남한여행객 피살사건과 천안함 공격이후 남북관계가 경색된 사실이 이러한 측면을 극명하게 보여주는 것이다.

이같이 경제적 상호의존의 증가와 안보협력의 괴리에 대해서는 여러 가지 해석이 가능하다. 우선 동북아지역에 공통된 정체성이 결여되어 사회, 정치, 경제적 이질성이 높을 뿐 아니라 높은 경제성장률이 대내적인 자율성을 침해할 국가 간 협력체의 굴레를 원치 않게 만든다는 지적은 설득력이 있다.[3] 또한 서구와는 달리 정부의 강력한 개입이 일반화되어 있다는 '국

---

1) Chu-Yuan Cheng, "The Role of the Republic of China in the World Economy," *Occasional Papers/Repint Series in Contemporary Asian Studies,* No.4-1995 (129), tables 3 and 6; http://www.mac.gov.tw/english; recited from Paul J. Bolt, "Economic Ties Across the Taiwan Strait: Buying Time for Compromise," *Issues & Studies* 37, No.2(March/April 2001), p.83.

2) 보다 자세한 사항은 http://www.kotra.or.kr/main/info/nk/static/sub01.php3 참조.

3) 최영종, "비교지역통합 연구와 동아시아 지역협력,"『국제정치논총』40집 1호(2000),

제적 중상주의 패러다임(international mercantilism paragidm)' [4]이 지배하고 있어 보호주의, 반서구주의, 반패권주의라는 형태로 미국 주도의 자유주의적 지역협력에 저항하는 형태를 띠게 된다는 주장 또한 일리가 있다.[5]

이처럼 경제적 의존도와 안보적 신뢰가 연계되지 않음은 동아시아에 있어서 안보와 정치경제가 양립할 수 없음을 시사하는 것이다. 무역이나 경제협력과 같은 사안에 있어서는 역내 국가 간의 협상이 가능한 범위가 설정되어 있을 뿐 아니라 양보가능한 사안도 포함되어 있어 협력을 유도할 환경이 조성되어 있다.

그러나 일단 안보적 사안으로 들어오게 되면 좀처럼 협력이 유도되지 않는다. 이유는 동아시아의 패권과 같이 누가 다스릴 것인가 하는 이슈는 좀처럼 협상이 가능한 부분과 불가능한 부분으로 나뉘어 질 수 없기 때문이다. 이슈 자체가 분리불가능한 성격을 띠고 있는 것이다. 특히 중국과 일본처럼 동아시아의 패권 그 자체보다는 역사속에서 형성된 상호불신과 증오가 개재된 관계에서는 영토나 체제의 유지 외에도 '동아시아를 누가 대표하는가' 혹은 '누가 동아시아의 주인인가' 와 같은 우위(primacy)를 두고 경쟁을 하는 경우 협력을 일궈내는 것은 불가능하다. 우위(primacy)와 같이 정치성을 띤 이슈는 결코 양분될 수 없기 때문이다.[6]

2. 민주평화론

민주평화론은 간단히 민주주의국가 간에는 무력을 사용하지 않으므로

---

pp.68-73.

4) 유현석(2001), p.319에서 재인용; James Kurth, "The Pacific-Basin versus the Atlantic Alliance: Two Paradigms of International Relations," ANNALS AAPSS 505, September 1989.

5) 유현석(2001), p.317.

6) Jonathan Kirshner, "Rationalist Explanations for War?" *Security Studies,* Vol.10, No.1(Autumn 2000), pp.144-145.

지구상의 모든 국가들이 민주화될 경우 무력분쟁이 사라지고 세계평화가 이룩될 수 있다는 논지이다.[7] 다만 민주주의 국가들은 권위주의적, 전체주의적인 비민주국가를 응징하기 위해 무력을 사용할 뿐이라는 것이다. 민주평화론을 주장하는 학자들은 이에 대한 근거로서 지금까지의 무력분쟁사례 중 민주주의국가들 간에 발생한 전례가 없다는 경험적, 통계학적 사실을 제시하고 있다.

민주평화론에 따를 경우 똑같은 유형의 군비증강이라도 민주주의국가에 의한 군비증강은 위험시되지 않고 비민주국가에 의한 군비경쟁만 문제시될 뿐이다. 민주국가에 의한 군비증강은 안보딜레마를 촉발시키거나 군비경쟁, 혹은 군사충돌을 야기하기보다는 민주평화를 보장하는 역할을 하게 될 때문이라는 것이다.[8] 결론적으로 민주평화론은 그 어떤 민주국가도 자신의 영토를 방어하기에 충분한 그 이상의 침략의도를 갖고 있지 않다고 결론 내리고 있다.

민주평화론은 서구중심적 사고가 빚어낸 편향된 가정에 불과하다. 민주국가를 구분하는 기준 역시 현재의 척도를 100여 년 전의 상황에 무분별하게 적용하는 논리적 모순을 내포하고 있다. 민주평화론을 통계적으로 입증하기 위해 학자들이 사용하는 사례들을 살펴보면 상당수가 19세기 중, 후반 혹은 20세기 초반의 사례들을 활용하고 있음을 알 수 있다. 즉 19세기의 국가들을 민주국가로 인정하고 있는 것이다.

민주평화론을 입증하기 위한 사례에 관련되는 국가들은 최소한 전쟁수

---

7) 민주평화론에 대한 연구로서는 Christopher Layne, "Kant or Cant: The Myth of the Democratic Peace," *International Security,* Vol.19, No.2(Fall 1994); John M. Owen, "How Liberalism Produces Democratic Peace," *International Security,* Vol.19, No.2(Fall 1994); David E. Spiro, "The Insignificance of the Liberal Peace," *International Security,* Vol.19, No.2(1994); Zeev Maoz and Bruce Russett, "Normative and Structural Causes of Democratic Peace, 1946-1986," *American Political Science Review,* Vol.87(1993); Michael W. Doyle, "Liberalism and World Politics," *American Political Science Review,* Vol.80(1986) 등을 참조할 것.

8) Charles L. Glaser, "The Security Dilemma Revisited," *World Politics,* Vol.50 (October 1997), pp.192-193.

행 결정과정에 충분한 영향을 미칠 수 있는 선거제도를 갖추고 있어야 할 뿐 아니라 그 국가에 거주하는 모든 성인남녀가 이 선거에 투표권을 행사할 수 있어야 한다. 주지하다시피 19세기 중후반의 서구국가들 중 여성참정권을 인정하거나 노예제도를 폐지하고 있던 나라는 많지 않다. 민주주의의 선두주자로 미국이 자리잡을 수 있었던 것도 따지고 보면 남북전쟁의 촉발요인이 된 흑인노예제도의 폐지가 그 원인이었고 이는 19세기 중반의 일이었다. 심지어는 민주평화론을 비판하는 연구에서도 19세기 서구국가들이 민주국가라는 점을 무비판적으로 수용하는 경우도 발견된다.9)

1812년의 미영전쟁, 1860년대에 계속된 남북전쟁, 1861년 미국과 영국 간에 발생했던 트렌트 사건(Trent Affairs)이나 1895년부터 이듬해까지 계속된 베네주엘라 위기(Venezuela crisis), 그리고 1898년 영국과 프랑스 간에 발생했던 파쇼다 사건(Fashoda crisis)에 연루되었던 나라들이 여성참정권을 인정하지 않았거나 노예제도를 도입하고 있었다면 과연 이들을 오늘날의 중국도 인정받지 못하는 민주국가의 범주에 포함시킬 수 있을 것인지의 의문이 남게 되는 것이다. 이들 국가들은 그 당시 '민주적' 으로 선출된 정부를 갖고 있었다고 결단코 단언할 수 없다. 그렇다면 민주평화론의 통계적 증거들은 무너질 수밖에 없다.

만일 19세기의 서구국가들을 민주국가로 인정한다면 동아시아에서의 민주평화론의 의미는 더더욱 의문시될 수밖에 없는 또 하나의 이유가 있다. 민주국가로 일컬어지는 19세기 서구국가들은 바로 제국주의의 말발굽으로 중국의 청왕조를 짓밟은 장본인들이기 때문이다. 민주국가들은 같은 서구식 민주주의국가들에게는 평화적으로 비춰질지 모르지만 민주주의가 적용될 대상국가들의 국내정치체제를 변환시키는 데에 있어서는 상당히 호전적으로 나타난다. 특히 강제적이며 원치않는 국내정치체제의 변환을 강요하는 점에 있어서는 더욱 그러하다. 또한 민주주의의 확산이 반드시 평화를

---

9) Layne(1994), pp.5-49이나 Kenneth N. Waltz, "The Emerging Structure of International Politics," *International Security,* Vol.18, No.2(Fall 1993), p.78 참조.

약속해 준다는 보장 역시 찾아보기 힘들다.[10]

민주평화론이 동아시아에 적용되기 위한 첫 관문은 역시 이 지역의 전통적 맹주였던 중국이 민주적 개혁을 채택하여 권위주의적 공산주의에서 민주주의체제로의 전환을 용납할 것인가에 대한 것이다. 물론 이에 대하여는 부정적 견해가 지배적이다. 서구의 학자들은 중국의 수천 년에 걸친 역사 속에서 제한된 정부라든가, 개인의 권리에 대한 보호, 사법부와 언론의 독립과 같은 민주적인 개념이 개발되었던 사례가 없었다는 점을 지적하고 있다.[11] 그러나 이 같은 지적은 서구중심적 사고의 강요에 불과하다.

중국을 비롯한 동아시아의 국가들이 이들의 전통이나 관습과 쉽게 융화될 수 없는 서구식 사고를 반드시 채택해야만 평화가 이뤄질 수 있다는 것은 역지일 뿐이다. 동아시아는 서구식 민주주의가 부재한 상황하에서도 장기간 평화를 유지했었다. 따지고 보면 민주평화론이 있기 훨씬 이전에 동아시아에서는 유교적 중화사상에 입각해 형성된 국제관계가 상당히 오래 지속되어 왔었다. 특히 중국중심의 조공체계가 그 전형적 형태로 완성된 18세기를 전후한 250년은 평화가 지속된 기간이었다.[12]

그렇다면 민주평화론을 뒷받침해 주고 있는 통계학적 자료가 기초하고 있는 기간보다 비교도 되지 않을 만큼 긴 기간 동안 유교적 평화가 존재해 왔었다고도 볼 수 있는 것이다. 동아시아국가들에게 있어서 민주평화론은 마치 자신만이 옳다고 주장하는 서구인들이 그들이 이해하거나 존중하지도 않는 지역에 쏟아내는 설교에 불과할 뿐이다.[13]

민주평화론은 경제적 평화론과 더불어 논리를 뒷받침해 줄 만한 설득력

---

10) Lawrence Freedman, "International Security: Changing Targets," *Foreign Policy* (Spring 1998), p.55.

11) Richard Bernstein and Ross H. Munro, "The Coming Conflict with America," *Foreign Affairs* (March/April 1997), p.27.

12) 남궁 곤, "동아시아 평화체제에 관한 연구: 조선사행록을 통해 본 19세기 조공체제," 『한국정치학회보』 33집 3호(1999 가을), p.220.

13) Daniel Bell, *East Meets West: Human Rights and Democracy in East Asia* (Princeton: Princeton University Press, 2000), p.272.

있는 증거가 부족하다는 이유로 서구의 학계에서조차 비판의 대상이 되어
왔다.14) 특히 민주주의를 어떻게 정의할 것인가의 문제와 민주평화론을 뒷
받침해 줄 만큼 통계적으로 신빙성있는 전쟁사례의 수가 확보될 수 있는가
하는 문제가 민주평화론에 내재하는 커다란 두 가지의 모호성으로 지적받
아 왔다.15) 동아시아에서의 서구식 민주주의의 확산과 이 지역의 평화와의
상관관계는 그다지 높지 않을 것으로 판단된다. 유럽에서도 나토의 확대를
통한 서구식 민주주의의 확산에 모든 세력이 찬동하였던 것은 아니다. 러
시아의 민주세력들은 러시아내부의 민주주의를 오히려 위축시킬 수 있다는
판단하에 나토의 확대를 반대했던 것으로 알려진다.16)

3. 자유주의적 제도론

자유주의적 제도론은 국제기구(international institutions)들이 존재할 수
있는 제도론적 환경을 명확히 지적하고 있다. 현실주의자들의 지적과 같이
국가들이 자국의 이익을 극대화하는 것에만 혈안이 되어 있는 경우 국제협
력의 가능성은 줄어들고 동시에 국제기구들의 유효성은 보장받지 못하게
될 것이다. 물론 그 태동조차 어려울 것이란 점을 인정하고 있는 것이다.
국가들은 자신들의 이해관계가 신장될 수 있을 때에만 국제협력을 모색하
고 국제기구의 형성을 도모하며 바로 이때가 자유주의적 제도론의 적용이
가능한 환경이라는 것이다.17)

동아시아지역의 안보적 불안정의 원인 중 하나로 지적되어온 것이 바로

---

14) Layne(1994), p.48.

15) Spiro(1994), pp.50-86; Owen(1994), pp.87-88.

16) Michael C. Williams & Iver B. Neumann, "From Alliance to Security Com-
munity: NATO, Russia, and the Power of Identity," *Millennium,* Vol.29, No.2
(2000), pp.359-360.

17) Robert O. Keohane & Lisa L. Martin, "The Promise of Institutionalist Theory,"
Inernational Security, Vol.20, No.1(Summer 1995), pp.41-42.

낮은 국제기구의 분포(low density)이다. 다시 말하면 다른 지역에 비해 국제적 분쟁을 다자적 협의에 의해 해결하기 위한 제도적 장치가 결여되어 있음을 의미하는 것이다. 사실 동아시아에서 안보문제를 취급하는 국제기구의 수가 유럽지역에 비해 적은 것은 사실이다. 지극히 위험하다는 평가를 받는 안보환경에 처해 있음에도 불구하고 중국과 일본이 모두 참여하는 다자안보협의체가 이 지역에는 존재하지 않는다. 또한 국제분쟁을 500명 이상의 사상자를 동반하는 국가 간 무력충돌로 정의할 때 동북아에서는 1953년 한국전쟁이래 단 한 차례도 국제분쟁이 발생하지 않았다는 사실 또한 흥미롭다.

신자유주의자들은 동북아지역의 낮은 국제기구 밀도를 오히려 다자간 안보협력체를 탄생시키는 데 긍정적인 신호로 평가한다. 신현실주의자들의 주장과는 사뭇 거리가 있다.[18] 동북아시아지역에서는 다자간 안보협력을 위한 공동체적 경험이 유럽지역에 비해 현저히 부족한 것이 사실이다. 다자간 안보레짐이나 국제기구가 결성되지 못했던 것은 안보문제에 관한 한 공동체의 전통이 결여되어 있었기 때문이었다. 지역적인 안보공동체를 형성하기에는 일본의 지배를 받았다는 역사적인 장애가 존재한다. 특히 한국이나 중국 등과 같은 국가들의 반일감정은 다자간 안보메커니즘으로 지역 안보문제를 해결한 유럽의 경험이 동북아에서 재현되는 데 커다란 장애로 작용하고 있다.[19]

동북아시아지역에서는 단지 회의수준에 머무르고 있는 ARF(ASEAN Regional Forum)와 CSCAP(Council for Security Cooperation in the Asia-Pacific)이 명맥을 유지하고 있을 뿐이다. 이 역시 동남아시아지역마저 포함하고 있어 가장 불안정하다는 동북아시아지역에 국한되는 안보협력체는 존재하

---

18) Miles Kahler, "Institution-Building in the Pacific," Mack and Ravenhill (eds), *Pacific Cooperation: Building Economic and Security Regimes in the Asia-Pacific Region* (Boulder: Westview Press, 1995), p.26.

19) John Gerard Ruggie, *Winning the Peace: America and World Order in the New Era* (New York: Columbia University Press, 1996), p.105.

지 않는 셈이다. 다만 한·미·일 간의 TCOG(Trilateral Coordination & Oversight Group)이라는 연례안보협의체가 존재하여 미일 및 한미 동맹의 구심점 역할을 하고 있다.

동북아시아에 있어 신자유주의자들의 주장은 대체로 안보공동체로 향하는 과정적 개념인 안보관리(security governance)에 대한 논의로 그 구심점을 이루고 있다. 안보관리란 국제기구, 제도 및 연례안보협의 등을 통해 국가들의 이해관계를 수렴해 나가는 과정을 의미한다. 신자유주의자들은 초보적인 국가들 간의 안보협력과정을 통해 일단 안보관리체를 발전시킬 수 있다면 궁극적인 안보관리의 형태로서 안보공동체를 형성하는 일이 가능하다고 지적한다.

그럼에도 불구하고 이러한 지적을 서구중심적 사고에서 파생된 편향으로 간주할 수 있는 것은 국제기구의 분포도가 높다고 해서 그 지역이 반드시 안전하다는 것을 의미하는 것은 아니기 때문이다. 유럽지역에 안보문제를 협의하기 위한 많은 국제기구들이 존재해 왔음에도 불구하고 탈냉전 이후 분쟁이 끊이지 않는 사실만으로도 국제기구의 수와 평화가 비례하지 않는다는 사실이 뒷받침된다고 볼 수 있다.

집합적 정체성의 결여 역시 불안정을 판가름짓는 토대가 되기에는 부적합하다. 구성주의자들의 논의처럼 나토의 확대가 집합적 정체성의 역할로 보다 수월하게 이뤄졌다는 점에 대해서 의견이 분분하기 때문이다. 특히 냉전시기부터 나토를 구성하고 있던 국가들이 나토의 확대에 맹렬히 반대했었다는 연구결과도 제시되고 있다.[20] 그렇다면 집합적 정체성이 국가 간의 협력을 유도한다는 구성주의자들의 주장 역시 과대평가된 측면을 부정할 수 없다. 오히려 나토의 확대가 구성국가들 간의 전략적 및 지정학적 이해관계가 맞물려 성사될 수 있었다거나 혹은 미국의 지도적 역할때문이었다는 분석이 설득력을 갖추고 있다고 분석되기도 한다. 따라서 동아시아 지역에서 집합적 정체성의 결여가 반드시 불안정으로 직결되는 것은 논리

---

20) Williams and Neumann(2000), pp.359-360.

의 비약일 수 있다.

한편 4자회담의 실패는 신자유주의적 제도론을 둘러싸고 전개되고 있는 공동의 규범과 국가이익 간의 논쟁과 깊게 연관되어 있다. 신자유주의적 제도론자들은 특정국가들이 규범과 규칙, 정책결정과정 등을 공유할 때 비로소 제도가 탄생된다고 주장하고 있다. 이 관점에 의하면 4자회담의 실패는 남북한 및 미국, 중국 간에 공유되는 규범이 없었다는 점에서 비롯된다고 볼 수도 있다. 그러나 현실주의이론들, 특히 방어적 현실주의(defensive realism)나 일반주의적 현실주의(generalist realism)는 국제제도가 규범보다는 국가 간의 이해관계에 의해 형성된다고 지적하면서 국제제도란 결국 국가들이 필요로 할 경우에만 형성된다고 주장하고 있다.[21]

4자회담의 실패는 북한과 중국이 회담참여에 적극성을 띠지 않은 때문이다. 4자회담은 북한이 회담의 내용과 현실성에 대한 의문을 제기하면서 순탄히 출발치 못했다. 제주도에서 4자회담 제의가 있은 후 약 10개월 동안 한국과 미국은 북한에게 세 차례에 걸친 설명회를 통해 4자회담 개최를 종용해야 했기 때문이다. 이 과정에 중국은 전혀 참여하지 않았다. 3자 공동설명회가 개최된 이후에도 본회담 개최까지 세 차례의 예비회담을 더 거쳐야 했다.

일단 본회담 개최가 가시화된 이 단계부터는 중국이 참여하기 시작했다. 첫 본회담은 4자회담이 제의된 지 1년 7개월이 다 되어서야 개최될 수 있었지만 1999년 8월까지 모두 여섯 차례의 본회담에서 합의된 것이라곤 2개의 분과위원회 설치에 대한 것뿐이었다.

"4자는 최근 한반도 주변정세에 비추어 한반도 긴장완화의 중요성과 시급성에 대해 인식을 같이 하였다. 4자는 회담과정의 진전을 촉진할 것을 희망하였

---

21) Robert Jervis, "Realism, Neoliberalism, and Cooperation: Understanding the Debate," *International Security,* Vol.24, No.1(June 1, 1999), p.54; Richard Rosecrance, "Has Realism Become Cost-Benefit Analysis?: A Review Essay," *International Security,* Vol.26, No.2(September 1, 2001), pp.132-154.

다. 평화체제분과위 회의에서 4자는 자신들의 구상을 제시하였다. 이러한 논의의 과정은 4자가 평화체제 구축과 관련한 서로의 입장에 대한 상호이해를 증진시키는 데 기여하였다."[22]

마지막 본회담이 남긴 공동발표문은 결국 4자회담의 개최목적을 되풀이하고 있는 듯한 느낌마저 주었다. 4자회담을 둘러싼 북한과 중국의 손익계산은 4자회담이 뚜렷한 성과없이 사장된 이유를 설명해 주고 있다. 일단 북한에게 있어서 4자회담이란 미국과의 협상채널을 유지하기 위한 부수적 존재에 불과했다. 4자회담과 북미 간의 미사일회담은 항상 맞물려 진행되는 인상을 짙게 풍겼다. 중국에게 있어서도 4자회담은 미국의 영향력이 제도적으로 북한지역에 확산되는 매개체였으며 중국의 북한에 대한 전통적인 영향력을 잠식하는 제도적 장치에 불과했다. 결국 김대중 정부에 들어서면서 4자회담이라는 제도주의적 접근보다는 양자간 대화를 통해 남북한 관계를 풀어나가려는 자세로 입장이 전환되고 말았다.

평화를 구축해 나가는 데에 있어서 가장 주요한 결정요소는 역시 국가목표라고 현실주의자들은 주장한다. 1차 대전 이후 정책결정자들의 가장 커다란 오류는 국제기구를 통해 평화를 모색하려는 발상이었다고 지적하기도 한다.[23] 동북아지역에 존재하는 국제기구나 제도의 수가 유럽지역에 비해 적은 것은 사실이다. 더구나 일본과 중국이 모두 참여하는 안보기구는 존재하지도 않는다. 그렇다고 해서 동북아지역을 안보적으로 불안하다고 평가하는 것은 부적절하다. 양적으로 많은 국제기구와 제도들에도 불구하고 사상자 1천 명 이상의 분쟁 발생빈도는 동북아보다 유럽지역이 높기 때문이다. 한국전쟁 이후 동북아에서는 사상자 1천 명 이상의 분쟁이 단 한 건도 발생하지 않았다.

4자회담의 실패요인은 참여국가들의 국가이익을 수렴하기에는 '한미 vs. 북중'의 대결구도가 부적절했다는 점에서 찾아야 한다. 한국전쟁의 당

---

22) "공동언론발표문," 1999년 8월 9일, 제네바.
23) Jervis(1999), p.50.

사국들이기는 하지만 엄연히 현재 한반도를 둘러싼 세력균형의 두 축을 의미하기도 하는 이 구도하에서 이해관계를 수렴시켜나갈 과정을 모색한다는 것 자체가 무리였다. 북한에게는 체제의 유지와 국제환경의 현상유지가, 미국에게는 북한을 국제사회의 한 구성원으로 포용하는 것에, 중국은 핵협상 과정에서 확대된 미국의 북한에 대한 영향력을 제어하는 것에, 그리고 한국은 남북한관계의 주도권 확보에 주안점을 두고 있었다. 4자회담의 테두리 안에서 이들 목표들을 수렴한다는 것은 현실적으로 불가능한 과제였다.

4자회담은 또한 국제제도가 결국은 강대국의 이해를 추구하기 위한 수단에 불과하며 일단 제도가 형성되고 나면 비강대국들은 이해의 추구보다는 손해의 방지차원에서 제도에 가입할 수 바 없다는 주장과도 무관하지 않다.[24] 중국이나 북한의 입장에서 4자회담은 미국의 동북아지역에 대한 영향력을 제도화해 주는 수단에 불과한 것으로 인식될 수 있었고 이 같은 인식은 바로 4자회담의 실패요인의 한 동인으로 풀이될 수 있을 것이다.

4자회담은 또한 안보분야에서의 제도주의적 협력의 모색이 경제분야에 비해 성취될 가능성이 낮다는 사실을 보여준 사례로서 또 다른 의미를 내포하고 있다. 신현실주의와 신자유주의가 첨예하게 견해차이를 보였던 부분 중 하나이기도 하다. 4자회담은 한국전쟁을 공식적으로 종식시킴과 동시에 한반도에서의 평화를 구축한다는 것을 목표로 하고 있었으므로 분명 안보문제에 대한 제도적 접근이었다. 같은 한반도를 배경으로 하고 있지만 북한에 대한 경수로제공을 목표로 하고 있는 한반도 에너지개발기구(KEDO)가 비교적 성공적으로 운영되고 있는 점과 대비되는 대목이기도 하다.

---

24) G. John Ikenberry, *After Victory: Institutions, Strategic Restraint, and the Rebuilding of Order after Major Wars* (Princeton: Princeton University Press, 2001), p.57.

II. 신현실주의 이론의 편향과 중국위협론의 비판

동아시아지역이 안보적으로 불안정하다는 지적의 가장 커다란 근거는 바로 중국의 부상이다. 중국의 부상은 현실주의적 분석과 맞물려 중국이 미국에 도전할 것이라는 결론으로 귀결되기 시작했으며 중국의 현 체제에 대한 불만이 미국에 대한 도전의 가장 커다란 이유로 지적되었다. 이 같은 중국위협론은 그 가정에서부터 논리적 취약성과 편향성을 안고 있다.

중국의 부상이라는 가정은 동아시아의 군사, 경제적 현실을 반영한 것이라기보다는 탈냉전을 맞아 중국과 미국 간의 전략적 동반관계의 이완에서 기인하는 바 크다고 할 수 있다. 소련의 붕괴로 더이상 공산권의 팽창을 억제할 필요가 없어졌고 자연 그를 위한 중국과의 동반자관계의 필요성 역시 감소될 수밖에 없었을 것이다. 특히 미국을 세계경찰국가의 지위에 올려놓은 레이건-부시 두 공화당 행정부의 절정기에 찾아온 소련의 붕괴는 새로운 적을 찾아 세계경찰로서의 지위를 유지해야만 하는 과제를 미국에게 안겨다 준 결과를 초래했다. 그 결과 미국은 동아시아의 지역구도와 전 세계적 차원에서 국제관계의 혼돈을 안게 되었으며 중국을 떠오르는 도전자로, 다시 미국을 이를 방어해야만 하는 패권국(defending hegemon)으로 규정하는 우를 범하게 되는 것이다.

중국은 전 세계적 차원에서는 경제력의 성장과 더불어 떠오르는 세력임에는 틀림없겠지만 이미 동아시아지역에서는 수천 년간 확고부동한 지역세력으로 자리매김해 왔다. 이는 동아시아라는 무대에서 미국은 패권국가라기 보다는 중국과 세력균형을 이루고 있는 하나의 기둥임을 의미하는 것이다.[25] 중국의 이 같은 지위는 19세기 말 서세동점의 위기 앞에서 서구제국주의의 공격을 받았었으며 2차 대전 중에는 일본에 의해 도전받은 바 있었지만 이미 1950년 한국전쟁기간 중 인천상륙에 성공한 미국의 한반도 북부

---

25) Robert S. Ross, "The Geography of the Peace: East Asia in the Twenty-first Century," *International Security,* Vol.23, No.4(Spring 1999), p.83.

진출을 억제함으로써 다시 그 영향력을 회복했다고 해석할 수 있다.

뿐만 아니라 군사능력에 치중한 추론은 부상하는 국가와 그 국가의 패권욕을 연결하는 설득력있는 고리를 제시하는 데 실패했다. 중국의 도전을 기정사실화함으로써 중국의 의도에 대한 분석이 결여된 가정을 만들어낸 것이다. 능력(capability)과 의도(intention)는 신현실주의와 신자유주의 간의 이론적 논쟁이 교차하는 한 부분으로 이 같은 논쟁이 충분히 반영되지 않은 중국의 위협이라는 가정은 그 개연성이 반감될 수밖에 없다.

더구나 중국의 테크노크래트 지도층이 비교우위의 이득을 위해 미국에 도전하는 위험을 부담할 것으로는 보이지 않는다. 지도자들은 현상태에서 추가적인 이득을 위해서는 위험부담을 꺼리지만 손실을 피하기 위해서는 위험부담을 불사하는 경향이 있기 때문이다.[26] 미국에 도전해서 중국이 동아시아지역에서 유일한 패권국가로 등장할 수 있다면 그것은 추가적인 이득이 될 것이고 중국의 안보가 침해당한다면 손실로 인식되어질 것이다.

다시 말하면 중국이 의도적인 도전으로 추가적인 이득을 추구하기보다는 중국의 안보에 위해요소가 등장했을 때 그에 대한 대응적 차원에서의 군사행동은 예견될 수 있다는 의미이다. 그렇다면 중국의 부상과 중국의 도전을 연장선상에 올려둔 가정은 이 양자 사이의 설득력있는 논리적 고리가 마련되지 않는 한 성립될 수 없다.

전반적으로 중국의 위협신드롬에는 몇 가지 편향이 내포되어 있다. 먼저 동아시아를 서구중심의 국제질서에 포함시키는 과정에서 이미 국제질서틀 안에 포함되어 있던 국가들이 기존질서가 불안정해질 것이라는 인식이 반영된 것으로 풀이해 볼 수 있다. 국제질서는 몇 차례의 변환을 거듭해 왔다. 먼저 베스트팔리아체제가 등장함으로써 유럽중심의 국제질서가 성립되었다. 그후 2차 대전이 끝나자 미국이라는 비유럽세력이 등장함으로써 베스트팔리아체제가 얄타체제로 변환되었다. 1990년에 이르러서 미국은 집

---

26) Paul A. Kowert and Margaret G. Hermann, "Who Takes Risks? Daring and Caution in Foreign Policy Making," *Journal of Conflict Resolution,* Vol.41, No.5 (October 1997), pp.611-637.

합적 정체성을 도모해 가는 과정을 통해 혹은 유럽지역국가들의 이해관계를 조화시켜나가는 과정을 통해 나토를 지역안보공동체로 변환시키는 데 성공하게 된다.[27]

서구국가들은 이제 중국이라는 이질적인 존재의 부상과 더불어 국제질서는 또 한 차례의 변혁을 앞두고 있다고 인식하는 것이다. 중국의 부상과 더불어 경이적인 경제적 번영을 이룩한 아시아지역에서 지역주의마저 부각되는 현상은 워싱턴의 정책결정자들에게 또 하나의 장주기(long cycle)가 시작되는 듯한 인식을 심어주었을 것으로 분석된다.

두 번째로는 중국위협이라는 신드롬은 국내정치와 경제에 대한 미국의 염려에 기인한 것이기도 하다. 위협에 대한 인식은 국내정치와 경제상황에 의해 형성된 의도된 편향(motivated biases)에 의해 영향을 받는다. 클린턴 행정부와 부시 행정부 사이에 존재하는 중국의 위협에 대한 인식의 차이 역시 이 같은 측면을 반영하고 있는 것이다. 인식의 차이는 결국 서로 다른 정책을 채택하게 한다. 국가이익이란 자신이 인지한 위협과 그 위협을 극복하기 위해 선택한 수단의 정치적 결과를 책임져야 할 개인에 의해 선택되기 때문이다. 개인의 인지가 다를 경우 선택 역시 달라진다는 것이다.[28]

미국에게 중국위협이라는 신드롬을 초래한 세 번째 편향은 중국의 지역패권하에 등장할 새로운 지역질서는 결국 미국의 국익에 손실을 입히게 될 것이라는 계산이다. 미국의 국익손실을 지역불안정으로 직결시키는 것은 또 하나의 모순이 아닐 수 없다. 2차 대전이 발발하기 전 일본의 부상을 미국은 지역불안정으로 간주하지 않았었다. 미국의 국익이 침해되지 않았기 때문이다.

---

27) Frank Schimmelfennig, "NATO Enlargement: A Constructivist Explanation," *Security Studies,* Vol.8, No.2/3(Winter 1998/99-Spring 1999), pp.198-234.

28) Benjamin Fordham, "The Politics of Threat Perception and the Use of Force: A Political Economy Model of U.S. Uses of Force, 1949-1994," *International Studies Quarterly,* Vol.42, No.3(1998), pp.583-585.

"(미국)은 일본의 한국진출을 반대하지 않았다. 러시아와 영국의 군사력이 동아시아에서 물러난 뒤에도 미국은 일본의 중국 심지어는 인도차이나로의 진출과 그로 인한 대륙세력에 대한 침해를 군사대응이 필요한 사안으로 간주하지 않았던 것이다. 미국이 일본에 대해 해상봉쇄를 실시하고 무력대응을 고려하기 시작한 시점은 일본의 진출이 인도차이나에서 멈추지 않고 계속 확대됨으로 인해 이 지역의 해양세력인 영국령과 네덜란드령까지 미치게 된 이후였다."[29]

역사적 사실들에 비추어 볼 때 이 지역에서의 주요 군사분쟁의 발단은 중국이라기보다는 일본이었다. 이 같은 지역의 역사나 경제사회적 그리고 문화적 요소들을 반영하지 않은 정책은 성공적인 정책으로 귀결되기 힘들다.[30] 실제로 동아시아에서는 주요 지역분쟁이 대부분 일본에 의해 시작되었다. 16세기에는 도요토미 히데요시가 중국의 명을 정복하기 위해 한반도를 침략했었으며 19세기에는 제국주의 일본이 한반도를 사이에 두고 청과 무력분쟁을 야기했으며 2차 대전 중에는 중국과 인도차이나에까지 일본의 군사력이 미치게 되었었다.

통계적 방법을 동원한 한 연구는 한 차례 분쟁을 야기시켰던 전례가 있는 국가가 그 다음 분쟁 역시 촉발시킬 가능성이 높다고 지적하고 있다.[31] 이 연구결과를 받아들인다면 동아시아의 불안정은 중국이기보다는 일본에 의해 초래될 가능성이 높다. 고이즈미 수상의 신사참배에서 엿볼 수 있듯이 평화헌법에 대한 일본인들의 자세나 군사력의 해외사용을 자제한다는 스스로의 규범이 사라지고 있는 현상은 일본 역시 중국과 함께 지역패권국으로 부상할 잠재력을 공유하고 있음을 의미하는 것으로 풀이할 수 있다. 미일동맹이라는 굴레를 벗어난 일본이 중국과 함께 지역패권을 추구하게 될 가능성도 배제할 수 없을 것이다.[32]

---

29) Ross(1999), p.101.

30) Freedman(1998), p.57.

31) Joseph M. Grieco, "Repetitive Military Challenges and Recurrent International Conflicts, 1918-1994," *International Studies Quarterly,* Vol.45, No.2(2001), pp. 295-316.

뿐만 아니라 국제관계에서 경쟁자를 규정하게 되는 과정이 결국 하나의 역사적 과정에 의해 지배된다고 볼 경우33) 일본에 대한 지역국가들의 경계의식은 좀처럼 삭지 않을 것으로 보인다. 현재의 정책은 과거의 관계로부터 파생되며 일정기간 정형화된 적대심이 내재되어 있을 경우 그 경쟁심은 다른 형태에서는 발견되지 않는 특수한 경쟁심을 유발시킬 수 있기 때문이라는 것이다.

중국위협론을 조장한 또 한 가지는 미국이 동아시아에서 효율적으로 군사개입을 할 수 있을 것인가의 의구심에서 기인했다고 볼 수 있다. 탈냉전기에 접어들면서 미국은 레이건 행정부시절 중남미에 대한 단독파병이 초래한 정치적 부담을 피하고자 하는 모습이 역력히 나타났다. 미국이 주도한 걸프전은 그 주체가 미국 단독이 아닌 다국적군이었다. 소말리아나 보스니아에 대한 군사개입 필요성이 대두되었을 때에도 미국은 유엔 평화유지군의 활동을 선호했다. 코소보 지역에 대한 군사개입은 나토의 깃발아래 수행되었다. 그만큼 단독군사개입이 초래하는 국제법적 부담을 회피하고자 했던 것이다.

그런데 중국의 부상으로 인해 중국을 군사적으로 제어할 필요성이 대두되었을 때 과연 미국이 다국적군의 일원으로 동원할 수 있는 주변국가가 있을 것인가. 미국과 동맹관계에 있고 신안보협력지침에 의해 미국에 군사적 지원을 제공해 주도록 법제화되어 있는 일본의 경우에도 중국에 대한 미국의 군사작전에는 입장을 달리 할 수 있을 것이다. 중국과 일본 간의 분쟁으로 연계될 위험이 도사리고 있기 때문이다. 사정은 조금 다르지만 한국 역시 미국의 중국에 대한 군사작전에는 신중을 기할 수밖에 없다. 그렇다고 동남아시아의 중국접경국가들을 모두 참전시키는 것도 현실적으로

---

32) Thomas J. Christensen, "China, the U.S.-Japan Alliance, and the Security Dilemma in East Asia," *International Security,* Vol.23, No.4(Spring 1999), pp. 49-50.

33) William R. Thompson, "Identifying Rivals and Rivalries in World Politics," *International Studies Quarterly,* Vol.45, No.4(December 2001), pp.557-558.

불가능한 대안이 된다. 그렇다면 중국을 제어하기 위해서는 미국은 단독군사개입이라는 위험을 부담할 수밖에 없다. 따라서 중국의 부상이 더더욱 미국에게는 위협적으로 인식될 수밖에 없는 것이다.

시각에 따라서 동북아 불안정의 근원은 중국이라기 보다 미국제일주의 혹은 일자주의(unilateralism)를 추구하는 미국일 수도 있다. 테러와의 전쟁은 부시 행정부 초기의 "거만했던 일자주의적 외교정책노선"[34]을 빌헬름 스타일의 일자주의[35]로 탈바꿈해 주는 계기를 마련해 주었다. 전자가 미국적 가치와 이해를 전 세계적 차원에서 도모하는 것이었다면 후자는 더 나아가 미국의 이해를 보호하고 미국의 안보를 방어하며 이를 위해 궁극적으로 문제가 있다고 판단되는 국가들의 체제를 바꾸어놓는 것까지 목표로 하고 있다는 차이가 있다. 부시 대통령의 연두교서에서 북한을 '악의 축'으로 지적한 것이 동북아 국가들의 커다란 반발을 불러일으키고 있는 것도 바로 이 같은 맥락에서이다.

마치 20세기 초반 영국의 에드워드 시대를 연상케 한다는 지적도 흥미롭다. 민주국가였던 영국이 권위주의국가였던 빌헬름 II세의 독일과 경합하던 시대를 작금의 동북아 정세에 비교한 이 연구[36]는 중국이라기 보다 오히려 미국이 빌헬름 시대의 독일과 견줄 수 있다고 지적했다. 이 같은 연구결과를 100% 받아들이지 않는다 해도 결국 중국위협론은 시각에 따라 달리 인식될 수 있는, 즉 현실의 반영이라기 보다는 편향된 인식의 결과라고 결론 지을 수 있다.

---

34) Joseph Nye, "Seven Tests: Between Concert and Unilateralism," *The National Interest,* No.66(Winter 2001/2002), p.8.

35) Lanxin Xiang, "Washington's Misguided China Policy," *Survival,* Vol.43, No.3 (Autumn 2001), p.10.

36) Xiang(2001). 이에 대한 반론으로서 David Shambaugh, "China or America: Which is the Revisionist Power?" *Survival,* Vol.43, No.3(Autumn 2001), pp.25-30을 참조할 것.

III. 구성주의 이론적용의 제한성: 공동의 정체성 형성과 국내정치적 요소

　구성주의 이론이 동북아시아 안보질서의 구축에 적용되는 데에 가장 커다란 걸림돌은 공동의 정체성을 이 지역에서 과연 형성할 수 있을 것인가의 문제로 귀결된다. 구성주의 논리의 흐름이 동북아 안보질서구축논의에 적용되는 데에는 나름대로의 제한성이 내재되어 있다. 문명 간의 '초간주관성(supra-intersubjectivity)'[37] 에 대한 논의를 통해 서로 다른 문명 간의 공통된 고리를 모색하고자 하는 논의가 진행되고 있기는 하지만 분명한 것은 유럽에서의 나토의 확대와 동북아시아에서의 공동 정체성의 모색은 분명 그 성격이 다르다는 것이다. 결국 구성주의는 문화 혹은 문명이 내포하는 특수성을 제대로 반영하지 않았다는 논리적 비판에 직면해 있다.[38]

　동북아지역에 내재하는 종교적, 문화적 이질성 등을 감안한다면 유럽에서의 나토의 확장이 그대로 동북아시아에 적용되기는 무리다. 유럽문화의 다양성을 도외시하자는 의미는 아니지만 동북아 안보가 각기 다른 문명권에 속하는 국가들이 주도하고 점만큼은 틀림없는 사실이다. 헌팅턴의 문명충돌론도 한 예가 되겠지만 중국과 일본은 분명 각기 다른 문명권을 구축하고 있다. 여기에 서구문명을 대표하는 미국이 어우러져 동북아 안보구도를 형성하고 있어 나토의 확대과정에서 형성된 공동의 정체성이 과연 동북아에서도 가능할 것인지에 대한 의구심을 불러일으킨다.

　구성주의란 결국 서구문명이라는 실험적 무대를 배경으로 하고 있어 이질적 문명 간에 적용될 경우 설명력의 한계를 표출할 가능성이 높다. 구성주의가 보다 보편화된 이론으로 자리잡기 위해서는 서구문명과 비서구문명, 또는 이질적인 비서구문명 간의 관계에도 적용될 수 있음을 입증하여야

---

37) Robert Cox, "Multilateralism and World Order," *Review of International Studies,* Vol.18(1992), p.180; 신욱희, "구성주의 국제정치이론의 의미와 한계," 『한국정치학회보』 32집 2호(1998), p.160에서 재인용.

38) 신욱희(1998), p.159.

할 것이다.

또한 공동의 정체성을 형성하는 과정에서 과연 역사적 경험의 걸림돌을 어떻게 극복할 수 있을 것인가에 대한 논의 역시 필요하다. 유럽은 엇갈린 동맹관계를 거듭하는 과정을 거쳤다. 어제의 적이 오늘의 동맹파트너가 되고 오늘의 동맹파트너는 내일의 적이 되는 과정이 반복된 역사적 경험을 공유하고 있다. 그러나 동북아에서의 분쟁사는 대륙세력과 해양세력, 중국과 일본의 대결로 점철되어 왔다. 단 한 차례도 중국과 일본이 연합하거나 동맹을 체결한 상태에서 분쟁이 발생한 경우는 없다. 과거의 경험이 현재의 정책결정과정에 미치는 영향에 대한 수많은 연구결과를 언급하지 않더라도 공동의 정체성을 형성해 나가는 과정은 이 같은 역사적 경험의 걸림돌을 극복하지 않고서는 불가능하다.

역사적 경험과 함께 또 하나의 걸림돌로 등장하는 것은 민주주의 경험이 서구에 비해 짧다는 점이다. 동아시아형 경제개발모델이라는 용어를 탄생시킬 만큼 정부주도적 경제개발을 진행해 온 이 지역 국가들에게 민주주의의 가치가 서구에서의 그것과 같지 않음은 이미 논의한 바 있다. 특히 나토의 경우와 같이 회원국 가입의 가장 중요한 기준이 민주주의와 관련된 것이라면 동북아에 대한 구성주의의 적용은 더욱 요원한 일이 될 수밖에 없다. 해양세력과 대륙세력으로 이분되어온 동북아의 역학관계를 고려했을 때 중국이 배제된 동북아의 나토는 유럽에서의 러시아의 배제와는 달리 세력균형의 한 축을 구성할 뿐이기 때문이다.

국제관계연구에서 통계적 방법론과 사례연구 외에도 역사적 연구나 국내정치에 대한 고려의 중요성이 점차 증대하고 있는 추세[39]는 동북아 안보구도논의에 대한 동아시아적 가치의 반영과 무관하지 않다. 현재 국제정치의 연구에 있어서 '국제정치와 국내정치와의 연계'에 대한 논의는 가장 주목받는 화두 중 하나이다. 최근 개최된 미국 국제정치학회(ISA)의 뉴 올리

---

39) Bruce Bueno de Mesquita, "Domestic Politics and International Relations," *International Studies Quarterly,* Vol.46, No.1(March 2002), pp.1-9.

언즈(New Orleans)대회도 바로 이에 대한 논의를 대주제로 상정하고 있다. 국제관계에서 국내정치적 변수가 무시할 수 없는 변수로 인정받고 있는 작금의 연구추세를 반영하는 것이기도 하다.

동아시아의 안보구도에 대한 논의를 전개함에 있어서 서구국가들과 상이한 사회문화적 배경을 가진 이 지역 국가들의 국내정치에 대한 고려가 상대적으로 취약했던 것이 사실이다. 비록 국제관계 분석레벨에서 파생하는 변수들이 한 국가의 외교정책을 제한하는 측면이 있지만 이들 변수들은 다시 국내정치라는 매개변수에 의해 해석되어야 한다. 앞서 언급하였지만 경제평화론이나 민주평화론 등도 모두 국내정치체제와 연관되는 가설을 내포하고 있는 만큼 이들 가정이 동아시아에 적용되기 위해서는 역시 국내정치적 변수들에 대한 고려가 필요하다고 볼 수 있다.

동아시아국가들의 국내정치를 반영하지 않은 안보논의는 이들 국가들로부터 환영받지 못하는 안보질서를 강요하는 것과 마찬가지 결과를 초래하게 된다. 국제관계로부터 파생되는 변수만으로는 지역안보의 역동성을 파악할 수 없다. 내부자생적인, 즉 국내정치적인 변수가 매개되어야만 한다.

예를 들어 미국을 중심으로 한 군사동맹체제도 국내정치적인 변화로 말미암아 그 견고성에 치명적인 타격을 받을 수 있다. 특히 간헐적으로 발생하는 주일미군의 일본여성 성폭행 사건이나 미국과의 무역마찰로 인한 일본여론의 악화는 결국 미일동맹의 균열을 예고하는 것으로 해석해 볼 수 있을 것이다. 미일 신안보협력지침으로 인해 일본의 군사적 역할이 확대된 것도 이러한 연계선상에서 파악해 볼 수 있을 것이고 일본이 미사일방어체계(MD)에 참여할 경우 전수방어를 규정한 일본의 평화헌법 역시 개정되어야 할 실정이어서 미일동맹에 묶여있던 일본의 군사적 자율성은 점진적이나마 지속적으로 확대되고 있다.

또한 고이즈미 내각과 같은 보수정권의 출범, 자민당의 실각과 정권교체 등 일본의 국내정치적 변화라는 변수를 장기적 관점에서 고려해 볼 때 동아시아지역안보의 중추적 역할을 해 온 미일동맹이 과연 현재와 같은 유효한 역할을 지속할 수 있을 것인가에 대한 의문부호를 자아내게 한다. 이 역시 일본의 국내정치적 상황을 변수화한 결과임을 주목해야 할 것이다. 러시아에서도 옐친에서 푸틴에로의 정권교체라는 국내정치적 사안이 러시아의 대외정책을 변화시켜 동아시아 안보에 커다란 파장을 불러오고 있음 역시 국내정치적 변수에 대한 고려가 필수불가결함을 시사하고 있는 것이다.

한편 한국통일을 상정해 보면 구성주의 이론적용의 한계가 더욱 드러난다. 중국과 유교권이라는 정체성을 공유하게 될 경우 통일한국 국민들이 갖는 반미감정이 외교정책의 주요변수로 등장할 가능성도 있다. 유교권의 공통된 전통정서와 문화적 동질성으로 말미암아 중국으로부터의 안보적 위협이라는 명제는 현실주의적 이론들이 예견하는 바와는 달리 통일한국의 국민들에게 그다지 설득력있는 사안이 되지 못할 것이다. 한중수교 후 불과 10여 년의 기간이 남한시민들의 뇌리에서 50년 전 한국전쟁에 개입했던 인민의용군들의 기억을 녹여버릴 수 있었던 것은 문화적 및 역사적 동질성이라는 요소가 작용하였기 때문이다. 일본의 교과서문제에 대해 한국과 중국 사이에 존재하는 인식의 공유가 이 같은 측면을 단적으로 설명해 준다고도 볼 수 있다.

IV. 아시아적 가치가 반영된 동아시아 안보

아시아적 가치가 반영된 안보논의의 핵심은 대개 다음과 같이 요약될 수 있다. 먼저 군사적 신뢰구축에 앞서 비군사적 부분의 협력을 도모해 이를 군사적 협력으로 발전시켜 나가야 한다는 것과, 미국중심의 쌍무적 동맹관리에서 다자주의적 안보협력으로 전환돼야 한다는 것, 미국의 "퇴출"을 전제로 한 지역국가중심의 안보구도를 모색할 것, 끝으로 제도화된 안보협력보다는 아시아의 문화적 특수성에 부합하는 비공식적 협의와 합의를 통해 안보협력을 모색해야 한다는 것 등이다.[40]

앞서 언급한 바와 같이 이 같은 논의를 본격화한다는 것은 시기상조일 것이나 급변하는 국제정세를 고려한다면 이제 논의의 첫 단추를 끼워넣을 시기는 이미 우리 곁에 도달해 있는 것으로 보인다. 유일하게 냉전적 질서가 남아 있는 이 지역에서의 안보질서 구축은 결국 왜 이 지역만이 탈냉전이라는 세계적 추세의 한 모퉁이에 밀려나 있을 수밖에 없었던가에 대한 연구로 이어질 수 있을 것이고 그에 대한 해답을 동아시아적 가치에서 찾을 수 있을 것이란 기대에서 그 연계적 고리를 마련해 보고자 했던 것이다.

다만 몇 가지 덧붙이고자 하는 것이 있다. 동아시아적 가치의 추구가 갓 쓰고 도포 두르던 시대로 돌아가자는 얘기가 아니듯, 동북아 안보질서구축에 대한 논의에서 동아시아적 가치를 추구한다는 것이 전통적 화이관(華夷觀)에 입각한 중국중심의 국제질서로 돌아가자는 것을 의미하는 것은 아니다. 조공체제에 입각한 중국중심의 지역질서가 동북아 안보질서구축과 갖는 연관성은 그 시대로의 회귀라기보다는 조공체제의 운영원리가 현재의 동북아질서에 던져주는 이론적 의미에서 찾아볼 수 있을 것이다. 결국 동아시아적 가치를 추구한다는 것이 팔이 길고 품이 큰 남의 옷을 고치지 않고 그대로 입는 우를 범하지 말자는 함의를 담고 있기 때문이다.

또한 안보문제에서 동아시아적 가치를 논의한다는 것은 보수와 진보의 논쟁과도 무관하다. 최근 한 일간지와 정당학회가 공동주관한 정치인 성향조사에서는 외교정책에서 미국과 공동보조를 취해야 한다는 항목을 선택하면 보수, 미국의 영향력에서 탈피하여 다변화된 외교를 선호한다면 진보로 분류한 바 있다.[41]

이 글에서 중국위협론의 편향을 지적한 것은 분명 서구중심적 사고만으로 동북아 안보질서구축에 대한 논의를 진행하는 것에 대한 무리를 지적하고 있다. 이 기준을 적용한다면 다소 진보적 성향으로 인정받을 수도 있는 대목이다. 그러나 중국위협론에 대한 편향의 지적이 동북아 안보질서구축

---

40) 문정인·이정훈, "아태질서의 변화와 재조명: 신아시아론을 중심으로," 김달중·문정인·이석수, 『새천년 한반도 평화구축과 신지역질서론』(서울: 오름, 2000), p.262.
41) 『중앙일보』, 2001년 2월 1일자, 4면.

에서 미국 영향력의 배제와 그대로 연계되는 것 또한 아니다. 미국의 지도력을 중심으로 한 유럽식 합의제도라든가 중국과 미국이 공동참여하는 안보기구 등 다양한 형태의 대안이 나올 수 있을 것이다. 또한 민주평화론에 대한 반론에서 동아시아적 가치를 추구한다는 것은 인권이나 다른 기본권의 신장을 요구하는 진보론자들의 입장과는 다른 것이다.

동아시아형 경제모델, 동아시아형 민주주의는 분명 서구민주주의가 지향하는 것과는 다른 우선순위의 가치체계를 갖고 있고 국민의 기본권보다는 경제적 윤택권을 우선시하기 때문이다. 결국 동아시아가치를 추구한다는 것은 보수와 진보라는 유형구분으로는 담을 수 없는 보다 또 다른, 그리고 보다 넓은 차원의 논의가 된다.

제11강좌

대북정책과 국제관계이론

　4자회담과 햇볕정책은 각각 김영삼 정부와 김대중 정부의 대표적인 대북정책으로 자리매김할 수 있을 것이다. 김영삼 정부의 대북정책은 '냉탕과 온탕' 시비를 불러일으킬 만큼 잦은 정책선회를 거듭하다 1996년 4월 4자회담을 제의한 후 지속성을 유지했었고, 김대중 정부의 햇볕정책은 출범 이후 일관성있게 추진되어 왔기 때문이다.

　4자회담은 북한의 설명회 요구로 인해 처음부터 불안한 출발을 보였고 결국 1999년 8월, 제의된 지 3년 4개월 만에 6번째 본회담을 끝으로 더이상 개최되지 않고 있다. 6번째 본회담에서 채택된 발표문은 참가국들이 한반도 긴장완화의 중요성에 대해 의견을 같이 했다는 내용과 회담을 보다 신속히 진행할 것에 대한 의견일치를 주내용으로 담고 있다. 다시 말하면 3년 4개월의 과정동안 결국 회담개최의 취지를 재확인하는 선으로 돌아와 버린 것이다.

　햇볕정책도 2000년 6월 남북정상회담을 성사시켰고 그 어떤 정부의 대북정책보다 폭넓은 북한의 협력을 유도해 내는 데에는 성공했지만 '북한

퍼주기' 라는 비난을 항상 안을 수밖에 없었다. 김정일 답방, 이산가족 상봉 등 남북한 간 교류가 기대했던 수준에 못 미친다는 비난 역시 떠안을 수밖에 없었다.

이 글은 4자회담과 햇볕정책을 신자유주의와 구성주의에 내재된 제한성 측면에서의 비판적 고찰을 주내용으로 하고 있다. 4자회담은 나토(NATO)라는 군사동맹체가 헝가리, 체코, 폴란드 등 과거 바르샤바조약기구 회원국들을 받아들여 공동안보체로 거듭 태어나고 아시아에서도 APEC, ARF 등 다자주의적 접근에 대한 관심이 증대하던 국제시류 속에서, 한반도의 평화문제라는 안보문제를 다자적 틀 속에서 풀어나가려는 시도의 일환으로 풀이해 볼 수 있다. 한편 햇볕정책은 정치와 경제를 분리해 해결 가능한 문제부터 다뤄나간다는 취지하에 경제교류와 이산가족 상봉, 금강산 관광 등 사회문화교류에 중점을 두기 때문에 신자유주의적이면서도 구성주의적 요소가 발견된다.

대북정책을 국제관계이론적 측면에서 검토해 보는 작업은 정책효용성의 간접적 진단이라는 효과를 거둘 수 있게 해준다. 4자회담과 햇볕정책에 뚜렷이 발견되는 신자유주의 및 구성주의적 요소는 이들 이론에 내재하는 제한과 논리적 모순이 정책효용성에 영향을 미칠 수 있다는 사실을 시사하기 때문이다. 신자유주의, 보다 구체적으로 자유주의적 제도론 및 경제평화론 등은 적지않은 연구들에 의해 이론적 제약과 논리적 모순을 지적받아 왔다. 공교롭게도 이들 제약과 모순은 4자회담과 햇볕정책이 소기의 성과를 거두지 못한 원인에 대한 설명의 일단을 제공해 준다.

이 글에서는 우선 4자회담과 햇볕정책에서 발견되는 신자유주의적 및 구성주의적 요소를 고찰하고 나아가 이들 요소들에 내재된 이론적 제약성과 가정적 모순을 고찰해 봄으로써 이들 제약과 모순을 통해 4자회담과 햇볕정책이 안고 있는 정책적 제약성을 규명해 보고자 한다. 결론에 대신하여서는 국제관계이론논의의 일각에서 제기되고 있는 절충주의적 모색이 대북정책에 시사하는 바를 살펴보기로 한다.

I. 4자회담과 햇볕정책

90년대 중반 이후 김영삼 정부와 김대중 정부의 대북정책으로 추진되었던 4자회담과 햇볕정책에서는 한반도가 국제관계이론의 실험무대라는 인상을 줄 만큼 신자유주의적 색채가 뚜렷이 나타난다.

클린턴 당시 미 대통령과 김영삼 전 대통령이 1996년 4월 16일 제주에서 제의한 4자회담은 남한과 북한의 양자간 구도를 떠나 한국전의 당사국인 중국과 미국을 포함시켜 한반도 평화라는 안보문제를 4자회담이라는 다자적 틀안에서 해결하려 했던 시도였다. 동북아, 특히 한반도에서 영향력의 균형을 이루고 있는 두 나라를 포함시켰다는 점에서 현실주의적 요소도 가미되었다고 볼 수 있는 4자회담은 김영삼 정부가 '냉탕과 온탕을 오고간다'는 오명을 떨쳐버리고 남북한관계의 돌파구를 마련하기 위해 미국의 클린턴 행정부와 함께 추진한 역작이었다.

한편 김대중 대통령의 상징처럼 되어 버린 햇볕정책에서는 경제적 상호의존이 결국 민족공동체의 형성과 나아가 평화를 도모한다는 경제평화론과, 북한의 체제변화를 통해 한반도의 평화와 통일을 추구한다는 민주평화론적 요소, 그리고 이산가족 상봉, 남북철도연결 및 금강산관광 등 사회문화적 교류를 통해 민족공동체의 회복을 꾀하겠다는 다분히 구성주의적 요소가 발견된다.

먼저 4자회담은 한국전쟁의 당사국들인 남북한과 미국, 중국이 한국전쟁을 공식적으로 종결시킴으로써 한반도의 긴장을 완화하고 신뢰를 구축해야 한다는 공동의 인식을 바탕에 깔고 있었다. 이는 국제제도나 기구들이 생성되는 과정에 내재된 공동의 기대감들이 결국 구성국가들의 행위를 제한할 수 있는 제약을 일궈낸다는 신자유주의적 제도주의와 맥락을 같이하는 것으로 해석해 볼 수 있다. 4자회담이란 결국 남북한, 미국 및 중국의 4자가 모여 한반도의 평화를 제도적으로 보장해 주는 장치에 대한 합의를 일궈내는 데 목적을 두고 있었기 때문이다.

4자회담은 실질적인 논의를 위해 전체회의보다는 특별소위원회 내지는 분과위원회 중심의 협의를 통하여 한반도 평화 및 신뢰구축을 일궈나가기 위한 제도적 틀을 마련하는 데 주안하였다. 북한측 요구에 의해 4자회담에 대한 3자 공동설명회가 개최된 이후 예비회담을 거쳐 본회담에 이르자마자 우선 북경 특별소위원회의 개최가 합의되고 2차 본회담에서부터 6차 본회담에 이르기까지 2개의 분과위원회를 설치하는 안에 대한 논의, 설치합의 및 운영이 4자회담의 골자를 이뤄왔다고 해도 과언이 아니다. 이를 위해 2차 본회담(1998년 3월 16~21일, 제네바)에서 분과위원회 설치가 필요하다는 점에 대한 합의가 있었으며, 3차 본회담(1998년 10월 21~24일, 제네바)에서는 "분과위 설립 및 운영에 관한 각서"가 별도로 합의됨에 따라 4자간 실질적인 문제를 논의할 수 있는 제도적 틀을 확보하게 되었다. 4차 본회담(1999년 1월 18~22일, 제네바)에서부터 2개의 분과위원회가 실질적으로 가동되었다. 4자회담은 추첨에 의해 의장국의 순서를 정하고 회의장소가 일정하게 제네바에서 개최되었다는 점 등이 외형적 틀의 전부여서 본부기구나 상근인원을 갖춘 국제기구와는 외형상 다른, 국제제도에 보다 가까운 형태를 띠고 있었다고 볼 수 있다. 그러나 후에 논의하겠지만 4자회담은 한반도에서의 평화와 신뢰구축이라는 공동의 목표를 지향하고 있었을 뿐 그 목표를 위한 공동의 규범이나 원칙, 의사결정과정 등이 정형화되어 있지 못했다. 이러한 상황에서 추진된 나머지 결과적으로 제도주의적 접근의 핵심적 요소를 결여하고 있었고, 이는 4자회담이 실패한 이유와 직결되는 원인 중 하나로 작용하게 되었다.

임기초부터 북한에 대한 화해와 협력을 지속적으로 추진해 온 김대중 정부는 햇볕정책이라는 용어가 북한에 부정적인 이미지를 전해줄 것을 염려해 대북화해협력정책으로 바꿔 호칭해 왔다. 대북화해협력정책에는 두 가지의 운영원칙이 내포되어 있다. 그 중 하나가 유연한 이원주의원칙이다. 이 원칙은 남북한 간의 경제교류를 증진시키기 위한 것으로서 "선경제, 후정치," "선공후득"을 골자로 하고 있다(Moon 1999, 3). 이 정책은 과거 정부들이 추진해 온 정부차원의 정치우선접근방식과는 근본적인 차이를 내포하고 있다. 이 원칙에 따라 금강산 관광을 필두로 남북철도연결과 같은 국

〈표 1〉 4자회담 본회담일정 및 주요합의사항

	수석대표				의장국	주요합의사항
	남한측	미국측	중국측	북한측		
제1차 본회담 (97.12.9~10, 제네바)	이시영 주프랑스 대사	Stanley O. Roth 국무부 동아태 담당 차관보	당가선 외교부 부부장	김계관 외교부 부부장	미국	2차 본회담 시기 및 북경 특별소위원회 개최 합의
제2차 본회담 (98.3.16~21, 제네바)	송영식 차관보	Roth 국무부 동아태 차관보	진선 외교부 부장 조리	김계관 외교부 부부장	중국	분과위원회 설치가 필요하다는 데 합의 및 제3차 본회담 개최에 대한 원칙적인 합의
제3차 본회담 (98.10.21~24, 제네바)	박건우 4자회담 담당 대사	Kartman 한반도 평화회담 담당 대사	첸용녠 (錢永年) 대사	김계관 외무성 부상	한국	• 2개 분과위원회 설치원칙에 합의함으로써 앞으로 4자간 실질적인 문제에 대한 논의를 개시할 수 있는 틀이 확보 • 제4차본회담을 99.1.18~22간 제네바에서 개최키로 합의
제4차 본회담 (99.1.18~22, 제네바)	박건우 4자회담 담당 대사	Kartman 한반도 평화회담 담당 대사	첸용녠 (錢永年) 대사	김계관 외무성 부상	북한	분과위원회가 최초로 가동되고 분과위 운영절차에 대한 합의가 이루어져 한반도 평화체제 구축과 긴장완화를 위한 군사적 신뢰구축조치에 대해 실질적 논의가 이루어질 수 있는 절차적 토대가 마련되었다고 평가됨
제5차 본회담 (99.1.18~22, 제네바)	박건우 4자회담 담당 대사	Kartman 한반도 평화회담 담당 대사	첸용녠 (錢永年) 대사	김계관 외무성 부상	미국	• 제4차 본회담시까지의 절차적 합의를 바탕으로 2개 분과위를 개최하여 긴장완화 및 평화체제 구축 관련 실질 사안에 대한 논의 개시 • 제6차 본회담의 8월중 개최에 합의함으로써 한반도 평화체제를 논의하는 포럼으로서 4자회담의 사실상 정례화 개최 관행 축적

제6차 본회담 (99.8.5~9, 제네바)	박건우 4자회담 담당 대사	Kartman 한반도 평화회담 담당 대사	첸용녠 (錢永年) 대사	김계관 외무성 부상	중국	• 양 분과위를 개최, 한반도 긴장완화를 위한 조치 및 향후 한반도에 수립될 평화체제의 윤곽에 대해 보다 심도있는 의견 교환 • 4자회담의 정례적 개최의 중요성을 인식하여, 가급적 조속한 시일내에 차기회담을 준비키로 하고 4자실무그룹회의를 통해 7차회담일정을 정하기로 합의

출처: 외교통상부 4자회담개관

책사업으로부터 북한과의 합작투자 등을 유도하는 등 여러 형태의 대북경제지원이 추진되었다. 그 결과 1998년 2억 2,190만 달러였던 남북교역량은 2000년의 4억 2,510만 달러로, 2001년에는 4억 290만 달러로 확대되었다.

"선경제 후정치," "선공후득"의 원칙은 정치적 논의를 배제한 채 경제교류를 우선 추진하여 먼저 주고 나중에 얻는다는 뜻으로 교류의 첫 단계에서는 득보다는 실 위주의 경제지원정책을 추진하다가 남북한 간의 경제적 상호의존관계가 형성되면 점차 정치적 문제에 대한 논의에 있어서도 그 수위를 높여간다는 의미를 내포하고 있다.

국가 간의 교역이 상호 이해관계를 서로 연계시킴으로써 상호의존관계를 만들어 내고 나아가 무력사용을 억제하게 된다는 경제적 평화론과 맥락을 같이하는 대목이다. 일단 무역이 경제적인 이득을 창출하고 나아가 무력충돌이 이러한 경제적 이득에 장애가 될 수 있다는 기대를 만들어냄으로써 위험부담의지를 하향시킴과 동시에 전쟁수행 결정을 방지한다는 논리이다.[1] 오닐과 러셋은 경제적 상호의존이 "일반적으로 국가간 분쟁의 감소와

---

1) Katherine Barbieri and Jack S. Levy. "Sleeping with the Enemy: The Impact of War on Trade," *Journal of Peace Research* 36(4) (1999).

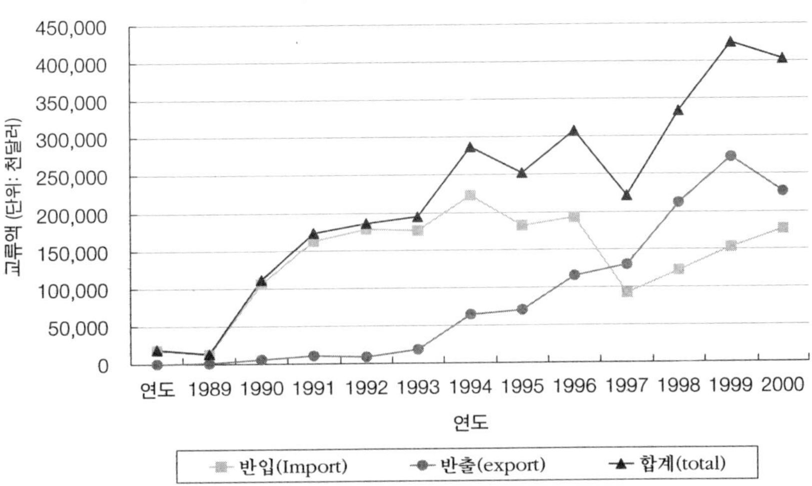

〈그림 1〉 남북교류액 추이

출처: 통일부 월간교류협력동향 각월호
　　　노정호·김용호, "대북화해협력정책과 북한의 변화에 대한 실증적 분석," 『한국과 국
　　　제정치』 제18권 3호(2002 가을)

연계" 되어 있다는 사실을 통계적으로 입증하고 있기도 하다.[2] 대북화해협
력정책 역시 남북한 간의 경협확대를 통해 무력분쟁의 가능성을 낮추려는
데에 목표를 두고 있다고 볼 수 있음은 김대중 정부에 의해 누차 강조된
바 있다. 특히 퍼주기 논쟁에 대해 북한에 대한 경제지원은 국방비에 비하면
그 규모가 작을 뿐 아니라 안보분담금의 성격을 띠고 있다는 논리는 경제교
류와 안보를 연계시킴으로써 경제평화론과 직결되는 부분이기도 하다.[3]

---

[2] John R. Oneal and Bruce Russet, "Assessing the Liberal Peace with Alternative Specifications: Trade Still Reduces Conflict," *Journal of Peace Research,* Vol.36, No.4(July 1999), p.439; John R. Oneal and Bruce Russet, "The Classical Liberals Were Right: Democracy, Interdependence, and Conflict, 1950-1985," *International Studies Quarterly,* Vol.41, No.1(June 1997), pp.267-294.

[3] 정세현, "통일부 장관 기조연설," 연세대학교 사회과학연구소주최 학술회의(2002년 6
월 14일).

햇볕정책의 또 하나의 성과는 이산가족의 상봉 등 사회문화적 교류증가에 현저한 실적을 남긴 것을 들 수 있다. 2000년 6월 남북정상회담 이후 선별적으로 실현된 이산가족상봉은 민족공동체의 회복을 향한 첫 걸음이었다. 김대중 대통령 재임 3년간 1,174건의 이산가족상봉이 실현되었다. 이는 1989년부터 1997년, 9년 동안 실현된 155건에 비하면 비약적인 발전이었다. 뿐만 아니라 같은 기간 서신교환건수가 4,407건인데 비해 김대중 대통령 재임 3년간의 교환건수만 3,130건에 달한다(통일부 인도지원국 제공자료). 남북한 간 직항로의 개설, 금강산관광, 남북한 철도연결과 같은 성과 역시 햇볕정책이 중점적으로 추진해 온 사안들로 사회문화적 교류의 증대에 초점을 두고 있었다.

구성주의 이론은 사회적 교류가 상대에 대한 부정적인 이미지를 '친구' 혹은 '우리'와 같은 긍정적인 이미지로 변형시키는 동기적, 인지적 과정을 동반한다고 지적한다.[4] 구성주의 이론은 특히 국가이익이 순전히 물질적 동기에 의해 결정된다는 가정을 거부한다. 국가이익을 물질적 동기보다는 반복된 교차행위의 결과로 형성되는 국가 정체성이 반영된 것으로 간주한다. 김대중 대통령이 이산가족 상봉과 같은 사회문화적 교류를 중시하는 것은 앞서 언급한 바와 같이 민족공동체의 회복, 구성주의적 관점에서 본다면 정체성의 회복이라는 목표를 염두에 두고 있는 것이다. 구성주의이론은 사회적 교류가 협력적 행위를 유발한다는 선을 넘어 보다 큰 의미를 내포하고 있다. 교류의 결과 형성되는 공동의 가치들이 상대방에 대한 긍정적인 정체성을 창출해 내고 나아가 공동체의 형성으로 연결된다는 것이다. 이산가족상봉 장면의 전국생중계가 '우리(we-ness)'라는 민족감정을 자극하여 남북한 간의 공통된 가치를 일궈내는 과정을 연출하는 것은 이 같은 측면을 반영하고 있는 것이다.

그러나 햇볕정책이나 4자회담은 남북한관계에서 획기적인 전환점을 마

---

4) Glenn Chafets, Michael Spirtas and Benjamin Frankel, "Introduction: Tracing the Influence of Identity on Foreign Policy," *Security Studies,* Vol.8, Issue 2&3 (Winter 1998), p.x.

련하겠다던 정책의 기조를 만족시키지는 못했다. 많은 기대에도 불구하고 남북정상회담과 그 이후의 관계개선 움직임은 끝내 남북한 간의 신뢰구축을 가시화하는 데 실패하고 말았다. 간헐적으로 개최됐던 남북 장관급 협상 역시 평화구축과 관련된 만족할 만한 합의를 도출해 내지 못한 상태이다. 4자회담 역시 남북한 간의 대화창구로서의 기능을 상실한 지 오래이다. 앞서 살펴본 바와 같이 4자회담과 햇볕정책에서 발견되는 신자유주의적 요소들은 이들 정책들의 효용성 진단에 있어 또 다른 측면에서의 설명을 제공해 주고 있다.

II. 신자유주의 및 구성주의에 대한 비판적 고찰을 통해 본 4자회담과 햇볕정책

신자유주의적 평화론5)의 이론들은 가정에 내재하는 모순 내지는 논리적 비약으로 인한 이론적 제약을 내포하고 있다. 특히 신자유주의가 기초하고 있는 가정들에 내재된 모순으로 인해 이러한 현상은 더욱 두드러지게 나타난다. 우선 이론체계의 논리적 완결성과 설명력을 극대화하는 과정에서 과도한 일반화의 오류를 범하고 있으며 때로는 이로 인해 중요한 변수들을 간과하거나 단순화하고 있다. 다른 이론과의 차별성을 확보하기 위해 경험적 근거들을 의도적으로 왜곡하거나 편향되게 해석하는 오류를 범하기도 한다. 뿐만 아니라 물리적 능력의 배분, 국가의 우선순위, 제도, 그리고 국가행위의 정체성 등을 둘러싸고 서로 상충하는 가정들과 병립할 수 없는 개념들을 활용하고 있기도 하다.6)

---

5) 오닐(Oneal)과 러셋(Russett)은 이를 칸트적 평화론(Kantian Peace)으로 칭하기도 한다. 보다 자세한 사항은 Russett, Oneal & Davis(1998), pp.441-67과 Oneal & Russet (1999), pp.1-37 참조.

6) Jeffrey W. Legro and Andrew Moravcsik, "Is Anybody Still a Realist?" *Inter-*

먼저 남북한 상호간의 교류증대를 통해 남북한관계의 개선을 꾀하고 나아가 평화를 유도하려는 햇볕정책의 기조는 비록 금강산관광과, 2배에 달하는 남북교역량의 증가에도 불구하고 남북한관계의 실질적 관계개선으로 이어지기에는 역부족이었다. 우선 동북아시아지역에서 경제적 상호의존이 안보적인 신뢰구축으로 이어지는 사례를 찾아보기 힘들다. 경제대국 일본은 한일국교정상화가 실현된 1965년 이래 미국과 더불어 한국의 가장 중요한 무역상대국으로서의 위치를 차지해 왔다. 지난 IMF위기때는 가장 많은 외화를 지원해 줄 정도로 일본 역시 한국에 대한 무역의존도가 심화되어 있는 상황이다. 일본은 뿐만 아니라 중국에 있어서도 주요무역상대국으로 자리잡아왔다. 그럼에도 불구하고 이 같은 경제의존이 한국과 일본, 또는 중국과 일본관계에 뿌리깊게 자리잡아온 역사적 적대감을 해소시키기에는 역부족인 것으로 보인다.

교과서문제나 독도문제가 불거져 나올 때마다 대두되는 일본과의 안보적 갈등은 경제평화론의 전제가 과도한 일반화의 오류속에 보다 중요한 역사적 변수가 도외시될 수 있음을 적시해 주고 있다. 동북아 국가들이 일본에 대해 갖고 있는 역사적 앙금이 그 한 예가 될 수 있다. 미일동맹과 한미동맹이 제도적으로 연계되어 한·미·일 동맹으로 탈바꿈하지 못하는 가장 커다란 이유 역시 한국의 일본에 대한 역사적 불신 때문이다. 역사적 불신과 경쟁의식이 상대방에 대한 인식에 뿌리깊게 각인되어 있을 경우 상호간의 경제교류가 신뢰구축이나 평화로 이어질 가능성은 낮아진다. 오히려 교역과정에서 초래될 수 있는 무역불균형이 양국간 이해상충의 근원이 될 뿐 아니라 무력충돌로 연결될 가능성 또한 배제할 수 없을 것이다.

무역불균형이 무력충돌로 이어질 수 있다는 주장은 무역당사국들의 상대적 경제규모에 대한 논의로 귀결된다. 교역의 증가가 당사국들의 상대적 경제규모와 관계없이 무조건 평화를 증가시킨다는 경제평화론의 논지는 과도한 일반화로 인한 오류에 해당한다. 서로간의 무역규모가 어느 정도 대

---

national Security 24(2)(1999), pp.9-11.

칭적 상황하에서의 교역은 평화를 증진하겠지만 비대칭 규모 간의 교역은 오히려 갈등으로 이어질 수 있다는 주장들이 신마르크스주의나 신현실주의의 일부이론들에 의해 제기되어 왔기 때문이다.[7] 특히 상대방과의 교역에 대한 의존의 정도가 낮은 국가에게는 보다 많은 이득이 돌아가는 반면, 의존의 정도가 높을 경우 상대적으로 많은 비용을 떠안을 수밖에 없어 이득과 비용은 대개의 경우 불균등한 형태를 띠게 된다는 것이다.[8]

남북한 간의 교역은 비대칭 경제규모 간의 교류에 해당한다. 국제분쟁이나 동맹에 대한 연구들에서 비대칭 분쟁이나 비대칭동맹을 대개의 경우 5:1 정도의 국력차를 상정한다. 이러한 경우를 원용하여 비대칭 경제규모 역시 5:1로 상정해 볼 경우 남북한 간의 교역은 이에 해당하기 때문이다. 앞서 언급한 바와 같이 남북간 경제교역 규모가 두 배 가까이 증가되었다는 수치적인 사실이, 안보분야의 신뢰구축 및 협력을 이어주지 못하고 있다는 것 또한 경제평화론의 설명적 제약을 단적으로 사사해 주고 있다. 햇볕정책의 시혜적 성격에 대한 북한의 반응이 기대에 못 미치는 이유의 일단 역시 남북한 간의 교류가 비대칭 교역이라는 점에서 찾아볼 수 있을 것이다. 특히 북한의 보수파, 보다 구체적으로 북한군부의 반대를 공공연히 언급한 김정일의 발언 등은 남북한 간의 교역이 북한의 남한에 대한 의존을 야기시킬 것이란 북한내부의 우려를 반영하고 있는 것으로 해석된다.

경제평화론에 내재하는 또 하나의 오류는 국가를 하나의 유기체로 간주한 가정에서 파생한다. 경제평화론을 비롯한 신자유주의이론들은 국가를 하나의 유기체로 간주한 가정에 기초하고 있다는 점에서 신현실주의와 가정적 공통점을 공유하고 있는 셈이다. 국가 간 경제교류나 제도의 형성에 있어 대부분의 신자유주의이론들은 국가를 하나의 유기체로 파악함으로써 국내정치적 요소를 간과하고 있다. 남북경협을 통해 평화와 신뢰를 구축하

---

7) Katherine Barbieri and Gerald Schneider, "Globalization and Peace: Assessing New Directions in the Study of Trade and Conflict," *Journal of Peace Research* *36*(4)(July 1999), p.388.

8) Barbieri and Schneider(1999), p.390.

겠다던 햇볕정책과 그 대표적 열매였던 금강산 관광이 현대라는 일반기업 집단의 경영악화로 커다란 타격을 받았던 사실은 그같은 오류를 지적해 주는 하나의 예가 될 것이다. 임동원 통일부장관 해임안 가결이 상징하는 의회의 반발과 남남갈등이라고 불리우는 국내여론의 분열이 햇볕정책 추진상의 커다란 장애로 등장했던 사실은 국내정치적 요소에 대한 간과가 초래한 결과로 해석할 수 있다.

햇볕정책의 가장 두드러진 성과는 사회문화교류의 증대에서 찾아볼 수 있다. 김대중 정부 출범 초기부터 햇볕정책은 북한과의 사회문화 교류에 무게를 두어왔다. 2002년 4월, 부시 행정부 출범 이후 계속되던 냉기류를 청산하면서 가장 먼저 합의된 것이 남북한 간의 사회문화교류와 관련된 사안들이었다. 이산가족 상봉과 동서해안의 철도연결 등이 그것이다. 정치나 군사, 경제분야에 비해 사회문화교류에 대한 북한의 거부감이 상대적으로 적은 것은 남북한 간의 직항로가 개설되고 비록 제한적이나마 사회문화교류가 활발할 수 있었던 원동력이 되었다. 그럼에도 불구하고 이 같은 사회문화적 교류의 확대가 안보분야에서의 협력과 신뢰구축으로 이어지지는 못했다.

햇볕정책은 '공유된 지식 → 공유된 정체성 → 이해인식의 변화 → 정책의 변화'를 골자로 하는 구성주의가 정책에 적용되었을 경우 그 한계를 내포할 수밖에 없다는 것을 적시해 주고 있다. 공유된 정체성을 형성해 나가는 과정 자체가 상당한 기간을 필요로 하기 때문이다. 햇볕정책이 역사적인 남북정상회담을 실현시켰음에도 불구하고 남북한관계개선의 보다 가시화된 성과를 거두지 못해 비난의 대상이 되고 있는 것은 정책자체의 오류라기보다 시간적 제한성에서 비롯된 바 크다. 1972년의 7.4 남북공동성명이나 1991년의 남북기본합의서 서명 역시 그 당시 모두 획기적 전환점이라는 평가를 받았음에도 불구하고 후속조치들이 불발한 나머지 결국 현상유지에 머무르고 만 것과도 무관하지 않다. 남북공동성명은 연이은 남한정상에 대한 북한의 암살기도를 방지하지 못했으며, 1991년의 남북기본합의서 역시 북한과의 신뢰구축에는 실패했다는 평가가 지배적이다.

구성주의의 핵심개념 중 하나인 공동의 정체성(common identity)라는 것
은 결국 오랜 기간에 걸쳐 생성되는 것이어서 정책에 적용되었을 경우 마찬
가지로 오랜 기간이 경과되어야만 효용성을 기대할 수 있게 된다. 북대서
양조약기구(NATO)가 동맹에서 집단안보체제로의 탈바꿈과정에서 원동력
이 되었던 공동의 정체성이란 수십 년간에 걸쳐 형성된 것이었다. 구성주
의에서는 NATO를 연합(alignment) 혹은 기능적 국제기구로 보기보다는 가
치와 규범체계를 갖춘 국제사회의 한 기구로 간주한다. 다시 말하면 NATO
를 독립적인 집단안보체제로 보기보다는 유럽과 대서양을 배경으로 한 서
구사회(Western community)에 내포되어 있는 군사분야 정도로 간주하는 것
이다.9) 이러한 과정에 도달하기까지 NATO는 냉전기를 거쳐오면서 약 30
년 이상의 기간 동안 회원국가 간 공동의 정체성을 형성해 온 것으로 풀이
해 볼 수 있다. 마찬가지로 한반도에서도 이념적 괴리를 넘어 공동의 정체
성을 회복한다는 과제 역시 상당히 오랜 기간의 시간을 필요로 한다. 그럼
에도 불구하고 대북정책은 선거철마다 단골정쟁거리로 떠올랐다. 무엇보다
현재 5년으로 규정되어있는 대통령의 임기 이내에 사회문화적 교류가 효과
를 거둘 것으로 기대하기가 어렵다는 것이다.

구성주의는 정체성의 형성에 대해서만 언급하고 있을 뿐 공동의 정체성
이 언제 어떻게 와해되는 지에 대해서는 언급하고 있지 않다는 지적도 있
다.10) 공동의 정체성이란 평화를 유도하는 요소이기보다는 평화로 인해 생
성된 것이라는 지적과 함께 민주주의의 확산과 더불어 민주주의를 배경으
로 하는 공동의 정체성 역시 약화될 것이란 역설적 논리 역시 타당성이 있
다. 모든 국가가 민주주의화 된다면 결국 민주주의란 배타적 정체성의 배경
은 와해될 것이기 때문이다. 결국 공동의 정체성을 통해 평화를 일궈간다는

---

9) Frank Schimmelfenig, "NATO Enlargement: A Constructivist Explanation," *Se-
curity Studies,* Vol.8, Issue 2/3(1998), pp.213-214.

10) Robert Jervis, "Theories of War in a Era of Leading-Power Peace" (Presidential
Address, American Political Science Association, 2001), *American Political
Science Review,* 96(1)(Mar. 2002), p.4.

발상은 결과와 원인에 대한 뒤바뀐 논리의 적용이라는 것이다.

사실 구성주의적 발상이 한반도를 둘러싼 안보환경에 적용되기란 무리가 있다. 구성주의는 유럽을 공간적·문화적 배경으로 짜여진 이론으로 크게 서구문명의 테두리라는 인지적·문화적 배경이 작용한 바 크다고 할 수있다. 그러나 한반도를 둘러싼 안보환경은 중국문명과 일본문명, 거기에 미국과 러시아의 서구문명이 어우러져 공동의 정체성이 형성되고 안보환경에영향을 미치게 되기까지는 유럽에 비해 상대적으로 복잡한 과정과 긴 시간이 필요하게 될 것이다. 특히 18세기부터 어제의 적이 오늘의 동맹이 되고오늘의 동맹이 내일의 적이 되는 역사가 점철되어 왔던 유럽의 분쟁사례와는 달리 동북아시아의 분쟁의 유형은 항상 해양세력과 대륙세력 간의 무력갈등으로 정형화되어 왔다. 그만큼 안보분야에서 공동의 정체성을 도모하기에는 역사적 불신의 고리가 깊다는 것이다.

한편 4자회담의 실패는 신자유주의적 제도론을 둘러싸고 전개되고 있는공동의 규범과 국가이익 간의 논쟁과 깊게 연관되어 있다. 신자유주의적제도론자들은 특정국가들이 규범과 규칙, 정책결정과정 등을 공유할 때 비로소 제도가 탄생된다고 주장하고 있다. 이 관점에 의하면 4자회담의 실패는 남북한 및 미국, 중국 간에 공유되는 규범이 없었다는 점에서 비롯된다고 볼 수도 있다. 그러나 현실주의이론들은 국제제도가 규범보다는 국가간의 이해관계에 의해 형성된다고 지적하면서 국제제도란 결국 국가들이필요로 할 경우에만 형성된다고 주장하고 있다. 후에 논의되겠지만 신현실주의에 비해 이론적 가정에서 상당히 신축성을 띠고 있는 일반론적 현실주의(generalist realism)나 방어적 현실주의(defensive realism)에서도 이 같은측면은 여지없이 지적되고 있다.[11]

4자회담의 실패는 북한과 중국이 회담참여에 적극성을 띠지 않은 때문이

---

11) Robert Jervis, "Realism, Neoliberalism, and Cooperation: Understanding the Debate," *International Security,* Vol.24, No.1(Summer 1999), p.54; Richard Rosecrance, "Has Realism Become Cost-Benefit Analysis?" *International Security,* Vol.26, No.2(Autumn 2001), pp.132-154.

다. 4자회담은 북한이 회담의 내용과 현실성에 대한 의문을 제기하면서 순탄히 출발치 못했다. 제주도에서 4자회담 제의가 있은 후 약 10개월 동안 한국과 미국은 북한에게 세 차례에 걸친 설명회를 통해 4자회담 개최를 종용해야 했기 때문이다. 이 과정에 중국은 전혀 참여하지 않았다. 3자 공동설명회가 개최된 이후에도 본회담 개최까지 세 차례의 예비회담을 더 거쳐야 했다. 일단 본회담 개최가 가시화된 이 단계부터는 중국이 참여하기 시작했다. 첫 본회담은 4자회담이 제의된 지 1년7개월이 다 되어서야 개최될 수 있었지만 1999년 8월까지 모두 여섯 차례의 본회담에서 합의된 것이라곤 2개의 분과위원회 설치에 대한 것뿐이었다.

> "4자는 최근 한반도 주변정세에 비추어 한반도 긴장완화의 중요성과 시급성에 대해 인식을 같이 하였다. 4자는 회담과정의 진전을 촉진할 것을 희망하였다. 평화체제분과위 회의에서 4자는 자신들의 구상을 제시하였다. 이러한 논의의 과정은 4자가 평화체제 구축과 관련한 서로의 입장에 대한 상호이해를 증진시키는 데 기여하였다."[12]

마지막 본회담이 남긴 공동발표문은 결국 4자회담의 개최목적을 되풀이하고 있는 듯한 느낌마저 주었다. 4자회담을 둘러싼 북한과 중국의 손익계산은 4자회담이 뚜렷한 성과없이 사장된 이유를 설명해 주고 있다. 일단 북한에게 있어서 4자회담이란 미국과의 협상채널을 유지하기 위한 부수적 존재에 불과했다. 4자회담과 북미 간의 미사일회담은 항상 맞물려 진행되는 인상을 짙게 풍겼다. 중국에게 있어서도 4자회담은 미국의 영향력이 제도적으로 북한지역에 확산되는 매개체였으며 중국의 북한에 대한 전통적인 영향력을 잠식하는 제도적 장치에 불과했다. 결국 김대중 정부에 들어서면서 4자회담이라는 제도주의적 접근보다는 양자간 대화를 통해 남북한 관계를 풀어나가려는 자세로 입장이 전환되고 말았다.

평화를 구축해 나가는 데에 있어서 가장 주요한 결정요소는 역시 국가목

---

12) "공동언론발표문," 1999년 8월 9일, 제네바.

표라고 현실주의자들은 주장한다. 1차 대전 이후 정책결정자들의 가장 커다란 오류는 국제기구를 통해 평화를 모색하려는 발상이었다고 지적하기도 한다.13) 동북아지역에 존재하는 국제기구나 제도의 수가 유럽지역에 비해 적은 것은 사실이다. 더구나 일본과 중국이 모두 참여하는 안보기구는 존재하지도 않는다. 그렇다고 해서 동북아지역을 안보적으로 불안하다고 평가하는 것은 부적절하다. 양적으로 많은 국제기구와 제도들에도 불구하고 사상자 1천 명 이상의 분쟁 발생빈도는 동북아보다 유럽지역이 높기 때문이다. 한국전쟁 이후 동북아에서는 사상자 1천 명 이상의 분쟁이 단 한 건도 발생하지 않았다.

4자회담의 실패요인은 참여국가들의 국가이익을 수렴하기에는 '한미 vs. 북중'의 대결구도가 부적절했다는 점에서 찾아야 한다. 한국전쟁의 당사국들이기는 하지만 엄연히 현재 한반도를 둘러싼 세력균형의 두 축을 의미하기도 하는 이 구도하에서 이해관계를 수렴시켜나갈 과정을 모색한다는 것 자체가 무리였다. 북한에게는 체제의 유지와 국제환경의 현상유지가, 미국에게는 북한을 국제사회의 한 구성원으로 포용하는 것에, 중국은 핵협상과정에서 확대된 미국의 북한에 대한 영향력을 제어하는 것에, 그리고 한국은 남북한관계의 주도권 확보에 주안점을 두고 있었다. 4자회담의 테두리 안에서 이들 목표들을 수렴한다는 것은 현실적으로 불가능한 과제였다.

4자회담은 또한 국제제도가 결국은 헤게모니를 장악한 주도국가의 이해를 추구하기 위한 수단에 불과하며 일단 제도가 형성되고 나면 비주도국들은 추가적인 이해를 추구한다는 차원이라기보다는 손해를 방지한다는 차원에서 그 제도에 가입할 수밖에 없다는 주장과 무관하지 않다.14) 중국이나 북한의 입장에서 4자회담은 미국의 동북아지역에 대한 영향력을 제도화해주는 수단에 불과한 것으로 인식될 수 있었고 이 같은 인식은 바로 4자회담

---

13) Jervis(1999), p.55.

14) G. John Ikenberry, *After Victory: Institutions, Strategic Restraint, and the Rebuilding of Order after Major Wars* (Princeton: Princeton University Press, 2001), p.57.

실패요인의 한 동인으로 풀이될 수 있을 것이다.

4자회담은 또한 안보분야에서의 제도주의적 협력의 모색이 경제분야에 비해 성취될 가능성이 낮다는 사실을 보여준 사례로서 또 다른 의미를 내포하고 있다. 신현실주의와 신자유주의가 첨예하게 견해차이를 보였던 부분 중 하나이기도 하다. 4자회담은 한국전쟁을 공식적으로 종식시킴과 동시에 한반도에서의 평화를 구축한다는 것을 목표로 하고 있었으므로 분명 안보문제에 대한 제도적 접근이었다. 비록 성격과 운영방식상의 차이가 있지만 같은 한반도를 배경으로, 북한에 대한 경수로제공을 목표로 하고 있는 한반도 에너지개발기구(KEDO)가 비교적 성공적으로 운영되고 있는 점은 제도주의적 협력이 안보적 측면보다 경제적 측면에서 보다 성사되기 용이한 측면이 있음을 시사해 주는 대목이다.

III. 절충주의의 모색

신자유주의에 대한 비판적 관점에서의 고찰이 곧 현실주의적 대안을 주장하는 단순상관관계를 성립시키려는 것은 결코 아니다. 현실주의 역시 가정의 모순으로 인해 나름대로의 논리적 제약을 안고 있기 때문이다. 부시 미 행정부의 현실주의적 대외정책에서도 예외없이 이 같은 현상은 나타난다. 부시 대통령은 클린턴 전 행정부의 정책을 '낭만적'으로 몰아붙이면서 취임초부터 동북아시아 동맹국들과의 관계강화에 역점을 두어왔다.[15] 부시 행정부의 대만정책에서 '전략적 모호성'이라는 용어는 더이상 사용되지 않게 되었으며 중국과의 전략적 동반자관계 역시 중국을 잠재적 위협으로 간주한 전형적인 현실주의적 인식하에 이미 사장된 개념이 되어 버렸다.

---

15) Jeffrey W. Legro and Andrew Moravcsik, "Faux Realism: Spin versus Substance in the Bush Foreign-policy Doctrine," *Foreign Policy* (July/August 2001), p.8.

북한을 악의 축 국가들에 포함시키고 테러지원국가 명단에서 삭제시키지 않은 것 또한 현실주의적 동북아정책과 궤를 같이 한다. 미사일 방어체제가 중국과 북한을 잠재적 적으로 간주하고 있다는 사실은 동북아 지역안보 메커니즘이 포용과 관리(governance)에서 봉쇄와 동맹으로 옮겨갔다는 사실을 시사하는 것이다.

9·11테러는 현실주의에서 가장 근본적인 두 가지 가정에 의문을 던지는 계기가 되었다. 국가만이 유일한 행위체라는 가정과 물질적 능력의 배분이 국제관계를 결정짓는 변수라는 가정에 대한 것이다. 또한 성장하는 국가는 모두 도전의도를 갖고 있다는 현실주의의 능력에만 기초한 추론 역시 9·11테러에 의해 재조명될 필요성이 대두되었다. 중국의 부상을 중국의 도전의도와 동일시함으로써 이미 부시 행정부의 정책은 신자유주의와 신현실주의 간의 이론적 쟁점 중 하나였던 의도의 의미를 간과하고 있는 오류를 내포하고 있었다. 중국의 부상을 막연히 도전이라는 위험부담과 동일시한 것은 위험의 부담이 이익의 증가보다는 손해의 방지와 보다 상관성이 있다는 사실을 도외시하고 있는 것이기도 하다.16) 이는 중국의 국가이익에 커다란 손실이 수반되지 않는 한 중국이 위험을 부담하면서까지 미국에 도전하지 않을 것임을 시사해 주는 것이다.

9·11테러는 반드시 국가라는 행위체가 아니더라도 국제관계의 커다란 변화를 불러올 수 있다는 점을 입증한 사례였다. 또한 미국이라는 세계유일의 초강대국을 상대로 지극히 비대칭적 능력만을 보유한 테러그룹이 많은 사상자를 유발시키는 공격이 가능했다는 사실은 능력의 배분이 국제관계의 결정요소가 된다는 현실주의의 가정에 타격을 준 사례이기도 했다. 미국이 악의 축 국가로 지목한 이란과 이라크, 북한은 모두 미국과 상당히 비대칭적 능력을 보유하고 있는 국가들이다. 아프가니스탄 역시 예외가 아니다. 이들 국가들이 능력면에서 앞서는 다른 국가들에 비해 미국의 안보

---

16) Paul A. Kowert and Margaret G. Hermann, "Who Takes Risks? Daring and Caution in Foreign Policy Making," *Journal of Conflict Resolution*, Vol.41, No.5(October 1997), pp.611-637.

에 더 심대한 위협이 되고 있다고 지목한 것은 능력만이 국제관계의 결정요소가 되지 않는다는 점을 적시하고 있다. 핵, 생화학 무기만으로 미국의 아킬레스건을 공격할 수 있는 최소한의 능력을 일단 갖춘 국가들 중에서 미국을 공격할 적대적 의도를 분명히 밝히고 있는 국가들은 곧 미국안보의 심대한 위협이 된다는 것이다.[17]

결국 신자유주의나 구성주의, 현실주의를 막론하고 이들 이론체계에 논리적 모순이 발견된다는 점은 이들 이론들이 이론자체의 완결성을 위해 경험적 사실을 지나치게 단순화 혹은 비약시켜왔기 때문이다. 특히 이론자체의 논리적 완결성을 위해 현실과 동떨어진 가정을 설정하고 그 위에 이론체계를 수립시킨 결과이기도 하다.

그렇다면 논리적 제약을 초래한 가정들을 조금씩 이완시켜 정책에 적용시킴으로써 정책효용성을 제고시킬 수 있는 대안이 모색되어야 할 것이다. 국제관계이론 연구의 일각에서도 이 같은 논의가 활발히 진행되고 있다. 먼저 물질적 능력에 대한 현실주의의 가정을 조금 이완시키자는 방어적 현실주의는, 상대방의 정책에 내재되어 있는 의도를 중시하고 그에 대한 정확한 진단을 강조한다. 상대의도에 대한 상이한 해석은 유사한 상황하에서도 서로 다른 정책대안으로 이어질 수 있기 때문이다. 핵개발이라는 정책이면에 깔린 북한의 의도에 대한 해석이 결국 북한과의 핵협상에서 미국의 정책에 커다란 영향력을 행사한 것 역시 같은 맥락에서 해석될 수 있다.[18] 한 국가의 정책이란 힘에 기초한 계산에 의해 결정된다기보다는 완전한 조화와 제로섬 갈등의 두 축으로 형성된 스펙트럼상에서 어떤 점이 보다 많이 반영되는가에 의해 결정된다는 것이다.[19] 현실적으로 완전한 조화나 완벽

---

17) Richard A. Falkenrath, Robert D. Newman, and Bradley A. Thayer, *America's Achilles' Heel: Nuclear, Biological, and Chemical Terrorism and Covert Attack* (Cambridge: MIT Press, 1999), pp.167-260.

18) Leon V. Sigal, *Disarming Strangers: Nuclear Diplomacy with North Korea* (Princeton: Princeton University Press, 1998).

19) Legro & Moravcsik(1999), pp.22-23.

한 제로섬 갈등상황이 나타나기 힘들다는 점을 고려한다면 결국 정책결정자의 의도와 상황에 대한 인식에 의해 정책은 양 극점사이에서 결정될 것이다.

방어적 현실주의는 현실주의적 대북정책을 추진하는 과정에서도 핵과 미사일개발정책의 이면에 내재된 북한의 의도에 대한 해석이 중요하다는 사실을 시사해 준다. 마찬가지로 북한이 9·11테러처럼 미국에 대한 공격 의도를 갖고 있느냐의 여부 역시 새로운 각도에서 검토를 필요로 한다. 1993년 북한의 핵개발 프로그램이 한반도의 위기상황을 초래하고 있을 즈음 맥(Andrew Mack)은 북한의 상황을 남한의 상황에 유추한 가정을 소개하고 있다.[20] 그는 북한지역에 3만7천 명의 러시아군이 주둔하고 있고 남한에는 미군이 전혀 주둔하고 있지 않을 상황을 우선 가정하고 있다. 나아가 러시아와 북한이 매년 핵탑재 무기들을 동원해 훈련을 실시하고 있으며 남북한 간의 군사균형이 빠른 속도로 북한에게 유리한 방향으로 전개되고 있다는 가정도 덧붙였다. 이러한 가정은 북한의 의도를 도발적으로만 해석하려는 동기적 편향의 오류를 지적해 주는 것이다.

또 한편으로 일반주의적 현실주의는 4자회담과 같이 한반도문제에 대한 다자주의적 접근에 시사하는 바가 크다. 일반주의적 현실주의는 국제제도나 기구에 참여하는 국가들이 공동의 규범이나 규칙을 구심점으로 참여하기보다는 자국의 이익을 위해 참여한다고 주장한다.[21] 무엇보다 제도의 틀 안에서 형성되는 공동의 이익이 구성원 모두에게 해당되기 때문에 몇몇 국가들은 협력적이기보다 무임승차(free-ride)를 추구하게 되는 경향이 나타난다고도 지적한다. 신현실주의와는 달리 국가의 행위에 대한 가정을 이완시킨 결과 국제제도를 둘러싼 국가들의 행태는 엄격한 합리주의에 기초한 균형적(balancing) 형태로 나타나기보다는 편승적(bandwagoning) 형태가 되기 쉽다고 지적한다. 한반도 평화를 구축하기 위한 다자적 접근이 구성국

---

20) Andrew Mack, "The Nuclear Crisis on the Korean Peninsula," *Asian Survey*, Vol.33, No.4(April 1993), p.344.

21) Rosecrance(2001), pp.135-136.

들의 행위를 제약하는 데에만 중점을 둘 것이 아니라 약소구성국들에게 편승의 여지를 남겨두어야 한다는 점을 시사하는 대목이다. 이 경우 안보문제에만 기능을 국한시키기 보다는 경제분야까지 포괄하는 접근이 요구될 것이다.

이 외에도 이론적 가정들을 조금씩 이완시켜 현실주의와 자유주의, 구성주의를 대북정책이라는 하나의 그릇에 담아낼 수 있음을 시사하는 시도들도 찾아 볼 수 있다. 국제관계를 물질, 제도, 그리고 문화가 복합된 체제로 이해하는 시도[22]나 분석적 절충주의(analytical eclecticism)[23]는 이론적 완벽함을 희생시켜 복잡한 정치적 과정에 대한 설명력을 상향시킬 수 있다는 점을 시사해 준다. 이론적 절충주의와 함께 접근의 절충주의 역시 의미있는 시도가 될 수 있다. 특히 일방주의와 다자주의 간의 절충은 한반도 평화구축을 위한 다자주의적 접근의 한 형태가 될 수도 있을 것이다.[24] 이론적 가정들에 대한 절충적 이완과 이완된 형태의 이론을 기초로 정책을 개발해 내는 것이 쉬운 과정은 아닐 것이다. 그러나 현실주의나 자유주의, 혹은 구성주의에 대한 편향은 정책실행의 비효율과 오류를 초래할 수 있다는 점을 4자회담과 햇볕정책을 통해 볼 수 있었다.

절충주의를 모색하여 대북정책에 반영시키는 과정에서 가장 선행되어야 할 과제가 바로 국내정치에 대한 고려라고 볼 수 있다. 4자회담이나 햇볕정책, 그리고 미국의 현실주의적 대북정책에 이르기까지 공통된 점 하나는 이들 정책에 국내정치적 측면이 반영되지 않았다는 점이다. 이론의 반영이 훌륭한 정책으로 연결되지 못하는 원인 중 하나가 바로 여기에서 파생된다. 국제수준의 변수만이 반영된 정책은 그 범위가 제한되기 때문에 정책의 성

---

22) Jack Snyder, "Anarchy and Culture: Insights from the Anthropology of War," *International Organization,* Vol.56, No.1(February 2002), pp.34-36.

23) Peter J. Katzenstein and Nobuo Okawara, "Japan, Asian-Pacific Security, and the Case for Analytical Eclecticism," *International Security,* Vol.26, No.3 (Winter 2001/2002), pp.167-182.

24) Joseph S. Nye, "Seven Tests: Between Concert and Unilateralism," *The National Interest,* No.66(2002), pp.9-13.

공을 위해서는 국내정치라는 매개변수에 의해 재해석되어져야 한다.[25] 협력과 갈등을 유발하는 정책들은 그 유형에 따라 여론의 환영을 받는 반면 상당한 거부감의 대상이 되기도 한다. 국내정치적으로 지배적인 사상과 이념들이 협력과 갈등에 대한 태도여부를 결정짓기 때문이다.[26] 불행히도 4자회담이나 햇볕정책, 그리고 부시 행정부의 대북정책들은 이러한 측면을 도외시하고 있다. 정책을 수행하는 국가나 그 정책이 대상으로 하는 국가의 국내정치에 대한 간과는 자칫 오해나 환영받지 않는 정책과 결과들을 양산해 낼 뿐이다.

특히 국내정치적 지지를 확보하지 못한 정책은 수행과정에서 커다란 부담을 안게 되며 결국 비효율성으로 연결될 가능성이 크다. 햇볕정책의 가장 커다란 단점은 국내정치적 지지기반이 엷다는 점이었다. 특히 안보와 협력이라는 두 명제를 중심으로 이분된 국내여론을 수렴시키는 데 실패했다. 북한에 대한 경제지원이 군사용도로 전용될 수 있다는 전형적인 현실주의적 판단이 비판의 근원이 되어 왔다. 북한에서는 햇볕정책이 결국 남한에 의한 흡수통일을 지향하는 정책이라는 점에서 경계의 대상이 되었던 것으로 알려진다. 일방주의적 정책을 추진했던 미국 역시 9·11테러로 인하여 그들이 생각하는 것만큼 다른 나라 국민들 사이에서 인기가 없다는 사실을 알게 되었다.[27] 4자회담의 추진과정에서는 북한의 주관심사인 김정일 체제의 유지를 위해 미사일협상 등 미국과의 협상채널을 지속시키는 것이었다는 사실은 이미 언급된 바 있다. 북한이 미국으로부터 경제적 양보를 얻어낼 수 있었던 것은 4자회담이 아닌 미사일협상에서였다.

또 한 가지 정책에 반영되어야 하는 것은 한국전쟁 이후 남북한관계에

---

25) Gideon Rose, "Neoclassical Realism and Theories of Foreign Policy," *World Politics,* Vol.51, No.1(October 1998), pp.146-147.

26) Galia Press-Barnathan, "The Lure of Regional Security Arrangement: The United States and Regional Security Cooperation in Asia and Europe," *Security Studies,* Vol.10, Issue 2(Winter 2000), p.57.

27) Stephen M. Walt, "Beyond bin Laden: Reshaping U.S. Foreign Policy," *International Security,* Vol.26, No.3(Winter 2001/2002), pp.59-61.

줄곧 내재해 온 우위에 대한 집착이다. 남북한관계는 남북관계의 주도권이라고 표현되는 정치적 우위를 차지하는 과정으로 점철되어 왔다. 정치적 우위는 체제의 생존이나 역사적으로 혹은 민족적으로 의미가 있는 영토와 마찬가지로 정치적 타협의 대상이 되지 않는 사안 중 하나로 간주된다.[28] 다분히 현실주의적 개념이다. 남한이 이미 경제적 우위를 점한 상황에서 북한의 정치적 우위에 대한 집착은 예상되었어야 한다. 4자회담이 제의시점으로부터 19개월여 만에 첫 회담을 열 수밖에 없었던 것은 북한과의 사전협의 없는 일방적 제안이었기 때문이다. 정치적 우위에 민감한 북한의 국내정치적 속성을 도외시한 것이다. 또한 햇볕정책은 정책의 속성상 '저자세식' 대북정책이란 비난소지를 처음부터 안고 시작되었다고 보아야 한다. 경제나 사회문화교류에서 남한에 우위를 넘겨준 북한이 정치적 우위에 집착하게 될 것이었기 때문이다.

때문에 햇볕정책은 "선경제 후정치," "선공후득" 이라는 신자유주의적 입장에서 추진되기 보다는 GRIT이라는 현실주의적 관점에서 추진되었다면 비난의 소지를 피할 수 있었을 것이다. 게임이론의 GRIT(Graduated Reciprocation in Tension-reduction)전략은 점차 일방적 협력의 수준을 높여가는 PGRIT(Progressive GRIT)과 협력기간을 간헐적이나마 중지시키는 대신 전체적인 협력기간은 오히려 장기화하는 EGRIT(Extended GRIT)으로도 분류된다.[29]

이 전략들은 기본적으로 상대방의 호의적 반응의 유무에 관계없이 일정기간 상대방에게 호의적인 정책을 일방적으로 되풀이함으로써 협력의 의지를 확인시키고 신뢰감을 형성해 나가는 것을 골자로 하고 있다. 일정기간 동안 상대방이 납득할 만한 호의적 반응을 보이지 않을 경우 협력을 중단시

---

28) Jonathan Kirshner, "Rationalist Explanations for War?" *Security Studies,* Vol. 10, Issue 1(Autumn 2000), p.145.

29) Joshua S. Goldstein and John R. Freeman, *Three-Way Street: Strategic Reciprocity in World Politics* (Chicago: University of Chicago Press, 1990), pp.29-32.

킬 수도 있다는 의미 또한 내포하고 있다. 따라서 대통령 임기 5년을 고려하여 적정한 기간을 설정한 다음 북한에 일방적 시혜를 제공하고 이후 북한의 호의적 반응에 상응하는 정책을 구사하였더라면 북한에 대한 상호주의를 보다 엄격히 적용하여 북한의 호의적 반응의 수준을 높일 수 있었을 것이다. 물론 북한의 협력일탈적 행위로 인해 남북관계가 경색될 가능성 또한 부정할 수 없다. 이럴 경우 시혜의 수위를 조정하는 PRGRIT전략이나 북한의 협력일탈을 응징할 수 있는 EGRIT전략 역시 향후 대북정책 추진에 커다란 시사점을 던져 줄 것으로 보인다.

김대중 정부의 대북정책이 북한에 대한 지나친 저자세 협상이라는 여론의 비난에도 불구하고 정책일관성을 유지하는 데 성공한 것은 개별적 상호주의에 대신해 포괄적 상호주의라는 원칙을 도입했기 때문이다. 햇볕정책으로 상징된 김대중 정부의 대북정책이 채택한 포괄적 상호주의는 일정기간 일방적 협력을 제공한다는 측면에서 현실주의적 접근법인 GRIT전략과 일맥상통하는 측면이 있기도 하다. 이 전략 역시 신뢰구축방안의 일환으로 북한의 호의적인 반응을 유도해 내기 위해 일정 기간 동안 지속적, 그리고 일방적으로 협력일변도의 정책을 추구하는 것이기 때문이다.[30]

그러나 김대중 정부의 화해협력이라는 대북정책 기조에는 신자유주의적 요소가 내포되어 있어 GRIT이라고 보기에는 무리가 따른다. 햇볕정책은 북한과의 협상을 통해 단기적 이득을 추구하기보다는 장기적으로 북한의 정책변화를 유도하여 한반도의 평화를 구축한다는 점에 목적을 두고 있기 때문이다. 북한의 변화를 유도한다는 측면은 북한과의 경제협력을 통해 시장경제체제로 전환된 북한체제가 남한에 위협이 되지 않는 방향으로 전환되는 데에 그 궁극적 목표를 두고 있다. 때문에 GRIT이나 햇볕정책은 일정 기간 북한의 긍정적 반응과 상관없이 협력적 양보를 지속시킨다는 공통점이 있지만 GRIT에서 설정되어 있는 기간이 햇볕정책에서 설정된 기간에 비해 상대적으로 짧다는 차이가 있다. 햇볕정책의 목표가 상호의존성의 생

---

30) Goldstein & Freeman(1990), pp.30-32.

성에 있기 때문에 상대방으로부터 자신의 협력적 의지를 확인케 하는 것이 목적인 GRIT전략보다 많은 시일을 요하기 때문이다.

때문에 김대중 정부는 남북정상회담을 성사시킬 수 있을 정도의 신뢰감을 북한으로부터 유도해 내는 데는 성공했지만 햇볕정책 자체에 내재하는 장애를 극복하지는 못했다. 햇볕정책의 가장 커다란 단점은 바로 상대방의 협력을 유도해 내기까지 비교적 장기간에 걸친 시일과 그에 따른 국내정치적 부담을 수반한다는 점이다. 햇볕정책은 북한의 호의적 반응이 나올 때까지 북한에 대한 호의적 정책을 지속한다는 일관성을 유지하는데 분명 성공했다. 때문에 1998년에 출범한 김대중 정부는 2000년 4월 총선을 며칠 앞둔 시점에 남북정상회담 성사를 공표하기까지 2년 3개월여 동안 북한에 대해 양보만 한다는 국내정치적 비난을 감수해야만 했던 것이다.

이론가들은 과거의 정책을 연구하여 이론을 만들어내고 또 재해석을 통해 기존의 이론을 새로운 각도에서 개발해 내기도 한다. 정책결정자들도 정책입안단계에서부터 이론적 기반에 뿌리를 두고 정책을 설계한다. 클린턴 행정부의 대외정책이 훌륭한 예가 된다. 정책결정과정의 내부자와 외부자를 연계시킴으로써 정책과 이론의 상호보완을 꾀하는 시도 또한 없지 않다.[31] 대북정책의 경우 과거 권위주의시대에는 정치학자들이 대거 대북정책 입안과정에 참여하여 이론적 색채가 농후한 통일방안을 만들어 내기도 했지만 김영삼 정부에서는 학자출신 각료들이 대북정책 결정과정을 점령하다시피 했으면서도 한 목소리를 내지 못했고 김대중 정부에서는 대통령 자신을 비롯해 몇몇 대북 전문가들이 포진함으로써 의도적으로 이론으로부터 시사점을 찾으려는 노력이 다소 소홀한 경향이 없지 않았다. 오히려 이들의 정책을 이론적으로 해석하려는 움직임을 촉발시키고 있기도 하다.

지나친 이론에 대한 의존은 정책효용성을 저하시킬 수도 있겠지만 그렇다고 이론에 대한 간과는 정책결정과정에서 비의도적으로 반영될 수 있는

---

31) 일례로 Miroslav Nincic and Joseph Lepgold (eds.), *Being Useful: Policy Relevance and International Relations Theory* (Ann Arbor: University of Michigan Press, 2000) 참조.

이론들에 내재된 제약에 대한 간과를 의미하는 것이기도 하다. 4자회담이나 햇볕정책에서 발견될 수 있었던 여러 이론적 요소들에 내재된 제약이 사전에 연구되었더라면 정책효용성을 제고시킬 수 있었을 것이다. 외형상으로 유사한 정책일 경우에도 그 이론적 뿌리를 어디에 두느냐에 따라 효과는 다르게 나타날 수 있다. 북한에 대한 경제교류위주의 정책 역시 신자유주의적 경제평화론에 기반을 두는 것과 현실주의적 게임이론인 GRIT에 기반을 둔 것은 전혀 다른 결과를 초래할 수도 있기 때문이다. 국가 이외에도 여러 행위자들이 국제관계의 독립변수로 인정받고 있는 데도 남북한관계의 특수성에만 집착하여 남북한관계를 국제관계이론으로부터 유리시키는 것은 바람직하지 않다. 오히려 국제관계이론에 대한 연구와 시사점 도출을 통해 여러 각도에서 정책효용성을 미리 진단해 볼 수도 있을 것이며 주어진 환경에 보다 적절한 정책을 만들어 낼 수도 있을 것이다.

제12강좌

한반도 안보의 변수들

I. 한반도의 지정학적 배경과 역사

한반도는 역사상 930여 차례의 외침을 받았다고 한다. 대륙으로 가는 길목이기에 도요토미 히데요시(豊臣秀吉)로부터 명(明)을 정벌하려 함이니 조선은 그저 길만 터달라는 요청(征明假道)을 거부했다가 임진왜란을 겪었으며 바다로 나가는 부두이기에 원(元)은 고려를 복속시킨 뒤 일본 정벌길에 나서기도 했다.

구한말에는 뒷짐 지고 앉아서 러시아와 일본이, 다시 청과 일본이 우리 땅과 바다에서 싸우는 모습을 지켜볼 수밖에 없었고 해방이 된 5년 뒤 소련 및 중국과 미국을 각각 등에 업고 남과 북이 서로 싸우는 치욕의 멍에를 안을 수밖에 없었다. 우리의 땅덩어리를 잘라서 다른 곳으로 옮기지 않는 한 이 같은 현상은 얼마든지 되풀이될 수 있다.

냉전시대가 막을 내리자 국제정치학계 일각에서는 현실주의 이론 역시 명을 다했으며 세력균형이나 지정학과 같은 개념 역시 사장되어야 한다는 주장이 나오기도 했다. 세계정치의 화두는 민주주의의 확산이었고 인권의 신장이었으며 자유주의의 승리였다. 현실주의가 발붙일 곳은 없는 것처럼 보였다. 1990년 걸프전에서 옛 소련의 고르바초프 서기장은 미국을 지지하였고 미국은 전 세계의 유일 초강대국으로 평화와 정의의 수호자로 자리매김하는 듯 했다. 클린턴 행정부가 들어서면서 미국은 민주주의의 확산을 통해 세계평화를 촉진하겠다는 민주평화론을 외교노선의 한 축으로 설정하기까지 하였다.[1] 코소보에 대한 미국의 개입은 인권을 지키기 위해 군사개입을 하게 되는 초유의 사태로 역사에 남게 된다.

나토(NATO, 북대서양 조약기구)의 코소보 개입은 공교롭게도 지정학이라는 개념이 탈냉전시기에도 여전히 유효하다는 사실을 일깨워 준 계기가 되었다. 한때 가장 인기 있던 개념 중 하나였던 전통적인 지정학적 영향권이라는 개념을 다시금 연상하게 해 주었기 때문이다. 나토의 코소보 개입기간 중 가장 예상치 못했던 일 중 하나가 바로 200명의 러시아병력이 나토가 지상군 진주 후 사령부로 활용하려던 프리스티나(Pristina) 공항을 점령한 사건이었다. 보스니아에서 유엔평화유지군으로 활동하던 이 병력들은 빅토르 자바르진(Viktor M. Zavarzin) 장군의 지휘하에 영국병력의 주둔을 차단하는 임무를 수행하였다. 자바르진 장군은 당시 나토군의 지휘권자였던 영국군 소장의 계급을 고려해 작전개시 직전 소장에서 중장으로 진급했던 것으로 알려졌다.[2]

코소보 지역이 러시아의 전통적인 영향권에 속하는 지역이라는 사실을 모르는 장교는 나토 지휘부에 없었지만 러시아가 프리스티나를 선점하면서 예상치 못한 진군을 할 것으로는 전혀 예상치 못했었던 것으로 보인다. 러시아가 지중해로 군사정찰선을 파견하는 등 여러 차례에 걸쳐 코소보에 대

---

1) 김태효, "미국의 자유의 확산 정책과 세계통치 문제: 정당성과 현실성의 기반," 한국세계지역학회, 『세계지역연구논총』, Vol.23, No.1(2005); 『조선일보』, 2002년 1월 1일자, 4면.

2) Craig R. Whitney, "Crisis in the Balkans; NATO ties with Russia Soured Before Bombing," *The New York Times,* June 19, 1999, p.A6.

한 개입을 반대하는 외교적 및 군사적 시그널을 보냈음에도 러시아의 지정학적 이해관계에 대한 고려를 하지 않았던 것이다.[3] 코소보는 러시아의 지정학적 영향권하에 있으므로 이를 침범하지 말라는 것이었는데도 이를 무시했던 것이다. 프리스티나로 향하는 이정표가 그려져 있는 길목의 사진은 이후 미국의 저명한 외교정책 저널인 『포린 폴리시(*Foreign Policy*)』의 표지그림으로 선정될 정도로 이 사건은 국제정치학계에 커다란 파장을 몰고 왔다.

그렇다면 한반도에는 어떤 지정학적 이해관계가 도사리고 있을까. 북한 핵문제 등으로 미국의 대북제재 문제가 거론될 때마다 어김없이 거론되는 나라가 바로 중국이다. 중국이 코소보에서 러시아가 보여준 것과 유사한 반응을 보일 가능성이 농후하기 때문이다. 한반도의 북부지역은 중국의 당왕조가 7세기 신라의 통일전쟁에 개입하여 원산만과 대동강을 잇는 선 이북의 지역을 확보하고 돌아간 이후 중국의 전통적인 안보적 완충지대로서 작용하여 왔다. 즉 통일신라의 국경이 된 이 선은 단순한 편의상 설정된 것이라기보다는 이 선 이북으로 중국에 적대적 세력이 영향력을 행사할 경우 중국의 안보에 위협이 된다는 신호선인 것이었다.

이 같은 사실은 16세기 임진왜란 당시 명 왕조의 움직임을 통해 다시금 확인할 수 있었다. 명을 점령하기 위해 길을 내달라는 요청을 거부하여 조선이 침략을 당했는데도 명은 즉각 원군을 보내지 않았다. 오히려 일본이 중국의 남해로 침공해 올 것을 대비하는 등 조선에 대한 구원에는 관심을 두지 않는 듯 했다.[4] 가토 기요마사(加藤淸正)가 함경지방으로 진군하고 고

---

3) Yongho Kim, "North Korea's Use of Terror and Coercive Diplomacy: Looking for their Circumstantial Variants," *The Korean Journal of Defense Analysis*, Vol.XIV, No.1(March 2002), p.64.

4) 명은 조선과 일본에 파견되어 있던 첩보원들을 통하여 임진왜란이 단순한 조선정벌에 목적이 있는 것이 아니라 조선을 경유하여 명을 정벌하려는 궁극적 목적이 있었음을 감지하고 있었다. 일본의 침략이 명을 목표로 하고 있었다는 점을 간파하고 있었음에도 불구, 안보를 저해하는 요인의 원천적인 봉쇄라는 근원적 방책보다는 조선을 완충지대로 활용하는 선에서 그친 것이다. 보다 더 자세한 내용은 김용호, "中國의 對韓半

니시 유키나가(小西行長)가 평양을 점령하게 된다. 그때서야 명은 이여송으로 하여금 5만의 병력을 이끌고 압록강을 건너 조선을 돕도록 하였다. 이렇듯 소중히 여기던 지역을 훗날 청 왕조가 되는 금에게 넘겨준 명 왕조는 결국 중원을 청에게 넘겨주었으며 이 지역을 일본에게 넘겨준 청 왕조 역시 역사의 뒤안길로 사라져 버리고 말았다.

이런 모습은 약 360년 후 정확히 재연된다. 인천상륙작전을 성공시킨 미군과 한국군은 유엔의 깃발아래 38선 이북으로의 진군을 결정한다. 당시 중국은 정부수립 1년도 채 안 된 상태였고 국민당 정부를 대만으로 축출하는 데 이미 적지 않은 국력을 소모한 때였다. 맥아더의 만주폭격 요청을 트루먼 행정부가 거부한 데에는 이 같은 측면도 고려된 것으로 분석된다. 만일 이때 미국이 한반도에 연유된 중국의 지정학적 역사를 알고 있었더라면 불필요한 희생을 막을 수도 있었을 것이다. 중국의 인민의용군이 인해전술로 압록강을 넘어왔던 것은 국군 1사단과 미군이 평양을 점령한 직후였다.

임오군란으로 조선에 군사적으로 개입한 직후 청은 선후6조(善后六條)를 발표하면서 개입의 정당화를 시도했다. 6조 가운데 눈에 띄는 대목이 있다. 방봉천(防奉天)이란 조항인데 봉천은 만주의 수도격 도시인 심양의 옛 명칭이어서 곧 만주를 뜻하는 것으로 해석할 수 있다. 즉 한반도에의 군사개입이 만주를 보호하기 위함임을 청 왕조 스스로 천명한 것으로 해석할 수 있는 대목이다.

현재 북한과 중국의 친선관계는 이념적 동일성에서 기인하는 측면도 있지만 한반도 북부지역에 대한 중국의 지정학적 이해관계를 반영한 측면도 개재되어 있음을 간과해서는 안 될 것이다. 1961년 체결된 북한과 중국과의 군사동맹은 아직도 유효하며 체결당사국 모두가 동의해야만 개정이나 폐기가 가능한 것으로 규정되어 있다. 즉 북한이나 중국 어느 일방만의 요구에 의해서는 이 조약의 폐기나 개정이 불가능한 것이다.

따라서 만일 미국이 북한에 대한 대규모 군사제재를 실행한다면 중국이

島 軍事介入에 關한 歷史的 考察," 『軍史』, 第 27號(1993), pp.62-65 참조.

코소보에서의 러시아 전철을 밟을 가능성은 매우 높다. 특히 북한에 대한 군사제재에 있어 일본과의 안보협력을 추구한다면 이는 동북아지역에서 해양세력과 대륙세력과의 대결이라는 일본과 중국의 전통적 경쟁관계를 부활시키는 것일 뿐이다. 결국 중국의 전통적 영향권에 대한 이해가 결여된 미국의 대북군사제재는 중국과의 또 다른 마찰의 불씨가 될 것으로 파악된다.

II. 주한미군: 머리로 풀어나갈 것인가, 가슴으로 대할 것인가?

우리나라의 외교에서 가장 커다란, 그러면서도 내어놓고 얘기하기 힘든 문제가 바로 주한미군 문제라고 할 수 있다. 북한과의 대치상황하에서 주한미군의 주둔은 우리 안보의 커다란 버팀목이 되어 온 것은 사실이지만 주권국가에 외국군이 존재한다는 사실은 외교관으로서 정당화시키기에 가장 난감한 과제임에 틀림없다. 주한미군 사령부가 주둔하고 있는 서울의 용산은 임오군란 당시 청군이 주둔했던 곳으로 한강에 가까워 식수를 구하기 쉬운데다가 남산만 넘으면 도성이어서 지리적으로도 점령군이 주둔하기 좋은 조건을 갖추고 있다. 후에 일본군 병참기지로 활용되다가 해방 이후 한국전을 거치면서 미군이 사용하게 되었다고 한다.[5]

주한미군은 먼저 외교의 자주성 문제를 야기한다. 엄연히 미군이 주둔하고 있는데 미국과 동일한 외교노선을 택하지 않겠다고 호언해 봤자 국제사회에서 믿어줄 국가도 많지 않다. 그렇다면 미국의 외교노선으로부터 벗어나 자주외교노선을 추구할 능력이 과연 우리에게 있는가. 2002년 6월 두 명의 여중생이 훈련 중이던 미군장갑차에 치여 숨진 사건이 발생한 약 5개월 뒤 사고 장갑차를 몰던 두 명의 미군에게 무죄가 선고되면서 한국사회는 전례 없는 반미감정의 도가니 속에 휘말렸다. 촛불시위가 연일 이어지고

---

5) 『경향신문』, 2004년 7월 24일자, 3면.

대통령 선거에도 영향을 미쳤다고도 한다. 그러나 결국 우리는 유엔이 승인하지도 않은 이라크전쟁의 전후처리를 위해 파병을 하게 되었고 미국과의 안보협력도 계속되고 있다. 이는 무엇을 의미하는가.

한 연구에 따르면 주한미군을 제외하고 남북한 간의 군사력을 비교하면 공군만이 우위일 뿐 지상 및 해상전력은 모두 북한에게 열세라고 한다.[6] 그런가하면 주한미군이 철수한 상황에서 북한이 남침할 경우 남한병력만으로는 방어가 불가능하다는 연구결과도 나오고 있다고 한다.[7] 경제력만이 북한에 절대우위를 차지하고 있을 뿐 주한미군이라는 존재가 없다면 북한에 대한 방어력을 갖추고 있지 않다는 결론에 도달한다.

그럼에도 불구하고 여론조사 결과 우리 시민들은 북한이 남침할 것으로는 생각하고 있지 않다고 한다.[8] 노무현 정부 출범 이후 여론조사결과는 정책의 입안과정에 폭넓게 사용되고 있다. 심지어 대통령 선거과정에서 노무현 후보와 정몽준 후보의 후보단일화 결정도 여론조사결과에 의해 이뤄졌다. 과연 안보문제도 이처럼 여론조사에 의거하여 풀어나갈 수 있을까?

일반 시민들은 과연 외교안보문제에 대해 어느 정도 전문성을 지니고 있을까. 일반 시민들은 경제문제, 즉 금리인하, 세율책정, 예산배정 등에 대해 불만도 많고 요구사항도 많지만 이들 정책이 결정되는 과정의 복잡함을 제대로 이해하고 있지 않은 경우가 많다. 외교안보 사안도 마찬가지이다. 과연 외교안보정책을 소수의 전문가들이 판단하여 정책을 입안하고 추진하여야 하는 것인지 아니면 전문성은 떨어지지만 일반시민들이 참여해야만 하는 것인지에 대한 논의도 빼놓을 수 없다. 전문성은 오히려 SOP와 부서이기주의 등 경직된 정책결정과정을 초래할 뿐이라는 의견과 외교안보정책을 감정적으로 처리할 수 있다는 의견의 대립에 대한 논의가 될 것이다. 또한 국가이익을 누가 정할 것인가의 보수와 진보의 논의이기도 하다.

---

6) 『중앙일보』, 2004년 8월 30일자, 1면.

7) 『조선일보』, 2004년 10월 5일자, 1면.

8) 전쟁 가능성이 대체로 낮다(45.5%)거나 매우 낮다(27.3%)는 응답이 72.3%에 달했다. 더 자세한 여론조사 결과는 다음을 참고할 것. 『문화일보』, 2005년 8월 12일자, 5면.

2002 월드컵에서 한국전쟁 당시 참전하여 같이 싸웠던 터키를 형제의 나라로 치켜세우고 응원하면서도 정녕 3만 7천 명의 전사자를 낸 미국에 대해서는 싸늘한 눈길만을 보냈던 우리였다. 터키는 한국전쟁에서 741명이 전사했다.[9] 북한과의 관계개선으로 미군이 주둔해야 할 필요가 없어진데다 2000년 6월의 남북정상회담으로 북한과 형제관계를 복원했기 때문에 미군은 오히려 남북한 간의 형제관계를 이간시켰던 장본인으로 취급되었다. 이 때문에 미국을 미워한다면 똑같은 논리로 한국전쟁 참전국이었던 터키 또한 미워해야 했다. 그러나 같은 참전국이면서도 막대한 인명과 손실을 부담해야 했던 미국은 증오의 대상이었고 터키는 형제애의 상징이었다. 논리적으로 납득이 가지 않는 이러한 사실은 외교안보 사안을 머리가 아닌 가슴으로 대한 결과였다.

다음으로는 북한의 위협에 대한 분석이 뒤따라야 한다. 북한이 남한을 침략하지 않는다는 확신이 있다면 우리 학생들이 군대에 가야할 필요성은 현저히 낮아질 것이다. 여기에서 최악의 경우(worst scenario)를 상정할 때와 가장 발생할 가능성이 높은 경우(plausible scenario)를 상정할 때의 정책 차이가 확연히 나타난다. 경제난 극복, 미국과의 관계개선, 김정일의 권력 승계 등 국내외 현안이 산적해 있는 북한이 자살행위나 다름없는 남한에 대한 침략을 감행할 것인지에 대한 판단기준의 설정이 곧 정책을 결정하기 때문이다. 현재 대북화해협력정책이나 평화번영정책 등은 모두 후자의 경우를 상정한 정책이다. 그러나 이러한 정책의 배경으로 항상 거론되는 것이 확고한 안보태세의 확립이다.[10]

그 누구도 100% 북한이 침략하지 않을 것이란 확언을 할 수 없기 때문이

---

9) 터키는 한국전쟁 당시 3,216명이 참전해서 741명 전사, 2,068명 부상, 163명 실종, 244명이 포로로 잡혔다. 그 외 자세한 사항은 2000년 『국방백서』 부록을 참고할 것.

10) Chung-in Moon, "Understanding the DJ Doctrine: The Sunshine Policy and the Korean Peninsula," in Chung-in Moon and David I. Steinberg (eds.), *Kim Dae-jung Government and Sunshine Policy: Promises and Challenges* (Seoul: Yonsei University Press, 1999), p.40; 국가안전보장회의 상임위원회, 『평화번영과 국가안보』(서울: 국가안전보장회의, 2004) p.35.

다. 비록 자살행위나 다름없더라도 전쟁을 일으키는 편이 일으키지 않는 경우보다 유리하다고 판단된다면 전쟁을 감행할 가능성이 있다는 연구결과도 제기되고 있다.[11] 그런가 하면 전쟁의 결정은 항상 비합리적 판단에서 기인한다는 지적도 제기되고 있다. 사담 후세인의 쿠웨이트 침공이나 김일성의 한국전쟁이 과연 합리적인 판단에서 나온 가장 발생할 가능성이 많은 경우였던가를 생각한다면 과연 북한의 침략가능성에 대한 낙관적 평가가 가능할 것인지의 의문도 제기된다.

그렇다면 주한미군이 우리 안보에서 담당하는 부분을 우리가 담당하려면 어느 정도의 경제력 부담을 안아야 할 것인가? 2005년 현재 우리나라의 국방비 지출은 GDP의 2.5%에 해당하는 20조 8,226억 원이다.[12] 여기에서 미군의 공백을 메우기 위한 국방비 소요는 621조 원이 들 것으로 추산되는데 이는 현재의 국방비를 15년간 8%씩 계속 증가시켜 나가야 한다는 계산이 나오는데[13] 이는 복지와 남북협력, 양극화 해소에 적지 않은 예산이 필요한 시점임을 고려할 때 커다란 부담이 아닐 수 없다.

III. 북한 핵문제: 통일 파트너와 동맹 파트너 간의 갈등

그렇다면 우리는 지금도 한반도 안보를 머리가 아닌 가슴으로 대하고 있지는 않을까? 현재 한반도 안보에 있어서 가장 커다란 화두는 역시 북한 핵문제라는 데에 이견이 없을 것이다. 북한의 핵문제는 과연 왜 발생한 것일까. 간혹 외국인들이 한국사람을 가리켜 이해할 수 없는 사람들이라고 한다. 인간에게 발생할 가능성이 지극히 낮은 광우병이 두려워 소고기 소

---

11) Victor D. Cha, "Hawk Engagement and Preventive Defense on the Korean Peninsula," *International Security,* Vol.27, No.1(June 1, 2002), p.53.

12) 『문화일보』, 2005년 9월 27일자, 7면; 『연합뉴스』, 2005년 10월 25일자.

13) 『조선일보』, 2005년 10월 28일자, 4면.

비가 줄어들 정도인데도 정녕 북한의 핵미사일은 두려워하지 않기 때문이라고 조소한다.

북한이 개발 중인 핵미사일은 대륙간 탄도미사일에 장착하기 위한 것이고 남한에게 발사할 경우 굳이 대포동과 같은 대륙간 탄도미사일을 개발할 필요가 없다는 이유로 남한을 공격하기보다는 스스로의 안보자구책이라는 의견도 개진되고 있다. 반면 호전광인 북한이 전쟁준비를 위해 핵개발을 추진 중이고 언제든 남한이나 미국을 향해 핵미사일을 발사할 지도 모른다는 식의 논리 역시 머리가 아닌 가슴으로 이 문제를 풀어나간 과정에서 나온 해답이다. 물론 이 모든 의견이 모두 틀린 것은 아니고 또 모두 맞는 것도 아니다. 그러나 왜 북한이 핵무기를 개발하려 하는가에 대한 냉정한 분석이 결여된다면 이 문제는 영영 해결되지 않을 수도 있고 남북통일의 걸림돌로 작용할 가능성도 얼마든지 있다.

북한 핵문제를 이해하기 위해서는 북한외교를 거시적으로 분석해 볼 필요가 있다.[14] 한국전쟁 종전 이후 북한외교의 최대목표는 미국으로부터의 위협을 제어하는 것이었다. 남한의 안보에만 집착한 나머지 한국전쟁 당시 중국이 지원하지 않았더라면 정권의 사라질 뻔 했던 북한의 위기의식을 계산에 넣지 못한다면 북한의 핵문제를 제대로 이해할 수 없다. 이를 위해서는 1차 핵위기가 촉발된 1990년대 초반으로 거슬러 올라가야 한다. 1990년대 초반까지 북한의 외교는 미국으로부터의 군사적 위협을 중국과 옛 소련, 두 동맹국의 군사적 지원을 통해 제어해 오는 데에 중점을 두어 왔다. 중소분쟁의 와중에서도 어느 일방을 택하지 못하고 줄타기 외교를 추구했던 이유 역시 미국의 위협 아래에 놓여 있었기 때문이었다.

1990년대 초 북한 핵문제가 촉발된 원인은 '위기의 인식(perceived threat)'에 있으며 북한의 위기의식은 체제유지라는 북한정권 최대의 목표를 방해할 수 있는 장애요소들이 등장함에 따라 고조되었다고 분석된다. 북한의 핵개발은 다수의 대내외적인 변수들이 복합적으로 작용해 표출된 것으로 판단

---

14) 김용호, 『현대북한외교론』(서울: 오름, 1996), pp.351-420.

되는데 김정일로의 후계구도에서 비롯된 내부적 불안요인과 대외적으로는 소련의 해체와 동구권의 붕괴를 통해 형성된 미국 주도의 국제질서가 북한의 위기감을 가중시킨 것으로 분석된다. 게다가 경제위기와 이에 따른 에너지난이 겹쳐 북한은 한국전쟁이래 최대의 위기를 맞고 있다는 인식을 갖고 있었을 것이다.

북한 핵문제는 이들 위협요인들이 제거 혹은 완화되거나 아니면 전혀 새로운 위협요소가 창출되어 기존의 요소들에 비해 보다 강력한 체제위협작용을 하게 될 경우에만 해결될 수 있다는 결론이 도출된다.

국제질서의 변화에 따른 북한의 고립감은 북한의 위기감을 고조시킴으로써 핵을 통한 돌파구를 모색하도록 유도했다. 미국 주도의 신국제질서의 형성은 북한에 있어서는 동맹세력의 붕괴 내지는 변화를 의미한 것이며 또한 적대세력의 강화와 직결되는 열악한 전략적 환경을 초래하였다. 북한의 재래식 무기체제는 남한에 비해 낙후되어 있는 실정이며 이를 보완할 러시아와 중국으로부터의 군사원조도 격감한 상태에서 스스로 무기체제의 현대화를 추구할 경제적 여력의 부재는 당연히 가공할 만한 파괴력을 지녔으면서도 상대적으로 개발비가 적게 드는 핵무기의 개발에 관심을 돌리도록 유도하였을 것이다. 이것이 1차 북핵위기의 발단이었다.

2002년 강석주의 우라늄 핵개발 프로그램 시인으로 촉발된 제2차 북핵위기는 제1차 북핵위기보다 더 복잡한 과정을 거쳐 발생했다. 제1차 북핵위기가 북한의 안보딜레마로부터 발단이 된 것이라면 제2차 북핵위기는 북한과 미국 양측의 안보딜레마가 동시에 작용한 결과이기 때문이다.

9·11테러가 미국에 비해 국력이 절대약세에 있는 테러단체도 미국의 아킬레스건(America's Achilles' heel)[15]을 공격할 수 있다는 사실을 여실히 보여준 것이며 또 미국본토에 대한 역사상 유례없는 공격을 의미한 것이기도 하다. 때문에 건국이래 가장 심각한 안보위협으로도 인식할 수 있었을 것

---

15) Richard A. Falkenrath, Robert D. Newman & Bradley A. Thayer, *America's Achilles' Heel* (Cambridge: MIY Press, 1999).

이다. 북한의 위기의식이 상존하는 상태에서 미국의 위기인식까지 겹쳐 더욱 복잡한 양상으로 전개되고 있는 것이 바로 2차 핵위기란 사실을 간과해서는 안 된다.

2차 핵위기는 국제적 갈등의 양상과 내부적 협력의 양상이 서로 맞물려 남한의 외교적 입지를 더욱 난처하게 한다. 앞서 언급하였듯이 국제적으로는 북한과 미국의 안보딜레마의 갈등이, 한반도 내부적으로는 남북한의 관계개선이라는 협력이 서로 충돌하고 있기 때문이다. 동맹 파트너와 통일 파트너와의 갈등에 어쩔 수 없이 끌려들어간 형국으로밖에 표현할 수 없을 것이다.

그렇다면 부시 행정부의 위험부담의지가 아무리 결연하다고 해도 현실주의에 기초한 대북강경정책을 고려함에 있어 탈냉전의 자유주의적 분위기에 구속되지 않을 수 없다. 우선 1990년대 들어 미국의 대외군사개입은 미국 단독으로 추진되지 않았다. 걸프전에서는 다국적군을 구성해 개입하였으며 보스니아에는 유엔평화유지군으로, 그리고 코소보에는 나토라는 동맹체의 깃발을 빌어 군사개입이라는 카드를 썼다. 이는 미국이 단독군사개입으로 인한 정치적 부담을 원치 않는다는 것을 명백히 나타내는 대목이다.

그런데 북한이 위치한 동북아시아에는 미국이 군사적 결속의 구심점으로 활용할 제도적 장치가 결여되어 있다. 유럽에서는 탈냉전기에 접어들면서 나토를 지역안보체로 확대시키는 방안으로 안보협력이 진행되었다. 나토는 1997년 체코슬로바키아와 헝가리, 폴란드를 나토에 가입시킴으로써 동서대결의 상징적 이미지를 스스로 떼어버리고 이제는 명실상부한 다자간 안보협력체로 탈바꿈하였다. 이러한 나토의 확대는 대다수의 유럽지역 국가들에게 다자주의적 경험이 생소한 것이 아니었기 때문이었다.

냉전시기 나토와 바르샤바 조약기구 간의 세력균형이라는 테두리 속에서 유럽의 국가들은 안보문제를 다자간 협의에 의해 풀어나가는 것에 익숙해져 있었다는 의미이다. 다시 말하면 이 테두리 속에서 다자적 안보협약이라는 틀 안에서의 사회화가 진행되고 그 사회화로 인해 형성된 정체성이 나토의 확대를 가능케 했었다는 것이다.[16] 제도적 장치의 결여와 하나의 안보체라는 정체성의 결여로 말미암아 미국의 군사개입에 동참할 역내 국가를 확보하기가 수월할 것으로 보이지는 않는다.

부시 미 행정부의 현실주의적 대외정책을 이론적으로 설명하기가 수월하지는 않다. 그 이유는 부시 행정부의 외교안보팀이 지칭하는 현실주의적 성향이 현실주의의 이론을 지칭하기 보다는 '이상주의(idealism)'나 '낭만주의(romanticism)'과 대비되는 개념으로 활용되는 경향이 나타나기 때문이다. 부시 대통령의 표현대로 미국의 이익을 직선적으로(straightforward) 추구하겠다는 의지를 현실주의로 수식하였을 뿐 새로운 이론적 체계를 갖추고 있지는 않다는 의미이기도 하다. 때문에 '엉터리(faux)' 혹은 '잡탕(smor-gasbord)' 현실주의라는 혹평을 얻고 있기도 하다.[17] 분명한 것은 전통적인 동맹관계의 강화와 대만과 같은 지역에서 표방해 왔던 전략적 모호성(strategic ambiguity)을 탈피함과 동시에 미사일방어체제(MD)의 구축을 통해 당분간 지속될 수 있는 미국의 군사적 우위를 확보하겠다는 것으로 집약될 수 있다. 중국 및 북한에 대한 포용정책의 포기를 의미함은 물론이다.

부시 행정부의 대북정책에는 크게 두 가지 협상불가능한 원칙이 존재한다. 상호성(reciprocity)과 검증(verification)이 그것이다. 상호성은 더 이상 북한에게 GRIT전략을 사용하지 않겠다는 의미이다. 클린턴 행정부가 1994년 북한과의 핵합의를 통해 핵동결의 대가로 북한에게 중유와 경수로 건설을 공급해 준 정책이나 포괄적 상호성에 바탕을 둔 김대중 대통령의 햇볕정책과는 분명 차이가 있는 개념이다. 엄격하게 Tit-for-Tat전략을 적용함으로써 북한에게 무조건적인 양보는 없다는 점을 주지시키겠다는 메시지이기도 하다.

검증은 클린턴 행정부가 북한과 서명한 핵합의를 존중하지 않을 수도 있

---

16) Frank Schimmelfennig, "NATO Enlargement: A Constructivist Explanation," *Security Studies,* Vol.8, No.2/3(Winter 1998/99-Spring 1999), pp.198-234.

17) Jeffrey W. Legro and Andrew Moravcsik, "Faux Realism: Spin versus Substance in the Bush Foreign-policy Doctrine," *Foreign Policy* (July/August 2001), pp. 80-81.

다는 의미가 내포되어 있다. 2001년 5월 개최된 TCOG에서 미국의 제임스 켈리(James Kelly) 차관보는 검증이 미국의 대북정책에서 가장 우선순위를 차지하는 목표가 될 것이라고 언급했다.[18] 북한의 핵 및 미사일개발에 있어서 확실한 투명성(transparency)을 검증하겠다는 의미는 아직 충분한 투명성을 확보하지 않았다는 전제에서 출발하겠다는 것이다. 1994년의 북미핵합의(Agreed Framework)는 서명당시부터 한 가지 커다란 오류를 내포하고 있었다. 바로 북한의 과거 핵투명성에 대한 규명이 결여된 채 핵동결에만 만족하고 있다는 점이다. 북한의 과거 핵투명성은 2002년경 경수로의 핵심부품이 인도되기 이전에 규명하도록 합의되었기 때문이다. 이제 부시 행정부가 북한의 투명성을 문제삼는 것은 북한의 과거 핵투명성의 규명을 관건으로 삼는 것이며 만족한 성과가 나오지 않을 경우 검증이라는 대원칙은 만족되지 않음을 의미하는 것이다. 따라서 검증을 우선시한다는 것은 결국 핵합의를 재검토하겠다는 의지의 표현으로도 해석할 수 있는 것이다.

부시 행정부가 한국정부의 대북정책에 대한 지지를 표명하면서도 잊지 않고 조건을 덧붙인다. 미국이 고려하기에 건설적인 방식으로 북한이 행동한다는 조건이다.[19] 이러한 조건을 반복하는 것은 미 행정부가 북한에게 적지 않은 양보를 제공해 주었음에도 불구하고 북한이 지금까지 건설적인 방식으로 행동하지 않았다고 인식한다는 것을 의미한다. 다시 말하면 북한을 신뢰하지 않는다는 단적인 표현인 것이다.

현실주의적 관점에서 추진된다는 미국의 대북강경정책은 부시 행정부의 위험부담의지에 의해 그 성패가 결정된다고 볼 수 있다. 유일한 초강대국의 지위를 지속적으로 확보하려는 부시 행정부가 북한에 대해 강경정책을 구사하기 위해서는 북한의 강압적 반응과 그로 인한 최악의 시나리오에 대비한 외교적 혹은 군사적 대안을 마련해야 한다. 부시 행정부의 대북강경

---

18) *Korea Herald* (May 28, 2001), p.1.

19) "on the condition that North Korea behaves in the way the United States considers as constructive."

정책은 두 개의 상반된 결과를 도출시킬 수 있다. 첫 번째는 미국이나 북한 중 어느 일방의 양보로 인해 외교적 결론이 나는 경우이고, 두 번째는 쌍방의 위험부담의지에 대한 오산 및 의도하지 않은 긴장고조(unintended escalation)로 인하여 국지적인 군사충돌이 일어나는 경우이다.

북한은 다양한 카드를 통해 부시 행정부의 위험부담의지를 실험할 것으로 보인다. 잠정적 중지를 선언한 미사일 실험발사의 재개나 이란과 같은 국가에 대한 미사일 수출재개, 혹은 1994년의 북미핵합의를 무효화시키고 핵개발 프로그램을 재가동하는 것 등을 통해 미국을 자극하기는 지극히 간단하다. 실제로 미사일 실험발사를 준비하지 않더라도 미사일 발사대를 만드는 시늉만으로도 이를 위성으로 감지한 미국의 반응을 불러일으킬 수 있으며 미사일 수출이나 핵합의 무효화는 실제적인 행동이 수반되지 않더라도 성명이나 로동신문과 같은 언론의 보도 등 선언적 조치만으로도 충분히 의도하는 효과를 거둘 수 있는 대안들이다. 물론 군사적 능력 등 제반 국력면에서 미국과 북한의 군사적 충돌의 승리자를 묻는 것은 우문에 불과하다. 다만 어떤 유형의 강경정책이라도 그 효과를 거두기 위해서는 항상 마지막 카드로 군사적 대안을 준비하지 않으면 안 된다는 대전제가 깔려 있다는 것이다.

2002년 8월 15일 럼스펠드(Donald Rumsfeld) 국방장관이 의회와 대통령에 제출한 보고서에서는 북한을 이란, 이라크와 함께 위험한 국가로 분류하고 있어 북한에 대한 미국의 강경정책이 당분간 지속될 것임을 시사해주고 있다. 특히 장거리 미사일을 보유하고 있으며 핵, 생화학(NBC) 무기를 개발 중인 국가, 국제테러조직에 대한 지원, 자국민에 대한 공포정치 등을 행하는 국가로 묘사되었다.[20]

이 보고서가 미국의 안보가 위협을 받을 경우 가능한 모든 수단을 동원하여 선제공격을 실시한다는 대안을 배제하고 있지 않은 점을 고려한다면 북한에 대한 부정적인 시각의 지속이 미국의 대북 무력제재로 이어진다는 가설은 전혀 근거없는 것만은 아니다. 미국이 예방(prevention)의 차원을 넘

---

20) http://www.dod.gov/execsec/adr2002/pdf_files/chap1.pdf

어 선제압도(preemption)를 필요로 할 뿐 아니라 가장 최선의 방어는 공격임을 천명하고 있는 사실과 함께 모든 수단을 동원한 무력제재를 포함해 사전에 어떤 대안도 배제하고 있지 않다는 사실이 분명히 언급되어 있는 점은 유의해야 할 대목으로 분석된다.[21]

미국의 대북 무력제재의 개연성은 역시 한반도에너지개발기구가 건설 중인 2기의 경수로 원자로와 맞물려 있었다. 1994년의 핵합의시 미국과 북한은 경수로의 핵심부품이 이전되는 시점에 1994년 이전시기에 진행되었던 핵개발과정의 투명성을 규명하기로 합의했던 것으로 알려진다. 이미 미국은 수차례에 걸쳐 북한의 핵시설에 대한 즉각 사찰의 필요성을 언급하였으며 북한은 이 제의에 대해 거부로 일관하고 있다. 최근 대통령 특사자격으로 북한을 방문한 제임스 켈리(James Kelly) 차관보가 북한에 줄기차게 요구한 것 역시 미사일 및 생화학무기 개발의 중지와 함께 핵투명성의 규명이었다. KEDO는 경수로의 핵심부품을 2004년이나 2005년경에 이전하려 했다. 그러나 미국은 북한의 우라늄 핵개발 프로그램이 드러나자 경수로 사업에 대한 지원을 중단했고 결국 경수로 사업현장에서 노동자들이 철수함으로써 경수로 사업이 사실상 중단되는 결과가 초래되었다.

그러나 북한에 대한 미국의 군사개입은 다음과 같은 장애를 제거해야만 가능할 것이다. 미국이 극복해야 할 첫 번째 장애는 지상병력의 결여이다. 코소보나 아프가니스탄에서 미국이 희생을 극소화하며 성공적인 개입을 이끌어 낼 수 있었던 것은 코소보 해방군(Kosovo Liberation Army, KLA)과 북부동맹군의 존재가 있었기 때문에 가능한 것이었다. 이들의 의해 세르비아군과 아프가니스탄군의 기갑부대와 주요시설, 기갑병력의 위치 등이 노출되어 나토군 항공기에게 손쉬운 목표가 될 수 있었다.[22] 이 같은 지원을 북한에 대한 무력제재시 미국이 받을 수 있을 것으로는 보이지 않는다. 동

---

21) http://www.dod.gov/execsec/adr2002/pdf_files/chap3.pdf

22) Ivo H. Daalder and Michael E. O'Hanlon, "Unlearning the Lessons of Kosovo," *Foreign Policy* (Fall 1999), p.131.

북아시아에서의 전면전을 감수하지 않는다면 한국군의 개입을 가정할 수 없기 때문이다. 그렇다면 미국은 요새화되어 있는 북한병력을 상대로 커다란 인명손실을 감수하지 않을 수 없게 된다.

북한에 대한 무력제재에서 미국이 넘어야 할 또 하나의 장애는 난민문제이다. 코소보에서도, 아프가니스탄에서도 난민의 발생은 미국 등 개입당사국들을 당혹케 만든 요인이 되었다. 특히 코소보에서는 인권을 보호하기 위한다는 명분을 걸고 실행한 무력개입이 결과적으로 난민들의 인권을 유린했다는 비난을 야기시키기까지 했다. 이미 러시아와 중국 등지에 상당수의 북한난민이 존재하는 상황하에서 미국의 대북 무력제재는 통제할 수 없을 만큼 많은 수의 난민을 배출하는 결과를 야기할 수 있다. 난민에 대한 관리가 또 다른 재정적 부담을 야기시킬 것임은 자명하다.

북한의 대미 핵외교는 미국의 입장 여하에 따라 정형화된 반응을 보여왔다. 먼저 김정일에 대한 비난이나 김정일 정권의 생존에 영향을 줄 만한 사안이 발생할 경우 협상의 진전상황에 관계없이 가장 호전적인 반응을 보인다는 것이다. 이는 절대권력자에 대한 과잉충성이나 전체주의적 속성이 반영된 것으로 볼 수도 있지만 북한 이해구도의 최우선시되는 김정일의 생존과 결부된 사안에 대한 반응으로 파악해야 할 것이다. 협상테이블에서도 김정일에 대한 언급은 북한협상가들을 경직시키는 전술로 활용될 수 있으며 그에 대한 적절한 공식호칭을 사용하지 않을 경우 그에 대한 사과가 있을 때까지 회담이 연기되는 경우도 있다고 한다.[23]

2002년 5월 17일, 미 의회는 북한에게 가장 민감한 사안인 인권문제를 거론하기 시작했다. 탈북자의 북한송환을 항의하는 서한이 상원의언 19명의 서명하에 중국주재 미국대사에게 전달되었고 6월에는 중국정부 및 UNHCR이 탈북자 송환 및 안전한 망명을 보장하는 조치를 취해달라는 결의안이 하원의원 35명에 의해 제출되었다.[24] 이 와중에서 부시 대통령이 김정일을

---

23) 정세현 전 통일부 장관과의 인터뷰(2005년 4월 16일).
24) 『조선일보』, 2002년 5월 18일자 1면, 5월 24일자 2면과 6월 12일자, 1면.

피그미로 지칭한 사실이 보도되었다.[25] 미 하원이 북한인권법을 통과시킨
것이 2004년 7월 21일의 일이고 다시 하원의 동의를 거쳐 10월 4일에 상원
이 이 법을 통과시키면서 북한을 자극한다. 이에 따라 탈북주민을 돕는 개
인이나 민간단체의 지원, 탈북자에 대한 이민비자 발급 및 북한지역에 대한
라디오방송을 지원하기 위해 2천만 불의 예산이 확보되었다.[26]

라이스 국무장관의 '폭정의 전초기지(Outpost of Tyranny)' 발언은 2005
년 1월, 그녀에 대한 상원의 청문회 과정에서 나왔다. 2005년의 부시 대통
령 연두교서에서 북한을 자극할 만한 발언이 없었음에도 불구하고 북한은
라이스 국무장관의 발언을 문제삼고 나섰다. 2월 10일 북한은 외교부 성명
을 통해 이 발언이 2기 부시 행정부 대북정책의 적대성을 나타내는 것이라
며 비난했는데 2개월 뒤 이 발언의 취소와 사과가 6자회담 지속의 전제조
건으로 등장한다.[27]

이로부터 북미 간의 설전이 시작된다. 2005년 3월 라이스 장관의 서울방
문을 앞두고 북한 외교부 대변인은 그녀를 가리켜 "세계 최대의 폭정독재
국가의 하수인에 불과"하다고 표현했으며 사과를 거부한 로이터통신과의
인터뷰를 "망발"로 표현했다.[28] 4월 16일 북한은 다시 라이스 장관의 사
과를 요구했으며 그녀는 진실을 말한 것에 대해 사과를 할 수 없다며 북한
의 요구를 일축했다.[29] 4월 29일 부시 대통령은 김정일을 지칭하며 자신의
국민을 굶주림 속에 허덕이게 하는 위험한 인물로 묘사하자 북한은 부시
대통령을 "정상적인 인간의 체모도 갖추지 못한 불망나니이며 애당초 우리
가 상대할 대상이 못되는 도덕적 미숙아, 인간추물"로 표현하였으며, "무

---

25) *Newsweek,* May 27, 2002, p.37
26) 〈http://usembassy.state.gov/ircseoul/wwwh5320.html〉; http://english.donga.com/
    srv/service.php3?bicode=060000&biid=2004093054488 http://www.royce.house.
    gov/News/DocumentSingle.aspx?DocumentID=19692 〈http://www.govtrack.us/
    congress/bill.xpd?bill=h108-4011〉 참조.
27) 『로동신문』, 2005년 2월 11일자, 2면과 4월 26일자 4면.
28) 조선중앙통신, 2005년 3월 16일.
29) 『한겨레신문』, 2005년 4월 18일자, 3면; 『조선일보』, 2005년 4월 30일자, 31면.

고한 인민들의 피가 묻은 손을 내흔드는 세계의 독재자"라고 비난했다.[30]
5월 1일에는 백악관 비서실장인 카드(Andrew Card)도 가세해 김정일을 비난했으며 그 다음날 라이스 국무장관이 북한에 대한 억제력에 대해 언급하여 군사제재 가능성을 시사했고, 체니 부통령은 김정일을 무책임한 지도자로 표현하였다. 이에 대해 북한은 체니 부통령을 가리켜 "세계를 피바다에 잠기게 한 최대의 악마이며 피에 굶주린 야수"로 표현했다.[31]

북미 간의 설전은 부시 대통령이 김정일을 Mr.로 호칭하면서 일단락짓게 된다. 조선중앙통신은 이 호칭에 상당히 고무된 듯 다음과 같이 보도하였다. 보도에서 "이번에 부쉬 대통령이 한 발언이 대조선정책을 혼미한 상태에 빠뜨린 미국내 강온파 사이의 싸움에 종지부를 찍게 된다면 6자회담 분위기를 조성하는데 기여하게 될 것"이라고 평하였다.[32] 15일 뒤, 김정일은 평양을 방문한 정동영 통일부장관에게 6자회담 복귀의사를 내비쳤다.

북한의 6자회담 복귀는 단순히 Mr.란 호칭 하나 때문이라기보다는 Mr. 란 호칭을 붙였다는 것은 김정일의 지도자로서의 위상을 인정한다는 의미가 담겨있기 때문이었다. 그만큼 김정일의 정치적 생존에 긍정적인 변화를 의미하는 것이기 때문에 6자회담에 복귀했다는 해석이 가능하다. 반대로 김정일에 대한 비난은 그만큼 북한의 정권안보를 위협하는 미국의 입장을 시사하는 것으로 인식되어졌을 것이다.

또 한 가지 북한핵문제에 대해 주목해야 할 점은 미국의 군사제재 움직임이 가시화된 이후 북한이 협력적 태도로 전환했다는 점이다. 1994년 6월 클린턴 행정부는 유엔에 대북제재를 요청하였고 주한미군은 서울에 살고 있는 미국 시민들의 소개계획을 공개하였다.[33] 북한과의 핵협상에 미국 측

---

30) 조선중앙통신, 2005년 4월30일.

31) AFP, May 3, 2005 from http://www.spacewar.com/2005/050502223346.qavi0anx. html. International Herald Tribune, May 31, 2005 from http://www.iht.com/ articles/2005/05/30/news/korea.php KCNA, June 2, 2005.

32) 조선중앙통신, 2005년 6월 3일.

33) *New York Times,* June 3, 1994, p.A1; 『서울신문』, 1994년 6월 2일자 4면.

대표로 나섰던 갈루치 대사도 1994년 6월 9일 상원청문회에서 주한미군을 강화하기 위한 모종의 조치들이 있었음을 시인했고 페리 국방장관도 항모 인디펜던스(Independence)호를 한반도로부터 하루면 도착할 수 있는 위치에 이동할 것을 명령했다고 보도되었다. 며칠 뒤 남한에 군사증파를 요구하는 의회결의안도 93대 3으로 상원을 통과했다.[34] 이 당시 미국의 전쟁부담에 대한 결연한 의지는 클린턴 대통령의 회고록에도 잘 나타나 있다.[35] 결국 북한은 카터 전대통령의 평양방문을 계기로 돌파구를 찾게 되고 6월 22일, 클린턴 대통령은 북한이 3단계 핵회담에 응할 것이라고 밝히게 된다.

이 같은 경향은 2차 북핵위기 시에도 이어졌다. 북한이 6자회담에 복귀하는 등 핵외교 구사에 있어서 협력적 태도를 보일 경우를 분석해 보면 미국의 제한된 군사위협이라는 독립변수를 찾아볼 수 있다. 남한과의 합동군사훈련이나 F-117 스텔스폭격기의 남한배치, 항모의 한반도수역 이동배치 등의 군사적 조치들이 북한의 협력적 태도로의 전환 이전에 취해졌다는 사실은 강압적 외교가, 항상 위기인식을 유발할 수 있는 도구와 함께 수반되어야 효과적이라는 것을 시사해 준다. 합동군사훈련과 같은 사안은 과거 북한이 진행 중이던 협상을 중단할 때 그 명분으로 활용하였던 사안이었다.

2002년 4월 2일 북한이 한반도에너지개발기구(KEDO)와의 협상을 재개한 것은 한미군사합동훈련이 실시된 후였는데 이 같은 훈련은 1993년 이래 처음으로 재개된 것이며 특히 미국이 아프가니스탄을 공격한 이후 처음 있는 대규모 훈련이라는 점에서 북한이 인식할 위협의 수준을 가늠해 볼 수 있다. 1년 뒤 북한이 고농축 핵개발 프로그램을 시인한 뒤 미국 및 중국과

---

34) 『세계일보』, 1994년 6월 11일자, 2면; Bill Gertz, "Pentagon Plans for Buildup in the South," *Washington Times,* June 14, 1994, p.A1; Michael R. Gordon, "Clinton May Add G.I.'s in Korea While Remaining Open to Talks," *New York Times,* June 17, 1994, p.A1; Art Pine and Jim Mann, "Clinton Weighs List of Military Options for Korea Buildup," *International Herald Tribune,* June 20, 1994, p.7; 『조선일보』, 1994년 6월 12일자 2면; http://thomas.loc.gov/cgi-bin/bdquery/z?d103:SP01799:

35) Bill Clinton, *My Life* (New York: Alfred A. Knopf, 2004), p.591.

의 3자회담에 임했던 2003년 3월 31일은 미국이 F-117 스텔스폭격기와 F-15E 전폭기를 남한에 한시적으로 배치(3월 19일부터 4월 2일)한 지 1주일 반 뒤였다. 이라크에서 사담 후세인을 찾기 위해 벙커버스터폭탄을 떨어뜨리고 있는 바로 그 스텔스폭격기가 10년 만에 처음으로 한반도에 배치된 사실 역시 북한의 강압적 협상력을 제고해 준 위협의 근원이 되었다고 볼 수 있다. 2004년 6월 23일 북한의 6자회담 복귀 역시 같은달 스텔스폭격기가 남한에 파견된 직후였다. 2005년 6월 북한의 6자회담 복귀 역시 5월 15대의 스텔스폭격기가 한국에 배치된 이후였다. 2007년 2월 6자회담에서 합의가 도출된 것 역시 1월 10일 300명의 공군병력과 함께 20대의 스텔스 편대가 한국에 배치된 이후였다. 북한이 핵실험과 미사일실험을 실시했던 2006년은 스텔스 편대의 한국배치가 없었다.

북한은 클린턴 행정부의 대북정책에 커다란 신뢰를 갖고 대미관계에 임했었다. 오바마 행정부의 대북정책은 북한이 핵문제 해결에 성의를 보인다는 전제만 확보된다면 클린턴 행정부의 대북정책과 유사한 내용으로 구성될 것이다. 이는 김정일의 가장 신뢰하는 군부인사인 조명록이 백악관에 들어가 클린턴 대통령과 회담을 했던 바로 그 순간으로 북미관계의 시침이 돌아간다는 것을 의미하는 것이다.

이 같은 사실들은 북한이 비록 도발적 외교행태를 보이기는 하지만 위험부담의지는 그리 높지 않음을 의미하는 것이다. 실제로 두 차례의 북핵위기시 북한이 보여주었던 도발적 외교행태를 분석해 보면 도발적 언사가 실질적인 도발적 행태를 동반한 경우는 드물었다.

IV. 북한의 대내정치: 제2의 권력승계

2000년 6월과 2001년 1월, 그리고 2006년 1월에 있었던 김정일의 중국방문은 북한이 오랜 고립에서 벗어나 본격적인 시장경제식 개혁개방을 선택할 것임을 강력히 시사하는 대목이었다.36) 미국의 군사제재는 이제 막 회복을 시작하려는 북한경제에는 커다란 타격만을 안겨다 줄 뿐이며 10년 간 식량과 에너지부족에 시달려온 북한주민들에게는 더 할 수 없는 절망을 안겨다 줄 것이다. 외국의 자본 역시 북한에 대한 투자를 회피하게 되어 북한경제가 받는 타격은 배가될 것이 틀림없다. 남북한 경제협력도 지장을 받게 될 것이다.

북한의 대내정치는 현재 또 하나의 권력승계를 겪고 있는 것으로 풀이된다. 김정일이 중앙정치무대에 사실상의 후계자로서 공식수순을 밟기 시작한 1974년의 정치위원회 위원선임은 사실 1972년부터 그 물밑 작업이 진행되어 왔던 사안이었다. 당 선전선동부와 조직지도부 부장이라는 핵심 포스트를 두 자리나 차지하면서 북한정치를 움직이는 당을 장악하기 시작한 것이 1972년부터였다.37) 1972년은 또한 김일성이 60세로 환갑을 맞는 해이기도 했다. 그런가 하면 중국에서는 모택동의 후계자 림표가 옛소련으로 망명하던 중 비행기 추락으로 사망하던 해이기도 했다.

1942년생인 김정일은 이미 2002년에 60세를 넘겼다. 김일성에서 김정일로의 부자지간 승계는 네 단계로 진행되었다. 첫 단계는 김정일이 32세의 나이로 정치국격이었던 당정치위원회 제5기 중앙위원회 8차회의에서 위원으로 선출되던 1974년 마무리되었다. 그때 김일성의 나이는 62세였다.

두 번째 단계는 1980년대에 마무리되었다. 제6차 당대회에서 김정일이 당정치국 서열 4위, 당비서국 서열 2위, 당 군사위원회 서열 3위로 호명되면서 사실상 김일성 후계자로서의 지위를 공식화한 것이다.38)

세 번째 단계는 김일성이 사망하기 1년 전인 1993년 국방위원회 위원장에 추대되면서 마무리되었다. 1991년 이미 조선인민군 최고사령관직에 올

---

36) Erik Eckholm, "North Korea Placed Focus on Business in China Visit," *The New York Times* (January 21, 2001); 『한겨레』, 2000년 6월 9일자, 8면; 『조선일보』, 2006년 1월 11일자, 3면.

37) 이종석, 『현대북한의 이해』(서울: 역사비평사, 1995), p.291.

38) 『로동신문』, 1980년 10월 11일자, 2면과 13일자 1면.

렸던 김정일의 국방위원장 추대는 군에 대한 장악이 마무리되었음을 시사하는 대목으로 해석해 볼 수 있다.

1960년대 말부터 진행되어왔던 김정일로의 권력승계는 1998년 북한이 헌법개정을 통하여 국가주석직을 폐지하고 국방위원장에게 권력을 집중시키면서 제도적으로 완성되었다고 분석된다. 이미 1997년 당총비서에 취임했던 김정일로서는 헌법개정을 통해 김일성이 갖고 있던 마지막 한 자리에 오를 필요가 없게 되었으며 외교의전상의 국가원수는 최고인민회의 상임위원회 위원장직이 수행하도록 하였다.

1960년대 후반 권력승계의 초기작업이 시작될 무렵 김일성은 불필요한 대외마찰, 특히 미국과의 마찰을 회피하려는 의도가 역력했다. 1968년은 미 정보함 푸에블로호 납북과 청와대에 대한 게릴라식 습격 등 북한의 도발적 행위가 극에 달했던 기간이기도 했다. 1969년에 이르러서 부수상 겸 민족보위상이었던 김창봉과 대남공작의 총책임자 허봉학 등을 숙청하였다.[39] 그들은 군내 간부정책에 대한 실수로 인해 숙청되었는데 이들에 대한 실질적 숙청명목과 관계없이 김일성은 이들의 군사모험주의로 인해 조성되었던 위기상황에 만족하지 못했던 것만큼은 틀림없다.

뿐만 아니라 1967년과 1969년 사이에 김일성은 수 차례의 숙청을 단행하였다. 1967년 5월 4일부터 8일까지 계속되었던 당 4기 중앙위원회 15차 회의에서는 정치국 상임위원회 위원이면서 당비서였던 박금철과 부수상 고혁, 당비서 김도만과 당과학교육비서 허석손 등이 숙청의 대상이 되었다. 그들은 반혁명적 사상을 전파했다는 이유로 숙청되었으나 북한전문가들의 연구는 부자간 승계에 가장 필요한 요소인 김일성 개인숭배에 대한 도전으로 인해 숙청되었다고 지적한다.[40]

자신이 아버지의 후계자 자리를 20년 이상 지켜오면서 자신의 숙부 및

---

[39] 보다 자세한 사항은 1969년 1월 14일 당4기 4차 인민군위원회에서의 김일성의 연설문을 참조.

[40] 1967년 숙청의 자세한 사안에 대하여는 이종석, 『새로쓴 현대북한의 이해』(서울: 역사비평사, 2000), pp.427-432 참조.

계모와의 권력투쟁을 겪어온 장본인인 김정일은 그 후계자가 김정남, 김정철 혹은 제3자이건 간에 현재 자신의 권좌를 물려줘야 할 또 다른 권력승계작업을 시작해야 한다는 사실만큼은 분명히 파악하고 있을 것으로 보인다.[41]

북한의 핵위기가 최고조에 달했던 1994년 카터 전 대통령의 북한 방문시 그를 위해 김일성이 베푼 선상연회에 모습을 나타냈던 김성애는 1963년 김일성과 결혼했다고 알려지는데 권력승계과정에서 현재 스웨덴 대사로 나가있는 그녀의 아들 김평일을 지원했다고 알려져 있다. 모택동의 처 강청과 대비되기도 하는 그녀는 한때 김정일의 생모인 김정숙의 기록을 역사에서 지워버리고자 하는 움직임을 벌이기도 했다. 특히 김일성의 사랑을 업고 무소불위의 권력을 휘두른 것으로 귀순자들은 전한다.

2000년 북한의 장성으로는 최초로 백악관을 방문했던 조명록도 김정일과 김성애 간의 권력투쟁에서 김정일을 도와 그의 후계자 지위를 지켜준 인물이었다. 황장엽 전 당비서는 김일성이 김정일을 후계자로 선택하기 전까지 김영주가 김정일과 심각한 권력투쟁을 벌였다고 증언하고 있다. 김정일이 당 정치위원회 위원이 되던 바로 그 회의에서 김영주는 비판을 받음과 함께 좌천되는 운명을 맞아야 했다.

후계자가 누가 될 것인지는 지켜보아야 하겠지만 김정일의 권력이 승계되는 과정은 북한의 대내정치와 대외정책에 상당한 영향을 미칠 것임이 틀림없다. 김정일의 후계자가 대내적인 권력기반유지, 대미관계와 함께 가장 역점을 둘 분야는 경제가 될 것이다. 김정일의 후계자가 한국이나 미국이 바라는 대로 중국수준으로 경제를 끌어올린다면 신격화된 북한의 리더십에 경제적 발전이라는 실적까지 겹쳐질 경우 북한주민들의 절대적인 지지를 받을 수 있을 것이다. 김정일은 "천리혜안의 과학적 예견성, 비상한 조직동원력, 완강한 실천력, 특출한 창조력에서 나오며, 강철의 정치신념과 의

---

41) 『중앙일보』, 2005년 2월 1일자, 3면. ; 『중앙일보』, 2005년 1월 31일자, 1면. 3면; 『중앙일보』, 2004년 9월 23일자, 2면; 『동아일보』, 2005년 10월 8일자, 2면; 『조선일보』, 2005년 10월 8일자, 1면; 『문화일보』, 2005년 11월 24일자, 7면; 『동아일보』, 2005년 11월 22일자, 1면.

지, 무비의 정치당력과 지략, 숭고한 인민성, 강의한 혁명적 원칙성"을 겸비하고 있어 비범한 영도력과 탁월한 정치력을 가진 것으로 찬양되고 있다.[42] 김정일의 후계자가 아들중에서 나올지 혹은 제3의 인물로 낙점될 지는 좀 더 관측을 요하는 사안이지만 후계자가 부상하는 과정에서 이 같은 신격화가 대물림될 가능성은 상당히 높다고 분석된다.

새로 부상하는 후계자가 젊은 엘리트의 보좌를 받으면서 경제성장을 일궈낼 경우 신격화된 이미지를 업고 절대적 지지를 확보할 가능성은 통일과정에서 커다란 파장을 불러일으킬 수 있다. 북한 후계구도에 대한 논점은 바로 이 대목에서 남한의 국내정치와 연계된다. 대북정책에 대한 찬반은 친북과 반공을 나누는 잣대가 되어 버렸으며 나아가 신세대와 구세대, 빈과 부, 신문과 TV, 친미와 반미, 안보지향과 통일지향, 친노와 반노를 가르는 잣대와 같은 기능을 하게 되었다. 북한에 대한 적대적 이미지의 변화는 이미 국방백서에도 반영되었으며 이와 함께 대북지원의 비용과 효과의 균형에 대한 논의도 개재된 매우 복합적이면서도 복잡한 담론화현상이 진행되고 있음을 목도하고 있다.

권력승계의 첫 단계에서는 대결보다는 타협이 북한의 대미정책의 우선순위를 부여받는 것으로 보인다. 따라서 미국과의 불필요한 군사충돌은 가급적 회피하려 할 것이다.

북한의 미국 및 남한과의 군사충돌경향을 분석해 보면 북한정권은 상대자의 결연한 위험부담의지를 인지하였을 경우 뒤로 물러나는 경향이 발견된다. 1976년에는 북한군이 판문점에서 미군장교 2명을 도끼로 살해한 것에 대한 항의로 문제의 소지가 되었던 미루나무를 절단하는 장면을 묵묵히

---

42) 사회과학원·김일성종합대학 편,『주체혁명위업의 위대한 령도자 김정일동지, 제1권 위대한 사상리론가』(평양: 조선로동당출판사, 2001), pp.9-144와 pp.181-183; 사회과학원·김일성종합대학 편,『주체혁명위업의 위대한 령도자 김정일동지, 제2권 위대한 정치가』(평양: 조선로동당출판사, 2001), pp.45-227; 박태상, "북한문학상의 김정일 묘사 특징 연구,"『북한연구학회보』제6권 제2호(2002), pp.276-278; 이교덕,『북한의 후계자론』(서울: 통일연구원, 2003), p.45에서 재인용.

지켜보기만 하였다. 미루나무를 절단하는 병력은 소수였지만 그들은 특수
전 요원들의 근접호위를 받고 있었다. 휴전선에 걸쳐 전병력에 비상대기령
이 발령되었고 공군 전투기들도 판문점 남쪽상공에서 유사시 공격대비대열
을 갖추고 있었다. 다시 말하면 미루나무를 절단하는 과정에서 북한이 군
사적으로 대응하였을 경우 전쟁도 불사한다는 결연한 의지가 표현된 셈이
다. 해상에서도 마찬가지였다.

북한은 1974년에 이어 1999년에도 NLL을 넘어선 북한함선을 격침시킨
남한의 강경정책에 이렇다할 실질적인 군사적 대응을 자제했다. 1994년 북
한이 북미핵합의에 이르렀던 것도 카터 전 대통령의 방문과 때를 같이한
미군의 군사제재 움직임때문이었다는 분석도 설득력있게 제기되고 있다.

남한에 패트리어트 미사일을 배치하고 위성정찰을 강화하며 북한에 대
해 군사적 제재에 돌입하였을 경우에 대비하여 보급품을 담당할 병력을 확
보하는 등 실질적으로 군사제재를 위한 움직임에 돌입했고, 팀 스피리트
훈련의 재개, F 117 스텔스 전폭기의 배치, 키티호크 항모의 추가파견 등
미국의 움직임은 북한에 대한 군사제재가 엄포용이라기보다는 실질적인 대
안의 하나로 추진되고 있다는 사실을 확인시켜 주기에 충분한 것이었다.[43]

---

43) 정옥임, 『북핵 588일: 클린턴 행정부의 대응과 전략』(서울: 서울프레스, 1995),
　　pp.125-139, 이하 재인용; David E. Sanger, "U.S. Gets Warning from North
　　Korea: The Discussions on Nuclear Inspections Are Imperiled After Steps by
　　Clinton," *The New York Times* (February 3, 1994), p.A9; David E. Sanger,
　　"South Korea Tries to Soothe North," *The New York Times* (February 9, 1994),
　　p.A6; R. Jeffery Smith, "North Korea Faces Inspection Deadline: Pressure
　　Builds as Diplomacy Fails to Win Compliance on Nuclear Issue," *The Washing-*
　　ton Post (February 7, 1994), p.A1; Meghan Cox Gurdon, "Calm in Korea Belies
　　Tension in Nuclear Dispute: U.S. Grows Impatient with North over Nuclear
　　Inspections as Feb. 21 Deadline Nears," *The Christian Science Monitor* (Febru-
　　ary 1, 1994), p.1; Kyodo(June 16, 1994); *The New York Times* (June 17, 1994).

제13강좌

동북아 안보의 향후 구도와
통일 한반도의 안보전략

I. 향후 동북아 안보를 규정할 변수들

2004년 여름, 학생들을 이끌고 중국의 상해를 둘러본 적이 있다. 그 여행의 주제는 과연 우리가 10년 뒤에도 중국에 가서 발마사지를 받을 수 있을 것인지, 아니면 우리가 한국을 찾아오는 중국 관광객들에게 발마사지를 서비스해야 할 것인지를 스스로 알아보는 것이었다. 상해의 발전된 모습은 일본의 아기자기하면서도 섬세한 발전상과는 달리 대륙다운 웅장한 규모의 발전상을 보여주고 있어 중국의 미래를 단적으로 상징해 주는 것임을 모두 느낄 수 있었다.

그 여행을 다녀온 뒤 아예 휴학을 하고 1년간 중국으로 언어연수를 다녀온 뒤 다시 교환학생으로 중국을 간 학생도 나왔고 대기업에 취직해서 중국 진출을 꾀하는 학생도 나왔다. 결론은 10년 후에는 우리가 발마사지 서비스를 해야 한다는 것이었다.

5천 년의 우리 역사에서 지난 50년간은 두 가지 의미에서 커다란 예외에 해당될 지도 모른다. 동북아 안보 구도의 미래를 논하면서 중국의 부상은 언제나 거론되는 주제이다. 모택동이 사망하면서 중국이 수출주도의 경제 성장정책을 추진하기 시작한 지 30년이 넘었다. 중국의 가전제품은 세계시장에서 우리 상품의 경쟁력을 능가하기 시작했고 우리 국내시장마저 넘보게 되었다.

주체경제를 내세우며 굳게 문을 닫고 있던 북한도 중국을 보면서 경제발전을 결심한 듯하다. 지난 50년간은 우리 5천년 역사에서 유일하게 중국보다 잘 살았고 중국사람보다 잘 입고 잘 먹고 잘 지냈던 예외적 기간이 될지도 모른다.

또 하나의 예외는 지난 50년 동안 예외적으로 한반도가 해양세력과 동맹을 형성하였다는 사실이다. 5천 년 역사동안 우리는 중국과 군사적으로 연계되어 있었다. 비록 한반도의 남부에 불과하지만 미국이라는 해양세력과 군사적으로 연계되어 있었던 것은 분명 예외였다. 1980년대에는 미국의 레이건 행정부, 일본의 나카소네 내각, 한국의 전두환 정부가 긴밀한 안보협력관계를 구축한 나머지 북한은 이를 두고 삼각동맹체제라고 비판할 정도였다.

1990년대 탈냉전과 함께 미국 주도의 국제질서가 형성되면서 중국부상론이 서서히 고개를 들기 시작했다. 9·11테러가 발생하기 직전까지만 해도 미국은 중국의 부상을 가장 경계하였고 하이난섬 부근에서 발생한 미국 정찰기 EP-3기와 미그기와의 충돌은 미중 군사대결의 전초전과 같이 해석되기도 하였다. 9·11테러로 말미암아 중국과 미국 간의 갈등은 종식된 것일까 아니면 잠시 소강상태인 것일까?

중국의 부상과 함께 동북아시아 안보구도는 적잖은 변화를 겪고 있다. 먼저 변화하지 않는 상수는 미일동맹의 유지와 북미 간 적대관계의 둘 뿐이다. 2000년 6월 남북정상회담을 계기로 남북한 관계에는 커다란 변화의 바람이 몰려오기 시작했다.

한미관계 역시 남한 내의 반미감정의 고조, 남북한 긴장완화로 말미암아 변화를 겪고 있고 북러관계도 푸틴의 등장과 함께 90년대의 냉각기를 딛고

형제의 관계를 복원하는 등 변수로 등장하고 있다. 클린턴 행정부 시절 미국과 중국 사이에 존재하던 전략적 동반자관계(strategic partnership) 역시 부시 행정부의 출범과 더불어 약화되고 말았다. 반면 중국과 대만은 지속되는 양안관계의 긴장 속에서도 유례없는 무역신장을 기록하는 등 변화를 거듭하고 있다. 북중관계 역시 피로써 맺어진 불패의 동맹에서 이해관계를 주고받는 동반자의 관계로 점진적인 변화를 겪고 있다.

1. 미일동맹과 일본의 군사영향력 확대

미일동맹은 미국의 동아시아정책에 있어 가장 중요한 요소이다. 오키나와에 주둔하고 있는 해병대 병력과 요코즈카 항의 해군기지는 괌의 공군기지와 함께 미국의 동아시아 군사전략상 빼놓을 수 없는 거점이다. 탈냉전 시대에 들어오면서 미국의 동아시아 전략은 동맹파트너인 일본에게 미국이 수행해 왔던 역내 군사역할을 점진적으로 이양하는 기조하에 재설정되었다.

그에 따라 1996년 미국과 일본은 '신(新)가이드라인'으로 불리는 미일 안보협약을 체결하고 일본의 군사적 역할의 확대에 동의하였다. 이 협약에 따르면 양국 안보관계가 21세기를 맞는 아태지역에서 안정과 번영을 위한 환경을 유지하는 중요한 초석임을 재확인하면서 주일미군 4만 7천 명을 현 수준으로 유지하는 것을 포함, 아태지역에 10만 미군병력을 계속 주둔시킬 것과 일본은 미군주둔 경비의 일부를 떠맡을 것임을 확인했다.[1]

신가이드라인은 1999년에 이르러서야 일본의회의 동의를 받을 수 있었다. 전수헌법에 위배된다는 이유로 야당이 줄기차게 반대했기 때문이었다. 이 과정에서 일본은 북한의 존재를 활용한다.

1999년 3월 북한의 공작선으로 추정되는 괴선박 2척이 일본해안에 나타났다. 일본의 해군력 수준을 고려한다면 문제도 되지 않을 만큼 작은 배에

---

1) 『조선일보』, 1996년 4월 18일자, 1면.

불과했다. 그러나 일본은 이 배의 국적이 확인되지 않았다는 이유로 해상자위대를 출동시키지 않고 해상경시청 선박을 동원하여 밤새 추격전을 벌였다. 내각에 비상위원회가 가동되고 해상경시청 선박들은 버겁게 괴선박을 추적했으나 결국 역부족으로 공해상까지 이르렀다. 이 광경을 TV를 통해 지켜본 일본시민들은 격앙했다. 한때 태평양을 누비며 미국과 해전을 벌이던 항공모함 전단을 몇 개나 가지고 있었던 일본이 조그만 배 두 척을 잡지도 못하게 된 것을 탄식하였다. 일본정부는 이래서 신가이드라인이 중의원에서 비준되어야 한다고 설득했다. 결국 괴선박은 북한에 정박한 것으로 파악되어 북한의 공작선임이 밝혀졌고 신가이드라인은 직후 중의원과 참의원에서의 비준을 받게 되었다.

여기에서 한 가지 짚고 넘어가야 할 것이 있다. 일본은 2006년 현재 4척의 이지스(Aegis)함을 보유하고 있다.[2] 이지스함은 레이더유도 미사일을 장착한 최첨단 구축함으로 미국이 한때 추진했던 미사일방어체제의 핵심요소이기도 하다.

일본의 이지스함 중에는 묘코(妙高)란 이름을 지닌 구축함이 있다. 일본인들의 사랑을 받았던 구축함이었지만 2차 대전 중 침몰하고 말았다. 묘코는 이지스함으로 다시 부활했다. 이 묘코가 괴선박 추적과정 막바지에 등장했다. 일본은 공해상에서 도주하는 괴선박을 더 이상 추적하지 않았지만 당시 오부치 총리는 사격을 인가했다. 공해상에서 사격을 한 것은 바로 묘코였다. 비록 정선명령을 내리며 행한 공포사격이었지만 일본의 이지스함이 일본영해 밖에서 사격을 한 것이었다. 2차 대전때 바다밑으로 가라앉은 묘코가 죽지 않았음을 일본인 특유의 조용한 방식으로 전 세계에 알린 것이다. 미국의 원폭투하에 대해서도 일본인들은 특유의 방식으로 보복했다. 원자폭탄 대신 일제 자동차로 전 미국을 융단폭격했기 때문이다.

이제 일본 자위대는 이라크에까지 파병하는 등 그 활동영역을 주변지역에서 세계무대로 확대하고 있으며 전수헌법의 개정에 대한 논의도 진행되

---

2) 『서울신문』, 2006년 1월 31일자, 7면.

고 있다. 일본 총리의 야스쿠니 신사참배도 주변국들의 반대에도 불구하고 계속되고 있으며 독도문제도 잊어버릴 만하면 거론된다. 똑같은 2차 대전의 패전국이지만 독일에서는 히틀러에 대한 숭배나 나치활동을 법으로 금지하고 있다. 그러나 일본에는 그같은 법적 규제가 없다. 동경시내를 다니다보면 검정색으로 칠한 커다란 버스가 2차 대전 당시의 군가를 틀어놓고 극우활동을 선전하는 광경을 마주치게 된다. 일본인들은 아직도 2차 대전 패배의 치욕을 잊지 않은 것일까.

2. 북러관계의 복원

이와 더불어 러시아의 부상과 동북아에서의 영향력 확대, 북러관계의 복원을 살펴볼 필요가 있다. 1990년대 초반 북한이 '달러로 팔고산 외교'로 한소수교를 혹평하면서 악화되었던 북러관계가 복원의 기미를 보이기 시작했다. 우선 무려 4년여의 줄다리기 끝에 자동개입조항이 삭제된 채 북러조약이 새로이 쓰여졌다.

1995년 6월, 조약규정에 의해 러시아가 조약의 폐기의사를 공식표명하면서 1996년 북러조약이 공식폐기된 이래 4년에 걸쳐 북한과 러시아 양국은 1996년 6월, 1997년 1월, 1998년 3월 및 1999년 3월 등 모두 네 차례의 접촉을 거치면서 초안에 서명하게 된다. 2000년 2월 9일 백남순 북한외상과 이바노프 러시아외상이 서명함으로써 북러관계의 장애가 되어왔던 조약문제를 마무리짓게 된 것이다.

2001년 7월과 8월에 걸친 김정일의 모스크바 방문은 북러관계의 새로운 이정표를 마련한 계기가 되었다. 북한은 푸틴 러시아 대통령의 '강한 러시아'론에 대해 그의 글 전문을 로동신문에 게재하는 등 전폭적인 환영의 의사를 밝혔다. 글 전문을 당 기관지에 게재한다는 것은 과거 모택동과 같은 1세대 지도자들에게만 베풀어지던 특별예우에 해당한다. 김정일의 모스크바방문과 동시에 북한과 러시아 간의 협력이 가시화되기 시작하였다.

우선 러시아는 북한의 미사일개발계획의 방어적 성격을 강조하며 북한의 손을 들어주었고 북한은 나름대로 미사일방어계획(MD)에 관해 러시아와 입장을 같이 하였다. 푸틴과 김정일 간의 정상회담결과 발표된 공동성명은 남한에서의 미군철수까지 포함하고 있어 북한과 러시아 두 나라가 1990년대의 앙금을 떨쳐버리고 새로운 협력의 시대로 진입하고 있음을 시사해 주었다.

이 같은 상황은 중러관계에서도 재현되었다. 2001년 7월, 장쩌민과 푸틴 간의 정상회담은 우호협력조약의 서명으로 이어졌다. 모택동과 스탈린시대 이후 중국과 러시아가 이 같은 조약에 서명하기는 이번이 처음이었다.3) 이후 두 나라는 미국의 미사일방어계획을 포함한 일방주의적 외교정책에 대해 공동보조를 취하는 모습이 역력히 나타났다. 2005년에는 두 나라가 합동군사훈련을 실시함으로써 동북아 안보구도에 커다란 파장을 예고했다.4)

미일동맹의 절대적 주도하에 유지되던 동북아 질서는 이제 미일동맹의 다른 한 축에서 러시아와 중국 간의 군사협력이 형성하는 세력균형의 양상으로 변화하고 있음을 의미하는 것이기도 하다. 이 같은 상황은 미국을 유일강대국으로 상정한 국제질서의 형성에 대한 중국과 러시아의 반응으로 이해해야 할 것이다. 1999년 12월 코소보에 대한 무력개입 당시 옐친과 장쩌민이 취했던 공동보조의 연장선상에서 이해해야 한다는 것이다. 미국의 일방주의 정책에 대한 공동보조의 정서가 중국과 러시아 사이에 형성되어 있었다. 푸틴의 등장으로 그 정서를 현실에 접목시킨 역할을 한 것으로 분석할 수 있다.

단기적으로 북러관계의 복원과 중러 안보협력은 미국의 일방주의정책에 대한 균형을 시도하는 것으로 해석할 수 있다. 미국의 미사일 방어망(MD) 추진과 테러와의 전쟁, 이라크 침공에 대한 불만을 표현한 것으로도 풀이된다. 장기적으로 이 같은 움직임은 냉전시기 북방 삼각관계로 불렸던 북중

---

3) *The New York Times,* July 17, 2001, p.1.
4) 『중앙일보』, 2005년 8월 18일자, 3면.

러 삼각협력의 부활을 예고하는 것이기도 하다. 이제는 미국을 둘러싼 중국과 러시아 간의 전략적 입장차이도, 이념갈등도 존재하지 않는다. 다만 북한에 대한 영향력 확대를 도모하는 러시아와 북한에 대한 전통적 영향력을 지키려는 중국의 미묘한 경쟁 속에서 북한은 자신의 전략적 가치를 이용하여 다시 줄타기외교를 시도할 가능성도 예견된다.

3. 북중동맹

북중동맹은 '피로써 맺어진 불패의 동맹'에서 미국과 더불어 북한의 대외안보구도의 한 축으로 전락하는 과정을 엮어내고 있다. 북중동맹의 균열은 이미 1970년대 중국이 위협에 대한 인식(perceptions of threat)을 재구성하는 과정에서부터 시작되었다고 볼 수 있다. 이는 옛소련의 팽창주의와 중소분쟁의 소용돌이 속에서 중국의 정체성(identity)이 변화하고 이에 따라 중국이 외부환경과의 관계를 규정하는 방식이 변화한 데에서 기인한다고 볼 수 있다.[5] 한 국가가 갖고 있는 정체성의 유형에 따라서 그 국가의 눈에 비친 다른 국가의 정체성을 규정하고 그에 따라 그 국가에 대한 정책이 달라질 수 있게 된다.[6] 따라서 가상적국을 전제로 형성되는 전형적 동맹에 있어서 동맹당사자들과 상호에 대한 인식의 변화는 국익을 인식하는 방식의 변화로, 나아가 가상적국에 대한 인식이 변화되는 과정으로 이어질 수 있다.

이 같은 인식의 변화는 상해공동성명을 비롯해 뒤이어 1979년 미국과의 국교정상화에 이어 80년대의 경제개방정책을 추진하는 와중에서 안정된 동

---

5) Glenn Chafetz, Michael Spirtas and Benjamin Frankel, "Introduction: Tracing the Influence of Identity on Foreign Policy," *Security Studies,* Vol.8, No.2/3 (Winter-Spring 1999), p.ix.

6) Paul A. Kowert, "National Identity: Inside and Out," *Security Studies,* Vol.8, No.2/3(Winter-Spring 1999), p.2.

북아시아를 선호하는 방향으로 연결된다. 90년대 이후 탈냉전의 회오리 속에서 중국은 소련과의 분쟁을 마무리짓는 한편 한국과 수교를 통해 동북아시아 안보 균형자의 한 축으로서 자리매김하게 되었다.

그러나 이 과정에서 중국의 안보에 완충지역을 수행해 왔던 한반도 북부지역에 대한 전통적인 이해관계는 불변의 상수로 자리잡고 있었다. 즉 영원한 혈맹을 자랑하던 북중동맹이 북한의 대미관계개선과 맞물려 북한의 대외관계를 구성하는 하나의 축으로 전락하고 있다는 점을 지적하고자 하는 것이다. 물론 조중 우호협조 및 상호원조에 관한 조약은 수정 또는 폐기의 문제에 대하여 쌍방간의 합의가 없을 때에는 계속 효력을 가진다고 규정되어 있다. 다시 말하면 북한이 원하는 한 북중동맹은 영구히 지속될 수 있다는 의미이다.

북한의 입장에서는 중미관계개선과 뒤이은 중국의 주한미군에 대한 인식의 변화는 동맹상대국으로서 중국의 신뢰도를 격하시키는 기능을 하였다고 볼 수밖에 없다. 이 과정에서 북한의 후기동맹딜레마[7]가 증폭되는 것이다. 더구나 한국과의 관계개선으로 중국의 동맹신뢰성은 이미 혈맹의 범위를 훨씬 벗어나 있었고 북한의 후기동맹딜레마는 최고조에 달했다고 볼 수 있다.

중국과 북한과 같이 강대국과 약소국 간의 동맹에서는 강대국의 약소국에 대한 의무이행 정도 내지는 의지의 과시에 따라 동맹의 결속력과 약소국의 후기동맹딜레마의 깊이가 결정되는 측면이 있다. 탈냉전까지 겹쳐져 공산권의 한 국가로 안주하던 북한은 1990년대 초반 핵개발을 통한 독자생존의 모색과 그로 인한 미국과의 관계개선이라는 과정을 겪게 된다. 이 과정에서 북한이 추구했던 것은 단 한 가지, 미국으로부터의 안보적 위협을 제어한다는 것이었고 간헐적으로 혈맹인 중국에 도전하는 양상도 표출되었다.

국력의 차이가 현저한 두 국가 간의 동맹을 지칭하는 비대칭동맹에서는 강대동맹국의 신뢰성이 동맹의 유지에 결정적인 역할을 하게 되고 신뢰성

---

7) 김용호, 『현대북한외교론』(서울: 도서출판 오름, 1996) pp.183-186.

에 금이 갈 경우 약소동맹국은 후기동맹딜레마에 빠지게 된다. 끝내 이 후기동맹딜레마를 떨쳐버리지 못할 경우 약소동맹국은 또 다른 안전보장의 제공자를 확보하기 위해 결국 동맹관계를 변질시킬 수밖에 없는 것이다. 북중동맹의 40년은 이 같은 과정을 여실히 나타내 주고 있었다.

북중동맹은 순치의 맹방에서 북중미 삼각관계를 형성하는 하나의 축으로 그 의미가 변화하는 과정에 놓여 있다. 물론 부시 행정부 출범 이후 답보상태를 거듭하고 있는 북한과 미국과의 관계개선정도에 따라 그 속도와 폭이 달라질 것은 자명하다. 그러나 미국이 예측불허의 북한정권을 상대로 남한과 일본을 볼모삼는 무력충돌의 위험을 감수하지 않는 한, 또한 북한이 테러와의 전쟁을 확산시키겠다는 의지를 불사르고 있는 시점에서 승산이 없는 미국과의 무력충돌을 불사하지 않는 한, 미국과의 협력을 확대해 나가는 긴 여정은 이미 시작되었고 이 과정은 필연적으로 북중관계와 맞물리게 된다. 특히 동북아시아에서 전개될 중국과 미국 간의 대결구도와 중첩되면서 더욱 그 의미가 변화될 수밖에 없을 것이다.

지금까지 '미국=적', '중국=우방'의 등식을 바탕으로 북한의 대미대결구도가 형성되었고 그 맥락에서 북중동맹의 성격이 규정지어 졌다면 '미국=협력의 대상'과 '중국=우방'의 맥락에서는 '미국=중국'의 등식으로 가는 과도기적 성격, 다시 말하면 중국의 안보제공자로서의 역할이 미국과의 관계개선으로 인해 그 필요성이 저하되는 방향으로 북중동맹이 새롭게 규정될 수 있다.

따라서 향후 전개될 북중동맹의 전개양상은 북한과 중국 양자차원에서의 협력모색과정과 북중미 삼자차원의 2차원적 양상을 보이게 될 것이다. 좀 더 구체적으로는 미국과의 협력모색정도와 중국으로부터의 후기동맹딜레마(secondary alliance dilemma)가 비례하는 양상으로 전개될 것이다. 결국 협력(cooperation)을 도모해 나가는 과정이 될 북미관계가 침식해 들어오는 미국의 영향력에 대해 다분히 수구적인 성격을 띠게 될 중국의 대북관계와 맞물리게 된다는 의미이다.

북한체제의 붕괴를 방지하기 위해 식량을 원조해 주고 원유를 제공해 주었던 중국은 이제 스스로의 안보적 완충지역을 잠식해 들어오는 미국이라는 커다란 그림자와 맞닿게 되었다. 이 과정에서 북한은 의도적으로 그 형태가 무엇이 되었든 역내 안보불안정을 획책한다든지, 혹은 세력균형을 미국 혹은 중국쪽으로 선회시킬 수 있는 양보를 제공해 준다든지 하는 방향으로 중미대결구도를 활용할 수 있는 'Z card' 의 입지를 확보했다.[8]

미국의 테러와의 전쟁이 어느 정도 마무리단계에 접어들고 북미관계가 9·11테러 이전의 상태로 돌아간다면 또 다른 삼각관계의 윤곽이 드러날 가능성이 농후하다. 이 삼각관계는 미국이라는 안보적 위협에 대하여 형성되었던 북중소의 삼각관계와 두 가지 커다란 차이점이 존재한다. 먼저 가상적국이 없다는 점이다. 북한이 중소분쟁의 와중에서 곡예외교를 펼쳤던 주된 원인은 미국으로부터의 안보적 위협을 결국 중국과 옛소련의 지원 외에 제어해 줄 존재가 없었다는 점을 염두에 둔 때문이었다. 그러나 중국과 미국을 상대로 벌이게 될 북한의 외교는 그 성격이 달라질 수밖에 없다.

두 번째는 북한에 대한 영향력 다툼이라는 차원에서 과거의 삼각관계와는 다른 양상을 띨 수밖에 없다는 점이다. 동북아시아에서 지역패권을 중국에게 넘겨주지 않으려는 미국과 안보적 완충지역에 미국의 영향력 확대를 원치 않는 중국사이에서 북한은 북중소의 삼각관계에서 보다는 상대적으로 큰 운신의 폭을 얻게 될 것이다. 앞서 언급한 바와 같이 북중동맹이라는 테두리를 벗어나 북한의 안보문제를 해결해 낼 수 있는 수단을 북한이 마련했기 때문이다. 앞으로 북한외교의 무게중심이 어느 쪽으로 편향되는가 하는 문제는 미국과 중국이 북한에게 어떤 카드를 제시해 줄 수 있는가, 나아가 북한에게 얼마나 더 확실한 협력을 제공해 줄 수 있는가의 문제와 직결되어 있다고 볼 수 있다.

---

8) Joshua S. Goldstein & John R. Freeman, *Three-Way Street: Strategic Reciprocity in World Politics* (Chicago: University of Chicago Press, 1990), pp.33-34.

4. 중국과 러시아의 안보협력

러시아는 9·11 이전부터 유라시아에서 가장 강대한 국가로의 재부상을 골자로 하는 대외정책의 새로운 틀을 마련하였다. 때문에 러시아는 미국과의 동반자관계를 추구하는 동시에 미국에 대한 견제를 병행해 왔다. 9·11 이전에도 러시아는 꾸준히 중국과 인도에게 미국의 영향력을 제어할 수 있는 지역협력체의 구성을 제의해 왔었다. 프리마코프 총리가 1998년 인도를 방문한 자리에서 러시아와 중국, 인도 간의 전략적 삼각협력관계를 형성해야 한다고 주장했지만 중국과 인도의 호의적인 반응을 이끌어 내지는 못했다. 이후 2002년에 러시아, 중국, 인도의 외교부 장관들은 UN에서 만나 이 문제를 다시 논의하게 된다.[9] 러시아, 중국, 인도 간의 전략적 협력관계는 2002년 푸틴의 중국·인도 방문과 2003년 6월, 인도 총리 바제피에 (Vajapyee)의 중국·러시아 방문으로 급격히 발전했다. 이는 또한 러시아가 중국과 인도 양국에게 가장 큰 방위상품 공급자로 등장한 계기가 되기도 했다. 인도총리로는 10년 만에 베이징을 방문한 자리에서 그는 중국이 더 이상 인도에게 안보위협이 아님을 명백히 밝히기도 했다.[10] 이 방문에서 양국은 더욱 가까운 문화적, 교육적, 과학적, 기술적 그리고 군사적 협력을 추구하자는 데에 의견을 모았다.[11] 인도와의 이러한 전략적 협력을 통해 중국은 필리핀과 베트남 등 다자간 접근을 선호해 온 몇몇 ASEAN 국가들의 호응을 얻어 남중국해에서 미국의 영향력을 보다 효율적으로 차단할 수 있다는 계산을 하였을 것이다.[12]

푸틴 정부의 대외정책은 철저히 실용주의에 뿌리를 두고 있으면서 전통

---

9) Harsh V. Pant, "The Moscow-Beijing-Delhi 'Strategic Triangle' : An Idea Whose Time May Never Come," *Security Dialogue* 35:3(2004), p.313.

10) Pant(2004), p.318.

11) Pant(2004), p.319.

12) Lee Lai To, "China, the USA and the South China Sea Conflict," *Security Dialogue,* 34:1(2003), pp.29-31.

적인 유럽중심 외교정책과 아태지역을 중심으로 한 제도주의적 외교의 병행을 골자로 하고 있다. 이는 옛 소련시절 냉전외교의 그늘에 묻혀있던 '러시아 짜르시대에 추진되던 국가이익중심 외교정책'의 부활을 의미하는 것이었다.[13] 중국과 인도가 러시아의 적극적인 외교공세에 미온적인 태도를 보이던 9·11 이전, 푸틴 정부는 한반도로 눈길을 돌려 에너지와 수송을 매개로 한 동북아 경제공동체를 추구하려는 구상을 추진하기 시작하였다. 푸틴의 실용주의 외교정책은 소비에트 이전 시기의 짜르 러시아가 추구하던 전통적 이해를 추구하면서도 전략적이며 실리적인 미국과의 파트너십을 병행 추진함을 의미하는 것이다. 이는 중국과의 관계개선 못지않게 미국과의 관계개선이 러시아의 대외정책에 있어 우선순위를 차지하고 있음 역시 의미하는 것이기도 하다.[14]

실제로 푸틴 정부의 러시아는 북한, 중국, 인도, 이란, 이라크, 리비아, 쿠바, 베트남과의 외교관계를 재설정하여 사실상의 반(反)미국주의 연대를 구성하였으며 옛소련 지역의 국가들에 대한 영향력 확보에도 주력하였다.[15] 러시아가 '안전보장과 경제성장을 촉진해 주는 역할'을 성공적으로 맡아준다면 중앙아시아의 각국은 러시아가 세계패권국으로 재도약하기 위한 발판이 될 수 있기 때문이다.

중국에게 있어서도 아프가니스탄에서의 미군주둔은 전략적으로 달갑지 않은 것이 사실이다. 여섯 번째로 큰 지역이면서 동시에 전략적 완충지대이며 석유매장량이 많고 특히 핵실험을 실시하는 지역이기도 한 신강성과 국경을 맞대고 있는 곳이 바로 아프가니스탄이기 때문이다.[16] 9·11 이후 중국은 미국의 일방주의외교를 견제하는 데에 우선순위를 부과해 왔다. 아

---

13) Igor Ivanov, "New Prospects for Diplomacy," *International Affairs* 48:6(2002), p.2 and 5.

14) David Kerr, "The Sino-Russian Partnership and U.S. Policy Toward North Korea: From Hegemony to Concert in Northeast Asia," *International Studies Quarterly* 49:3(2005), p.416.

15) William E. Odom, "Realism about Russia," *The National Interest* 65(2001), p.62.

16) Denny Roy, "China and the War on Terrorism," *Orbis* 46:3, pp.513-516.

시아, 특히 대만문제에 있어서 미국의 영향력 감소, 미국과 일본의 미사일 방어체제를 견제할 수 있는 핵능력의 보유 및 정보전(戰)과 우주의 군사적 이용에 있어 미국의 우월적 지위 견제 등이 중국외교에서 우선순위를 차지하게 되었다.[17] 중국이 가장 우려하는 것은 미국과 일본이 추진중인 미사일방어체제(MD)이다. 미국과 일본이 방어무기라고 규정하는 MD를 중국은 러시아와 함께 공격적 무기체계로 인식하고 있다.[18] 중국은 특히 일본이 막대한 예산을 할애하며 SM-3와 이지스함을 중심으로 MD구축을 구체화하고 있는 것에 대해 거듭 우려를 표시하고 있다. 2001년 12월 15일, 미국이 ABM 협정에서 탈퇴하자 중국은 다자대화를 요구하며 MD의 구축을 지연시키려 했으며 2002년 12월에도 MD가 지역안보를 손상해서는 안 될 것이라고 비난하기도 했다. 2003년 9월, 중국 카오강촨 국방장관이 일본의 시게루 이시바 방위상을 만난 자리에서도 MD가 역내 군사균형을 손상시킬 것이며 군비경쟁을 유발할 것이라는 경고를 잊지 않았다.[19] 2004년 11월 1일, 중국의 치앤치천 부총리는 부시 행정부를 '독단적이고 거만하다'고 표현하면서 미국의 이라크전 개전결정이 9·11 이후 각고의 노력으로 가까스로 완성된 국제적인 반(反)테러 연합을 하루아침에 파괴했다고 비난한 바 있다.[20] 왕이 부부장 역시 중국의 새로운 안보개념을 더 많은 사람들이 수긍할 수 있는 다자주의적 안보제도, 즉 '포괄적이고 일반적이며 협력적'인 체제라고 주장하면서[21] 중국이 미국의 영향력을 다자주의적인 체제를 통해 저지할 것임을 천명하기도 했다.

　부시 행정부의 지속적인 일방주의정책은 중국과 러시아의 전략적 이해

---

17) Jonathan D. Pollack, "China and the United States Post-9/11," *Orbis* 47:4 (2003), pp.620-621.

18) Kori Urayama, "China Debates Missile Defence," *Survival,* 46:2(2004), pp.124-125.

19) Kori Urayama, "China Debates Missile Defence," *Survival,* 46:2(2004), p.123.

20) Peter Hays Gries, "China Eyes the Hegemon," *Orbis* 49:4(2005), p.401.

21) Quansheng Zhao, "Moving Toward a Co-management Approach: China's Policy Toward North Korea and Taiwan," *Asian Perspective* 30:1(2006), p.54.

관계의 지속적인 잠식을 의미하는 것이었고 중국과 러시아의 대미관계에 있어 공통분모를 생성해 주는 결과를 초래했다. 러시아와 중국이 UN의 깃 발아래 상호 신뢰와 이해, 평등을 추구함으로써 새로운 안보체계를 구성하 려는 움직임을 구체화하였기 때문이다.[22]

중국과 러시아는 중앙아시아에 대한 미국의 영향력을 제어하기 위해 상 하이협력기구(SCO)를 발족시키고 미국을 제외한 실제적인 지역협력체를 발동시켰다. 특히 SCO가 설립명분인 '중국과 러시아간 국경분쟁의 해결' 과 는 명백히 동떨어진 방향으로 발전되고 있다는 점에서 더욱 주목된다.[23] 2005년 6월, 중국과 러시아의 묵시적 지도하에 SCO 회원국들은 이 지역에 서 미군기지의 철수나 이전 등을 요구하게 된다. 러시아 의회 방위 위원회 의장인 니콜라예프(Andrei Nikolayev)와 러시아 외교부 대변인 야코벤코 (Alexander Yakovenko)가 NATO의 확장을 견제하기 위해 러시아, 중국이 인도와 함께 아시아 전략 트라이앵글을 형성해야 한다고 언급한 것도 이와 맥락을 같이 한다. 이처럼 미국에 대한 러시아와 중국의 전략적 협력은 미 국이 '사실상의 전략지정학적 동맹' 이라고까지 표현한 인도와의 관계를 재설정하는 과정에서 두드러지게 나타났다.[24]

중국과 러시아는 역사상 처음으로 공동군사훈련 'Peace Mission 2005' 을 2005년 8월에 성공적으로 실시했다. 동북아시아에서 미국과 일본의 해상 협력에 대항한 중국과 러시아의 사상 첫 공동군사훈련이라는 점에서 가히 획기적인 사건이었다. 양국에서 각각 만 명에 달하는 병력이 동원되었으며 훈련의 전개영역도 블라디보스토크에서 산동반도에 이르기까지 광범위하 였다. 카이강촨 국방장관은 군사·안보영역에서의 상호신뢰를 강조했고, 러 시아의 세르게이 이바노프 국방상도 이 훈련이 아시아-태평양 지역의 평화

---

22) I. Rogachev, "The Russia-China Summit in 2005," *International Affairs: A Russian Journal of World Politics, Diplomacy & International Relations* 51:5, pp.88-89.

23) Stephen G. Brooks and William C. Wohlforth, "Hard Times for Soft Balancing," *International Security* 30:1(2005), pp.85-86.

24) National Intelligence Council, *Global Trends 2015*.

를 보증하게 될 것이라고 화답하면서도 애써 이 훈련이 제3국을 겨냥한 것은 아니라고 강조했다.[25] 중국은 훈련이 끝난 뒤에도 러시아 군사장비 전시회를 열고 러시아는 청도에 정박한 러시아 군함에 중국국민들이 승선할 수 있도록 허가하면서 양국의 협력관계를 과시하였다. 인민해방군은 대만해협의 서쪽 끝부분인 동산에서 18,000명의 병력을 동원한 군사훈련을 실시하기도 했다.[26] 이후 양국은 공동군사훈련의 정례화에 합의하였다.[27] 이바노프 국방상은 '중국과 러시아 군은 동일한 목표와 의무를 갖고 있으며 외부의 위협에 대해 공동으로 대처할 것'이라고까지 했다.[28] 결국 이들의 공동군사훈련은 미국에게 확연한 메시지를 전달해 주었다.

2007년 8월에도 중국과 러시아는 SCO 가입 국가인 카자흐스탄, 키르기스스탄, 타지키스탄, 우즈베키스탄과 함께 'Peace Mission 2007'을 실시했다. 중국과 러시아는 이들의 군사훈련이 테러집단, 민족분열집단, 극단적 종교집단의 돌발행동에 대한 대처하기 위한 평화적인 성격을 띠고 있다고 주장했으나,[29] 규모면이나 훈련에 동원된 장비의 면면을 살펴보면 단순한 테러진압훈련의 수준을 넘어 중앙아시아 지역으로 세력을 확장하고 있는 미국을 견제하기 위한 것으로 파악할 수 있다. 이러한 입장은 2007년 8월 16일 막을 내린 SCO 회원국가 정상회담의 "중앙아시아의 안정과 안보는 해당 지역 국가들에게 맡겨질 때 가장 확실히 담보될 수 있다"[30]는 공동성명을 통해서도 확인할 수 있었다.

---

25) Xinhuanet, August 26, 2005 from 〈http://english.chinamil.com.cn/site2/special-reports/2005-08/27/content_282258.htm〉 accessed on September 8, 2006 and from 〈http://english.chinamil.com.cn/site2/special-reports/2005-08/27/content_282257.htm〉 accessed on September 8, 2006.

26) Quansheng Zhao, "Beijing's dilemma with Taiwan: war or peace," *Pacific Review* 18:2(2005), p.218.

27) 『신화통신』, 2006년 3월 21일자.

28) 『인터내셔널 헤럴드 트리뷴』, 2005년 8월 25일자.

29) 『동아일보』, 2007년 8월 9일, p.21.

30) 『한겨레신문』, 2007년 8월 18일, p.19.

*Global Trends 2025*도 2015년경에 SCO가 NATO와 동등한 차원에서 대화를 시작할 것으로 전망하고 있다. SCO의 대표(Head)가 NATO의 사무총장에게 보내는 서한의 양식을 빌어 SCO의 영향력확대를 기정사실화하고 있는 것이다.[31]

> "I know we meet tomorrow to inaugurate our strategic dialogue, but I wanted to share with you beforehand my thoughts about the SCO and how far we have come. Fifteen to 20 years ago, I would never have imagined the SCO to be NATO's equal — if not (patting myself on the back) an even somewhat more important international organization. Just between ourselves, we were not destined for "greatness" except for the West's stumbling."

이 서한에서는 미국이 결국 아프가니스탄에서 탈레반 세력을 완전히 통제하지 못한 채 철군할 것이란 전망을 내놓고 있으며 중앙아시아의 불안정과 그에 따라 SCO의 평화유지(peacekeeping) 기능까지를 언급하고 있다. 서한의 형식과 역설적인 표현들을 동원하면서까지 국가정보위원회가 전달하려 했던 메시지는 결국 미국의 대중정책 여하에 따라 SCO의 블록화가 현실화될 것인지의 여부가 결정된다는 것이다.

SCO 외에도 중국과 러시아의 협력은 경제분야에서도 활발히 전개되고 있다. 2006년 3월, 중국을 방문한 푸틴 대통령은 후진타오 총리와 함께 에너지공급과 무역, 투자에 관한 15개 협정을 포함한 공동선언서에 서명하여 전례없는 협력관계를 과시하였다. 러시아는 중국에게 연간 천만 톤의 석유와 800억m³의 천연가스를 공급하기로 했고[32] 중국은 2006년을 '러시아의 해'로, 러시아는 그 후년을 '중국의 해'로 지정함으로써 긴밀한 양국관계를 상징적으로 보여주었다.[33]

---

31) National Intelligence Council, Global Trends 2025: *A Transformed World,* pp. 38-39.
32) 『인민일보』, 2006년 3월 22일자.

9·11 이후 러시아와 중국의 대미견제는 군사적이기보다는 외교적 부담을 가중시키는 측면에서 진행되고 있음을 주지해야 한다. 그러나 여기에서 유의해야 할 것은 중국과 러시아의 대미견제가 냉전시대의 군사적 대결과는 상당히 다른 양상을 보인다는 것이다. 냉전시대의 안보가 군사중심의 고전적, 전통적 개념에서부터 에너지, 식량, 환경, 이주의 범주까지 확대된 것과 마찬가지로 외교적 견제가 반드시 군사적 대결로만 점철되지는 않는다는 것이다. 9·11 이후의 국제관계에 있어서는 고전적 의미의 대미 세력균형은 커다란 위험부담을 동반하기 때문이다.[34]

이러한 행태를 '연성균형(soft balancing)'이라는 개념으로 설명할 수 있는데 하나의 패권국에 대해 공동의 이해관계를 갖는 두 국가 이상이 패권국을 견제하기 위해 제한된 군비확장, 지역 및 국제기구를 활용한 협력증진, 연합군사훈련 등을 통해 협력을 증진시켜 나가는 행위를 지칭한다.[35] 연성균형의 개념이 등장하면서 고전적 의미의 세력균형은 상대적으로 강성균형(hard balancing)으로 불릴 수 있지만 사실 세력균형은 강성균형과 연성균형을 모두 포괄하는 의미로 해석해야 한다. 단지 기존의 세력균형이론에서는 현실주의가 강조하는 능력(capability)에 주안한 나머지 연성균형은 강성균형을 보조하기 위한, 혹은 강성균형의 전주곡 정도로 간주한 경향이 없지 않다. 강성균형이 군사력의 증강과 동맹의 결성을 통한 균형능력의 증대를 추구한 경향이 있다면 연성균형은 패권국가를 능력으로 위협하기보다는 패권국가의 비용증가에 주력하는 경향이 있다.

전략으로서 연성균형은 패권국과 대립구도하에 놓여져 있는 국가들이나 도전국가들에겐 매력적인 대안이 될 수 있다. 국제기구의 복잡한 절차와

---

33) 『신화통신』, 2005년 6월.

34) David Kerr, "The Sino-Russian Partnership and U.S. Policy Toward North Korea: From Hegemony to Concert in Northeast Asia," *International Studies Quarterly* 49:3(2005), pp.411-412.

35) T. V. Paul, *Balance of Power: Theory and Practice in the 21st Century* (California: Stanford University Press, 2004), p.23.

질서를 활용해 패권국의 전쟁계획을 연기시키거나 도전국가 상호간의 경제협력증대나 경제블록의 형성 등 패권국의 외교적 비용을 증가시키면서도 패권국에 홀로 대항하는 것보다 위험부담이 적기 때문이다.[36]

연성균형 자체는 리스크의 요소를 동반하지는 않지만 연성균형정책은 미국의 정책여하에 따라 강성균형으로 변화할 가능성을 내포하고 있어 주목해야 한다. 제한적인 군사력증강, 이를 위한 협력기구의 구성, 국제기구에서의 협력 등은 미국의 위협이 군사적으로 현실화될 때, 고전적 의미의 균형전략(hard balancing)으로 전환될 수도 있기 때문이다.[37]

때문에 현재의 연성균형은 패권국의 능력이 외교의 범위를 넘어 군사위협으로 현실화될 경우 경성균형으로 전환될 수 있다. 이는 경성균형 역시 패권국이 군사력을 쉽게 행사할 수 없는 환경이 조성된다면 연성균형으로 변화할 수 있음을 의미하는 것이다. 연성균형현상은 패권이 도전국들의 위협이 없는 상태에서 형성되었거나 패권국가가 이미 경제적으로나 안보적으로 대체될 수 없는 지위를 차지했을 때, 또는 강대국간의 군사적 보복조치가 쉽지 않을 경우 일어나기 때문이다.[38]

탈냉전과 9·11 이후의 국제관계에 있어 동유럽으로 세력을 확장해 가는 NATO와 그 지역에 대한 영향력을 지키려는 러시아의 대립, 이라크전쟁을 강행한 미국과 이를 저지하려 했던 프랑스나 러시아 및 중국 간의 대립, 미국-인도와 중국의 대립, 중국-러시아와 미국의 대립 등 무력을 동반하지 않은 긴장관계를 이 범주에 넣어 분석해 볼 수 있을 것이다.[39]

그렇다면, 미국의 이라크전 개전에 대해 반대입장을 표명한 것은 사담

---

36) Robert A. Pape, "Soft balancing against United States," *International Security* 30:1, pp.36-37.

37) Stephen G. Brooks and William C. Wohlforth, "Hard Times for Soft Balancing," *International Security* 30:1(2005), p.73.

38) T. V. Paul, "Soft balancing in the age of U.S. primacy," *International Security* 30:1, p.59

39) T. V. Paul, *Balance of Power: Theory and Practice in the 21st Century* (California: Stanford University Press, 2004), p.14.

후세인을 살리고 개전을 저지하려고 한 것이기보다는 연성균형을 통해 미국을 제외한 또 하나의 축(axis)을 구성함으로써 다자주의적인 국제질서를 형성하려고 한 시도로 풀이해 볼 수 있다.[40] 만약에 이러한 축(axis)이 다양한 정책 이슈를 통해 미국을 견제할 수 있다면 미국의 입지나 정책수행능력은 감퇴하고 일방주의적 패권 역시 약화될 수밖에 없다.[41] 더구나 안보에 대한 초국적 도전들, 즉 조직화된 범죄, 테러, 마약밀매 등으로 인하여 미국은 더더욱 중국 및 러시아와의 협력필요성이 증대되고 있었으므로 미국의 입지는 더더욱 축소될 수 있었다.[42]

이 때문에 미국이 중국의 군사력을 미국의 안보에 대한 위협으로 간주하면서도 동시에 중국을 전략적 파트너로 상정한 것이다.[43] 2003년 12월, 원자바오 총리가 워싱턴을 방문하는 자리에서 부시 대통령은 중국을 '외교에 있어서의 파트너'라고 언급했으며[44] 2005년 9월 21일, '미-중관계에 대한 국가위원회'에서 쥘릭(Robert Zoellick) 역시 중국을 현재 국제질서의 '동업자(stakeholder)'로 표현한 것은 이러한 맥락에서이다.

결국 중국과 러시아는 미국의 일방주의를 견제하기 위한 공동보조를 취하는 것과 미국과의 관계를 강화하는 것이라는 두 대안 사이에 깊은 딜레마에 빠져있다고 볼 수 있다.[45] 비록 미국에 반대하는 것이 국내정치적으로 유리할지는 몰라도 국가이익을 고려한다면 최적의 대안은 아니라는 지적도 설득력있는 주장이다.[46]

---

40) Stephen G. Brooks and William C. Wohlforth, "Hard Times for Soft Balancing," *International Security* 30:1(2005), pp.73-74.

41) Stephen G. Brooks and William C. Wohlforth, "Hard Times for Soft Balancing," *International Security* 30:1(2005), p.74.

42) Stephen G. Brooks and William C. Wohlforth, "Hard Times for Soft Balancing," *International Security* 30:1(2005), p.79.

43) DoD, *Annual Report to Congress: The Military Power of the People's Republic of China 2005*.

44) Peter Hays Gries, "China Eyes the Hegemon," *Orbis* 49:4(2005), p.402.

45) Urayama(2004), p.128.

46) Stephen G. Brooks and William C. Wohlforth, "Hard Times for Soft Balancing,"

1995년과 1996년 두 차례의 미사일 실험을 통해 '호전적 정책은 미국의 강경대응을 불러온다' 는 것을 깨닫게 된 이후 중국은 '호전적이고 강제적인 전략' 대신 '인내와 온건' 을 택하게 됐으며 주변국가들과의 온화하고 친근한 관계를 강조하게 되었다.[47] 이는 중국이 아편전쟁 이후 서세동점의 세계질서 속에서의 희생자 멘탈리티를 버리고 대국 멘탈리티를 추구하는 것으로 해석해 볼 수 있다. '150년간의 수치와 굴욕' 이라는 세계관을 이제는 떨쳐버리겠다는 의미이기도 하다.[48]

특히 주목해야 할 것은 러시아와 중국이 각각 미국의 패권을 제어할 만한 군사력이나 효율적인 국제적 역량을 결여하고 있더라도 고전적 세력균형이론에서는 볼 수 없는 다양한 수단을 통해 미국의 외교비용을 증가시킴으로써 미국의 영향력을 견제할 수 있다는 것이다.[49] 러시아와 중국이 NATO의 코소보 개입과 미국의 이라크전쟁에 대해 반대입장을 표명한 것 역시 이러한 맥락속에서 이해할 수 있을 것이다. 특히 동북아시아라는 지역구도에서 본다면 세계질서하에서의 미국의 패권이 이 지역에서는 중국과 러시아 간의 협력구도에 의해 상대적으로 억제되어 있다고 볼 수 있다.[50] 러시아와 중국은 미국이 주장하는 핵확산 방지나 역내평화유지에 원칙적으로는 동의하면서도 이란과 북한에 대한 군사적 압박에는 반대입장을 분명히 밝히고

International Security 30:1(2005), p.80; Roland Dannreuther, "Can Russia Sustain Its Dominance in Central Asia?" *Security Dialogue* 32:2(2001), p.255.

47) Evan S. Medeiros and Fravel M. Taylor, "China's New Diplomacy," *Foreign Affairs* 82:6(2003), pp.28-29; Zhao(2006), p.64.

48) Evan S. Medeiros and Fravel M. Taylor, "China's New Diplomacy," *Foreign Affairs* 82:6(2003), p.32; Lee Lai To, "China, the USA and the South China Sea Conflicts," *Security Dialogue* 34:1(2003), p.26.

49) Stephen G. Brooks and William C. Wohlforth, "Hard Times for Soft Balancing," *International Security* 30:1(2005), p.80.; Harsh V. Pant, "The Moscow-Beijing-Delhi 'Strategic Triangle': An Idea Whose Time May Never Come," *Security Dialogue* 35:3(2004), p.324.

50) David Kerr, "The Sino-Russian Partnership and U.S. Policy Toward North Korea: From Hegemony to Concert in Northeast Asia," *International Studies Quarterly* 49:3(2005), p.411.

있다.[51] 북핵문제에 있어서도 중국과 러시아는 다자적 해결을 줄곧 주장해 온 것 역시 같은 맥락에서 파악해 볼 수 있다.

이러한 측면에서 오바마행정부의 대외정책은 한국의 자원외교 추진에 있어 중요한 고려대상이 된다. 오바마 당선자가 NATO의 지역안보기능 강화에 주안점을 두고 있다는 사실은 중앙아시아에 주둔하고 있는 미군병력과 함께 사실상 유럽과 아시아에서 러시아를 봉쇄하는 축을 지속시키겠다는 의지로 해석될 수 있다.[52] 특히 중국과 러시아의 협력관계에 대하여 견제와 방치 사이의 균형점을 찾지 못할 경우 러시아와 중국의 연성균형이 지속되거나 카터행정부 시절과 같이 미국에 잠식당한 지정학적 이해를 만회하기 위한 정책이 추진될 가능성도 있기 때문이다.

II. 설문조사결과

21세기 라이벌 국가를 묻는 질문에 한국대학생들은 중국(65%), 일본(26%), 미국(8%)의 순으로 답했으며 중국대학생들은 일본(64%), 미국(30%), 러시아(3%)의 순으로, 일본대학생들은 중국(54%), 러시아(19%), 미국(17%), EU(3%)의 순으로 답하였다.

특히 월드컵 이후 한일관계 변화추이의 일면을 알아보기 위해 한국과 일본에 대해서만 실시한 "한국과 일본은 서로에게 어떤 국가로 인식됩니까"라는 설문에 대해 한국대학생들은 28%가 우호적으로, 39%가 적대적으로 인식하고 있다고 답한 반면(중립 33%), 일본대학생들의 경우는 62%가 우호적으로, 14%가 적대적으로 인식하고 있다고 답해(중립 24%) 일본의 대한인식

---

51) M. Ehsan Ahrari, "Iran, China, and Russia: The Emerging Anti-US Nexus?" *Security Dialogue* 32:4, p.464.

52) Roland Dannreuther, "Can Russia Sustain Its Dominance in Central Asia?" *Security Dialogue* 32:2(2001), pp.245-249.

<그림 1> 한국과 일본은 서로에게 어떤 국가로 인식됩니까?

〈한국이 일본에 대해〉

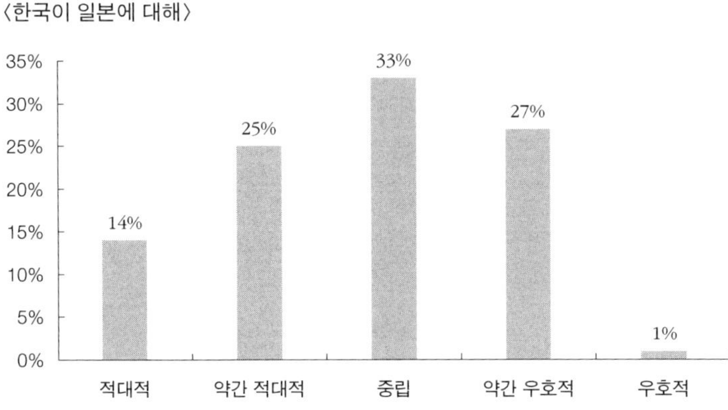

〈일본이 한국에 대해〉

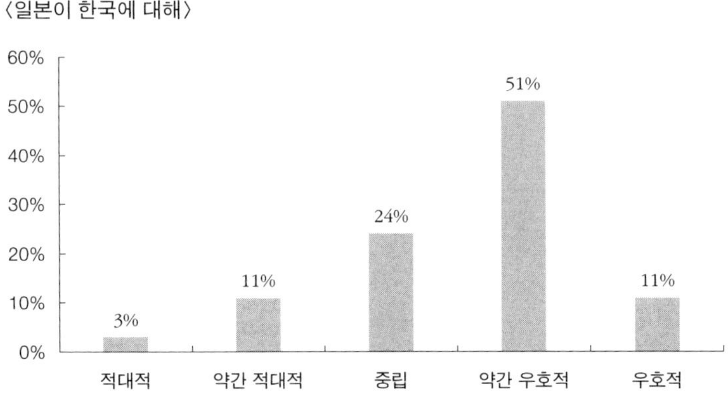

이 보다 우호적으로 나타났다.

　한편 한중관계에 대해 똑같은 질문을 던져본 결과 34%의 한국대학생들이 중국을 우호적으로 인식하고 있는 반면 그와 엇비슷한 31%의 대학생들은 중국을 적대적으로 인식하고 있는 것으로 나타났다(중립 35%). 중국대학생들은 70.3%라는 다수가 한국을 우호적으로 인식하고 있는 반면 1.4%만

〈그림 2〉 한국과 중국은 서로에게 어떤 국가로 인식됩니까?

〈한국이 중국에 대해〉

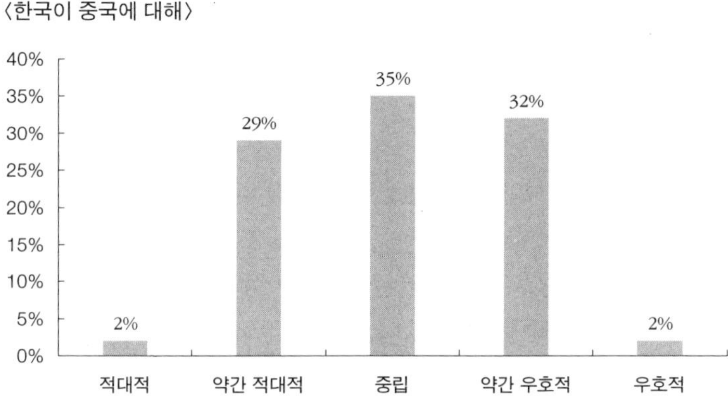

〈중국이 한국에 대해〉

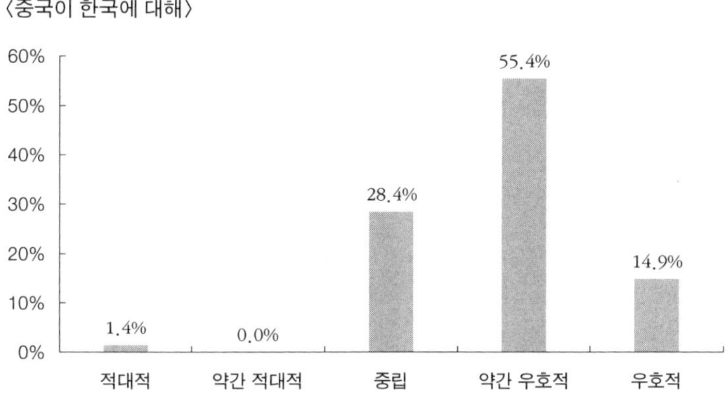

이 적대적으로 인식하고 있는 것으로 나타나 큰 대조를 이뤘다(중립 28.4%).
같은 질문을 중국과 일본 대학생들에게 던진 결과 중국 대학생들은
4.1%만이 우호적으로 인식한 반면 75.7%는 일본을 적대적으로 인식하고
있음이 나타났다(중립 18.9%). 그러나 일본대학생들의 인식은 보다 유연하
게 나타나 27%가 중국을 우호적으로 인식한 반면 31%만이 적대적으로 인

〈그림 3〉 중국과 일본은 서로에게 어떤 국가로 인식됩니까?

〈중국이 일본에 대해〉

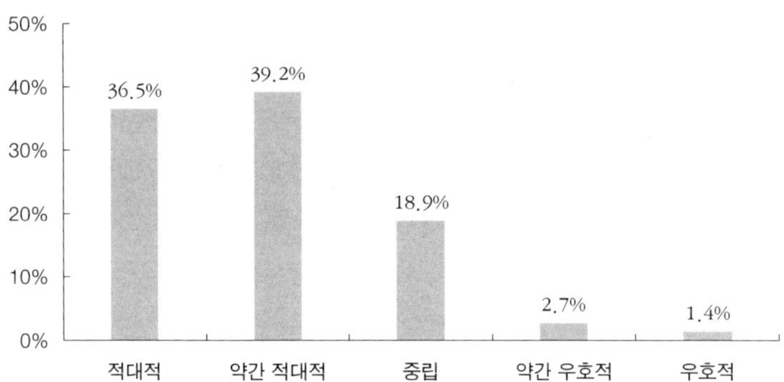

〈일본이 중국에 대해〉

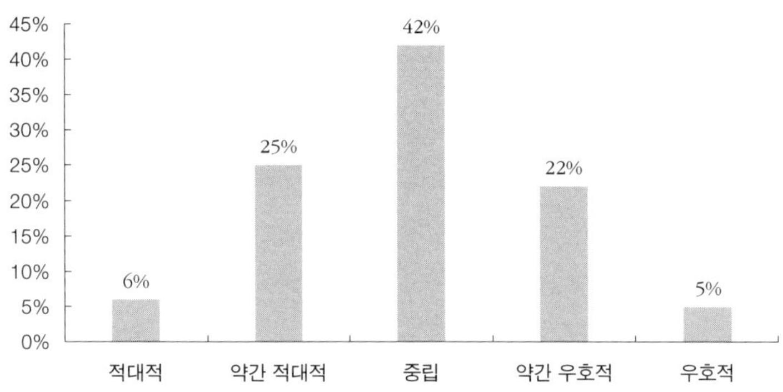

식하고 있는 것으로 나타났다(중립 42%).

러시아에 대하여는 한국대학생들 중 22%가 우호적으로, 12%가 적대적으로 인식하고 있었고(66%) 일본대학생들은 9%가 우호적으로, 36%가 적대적으로 인식하고 있는 반면(55%) 중국대학생들은 63.6%가 우호적으로 인식하고 있었고 6.8%만이 적대적으로 인식하고 있어 대조를 이루고 있었다

〈그림 4〉 러시아는 서로에게 어떤 국가로 인식됩니까?

〈한국이 러시아에 대해〉

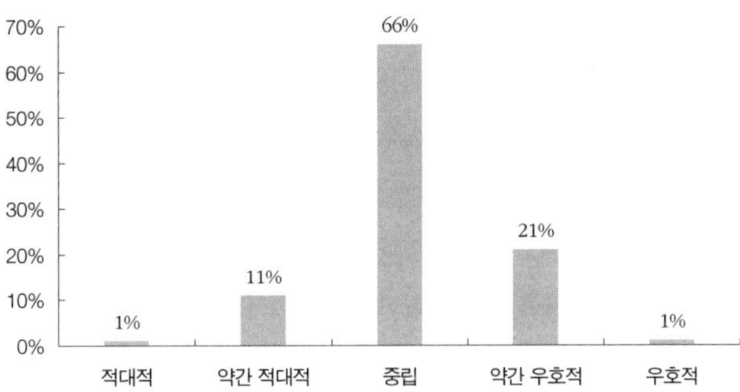

〈일본이 러시아에 대해〉

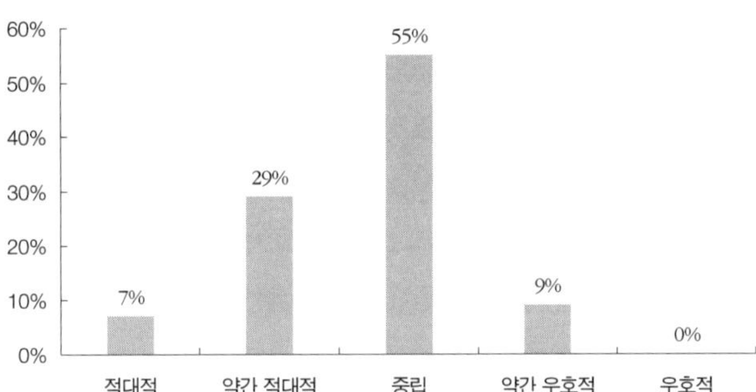

〈중국이 러시아에 대해〉

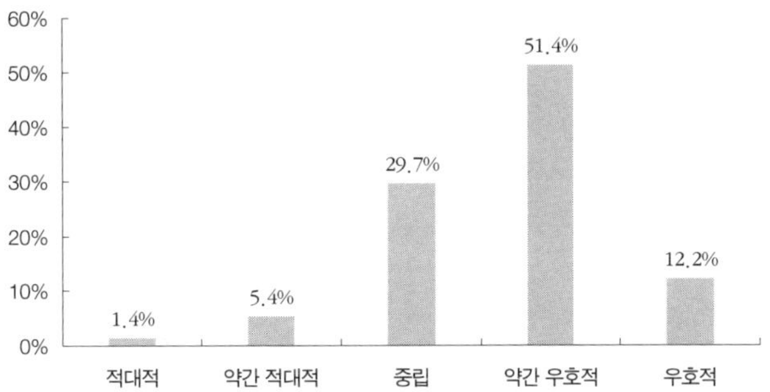

(중립 29.7%).

한편 북한에 대해서도 같은 설문을 실시해 본 결과 38%의 한국대학생들이 북한을 우호적으로 인식하고 있었고 37%는 여전히 적대적으로 인식하고 있는 것으로 나타난 반면(중립 25%), 일본대학생들은 82%가 북한을 적대적으로 인식하고 있고 1%만이 우호적으로 인식하고 있는 것으로 나타나 (중립 17%) 75.7%가 북한을 우호적으로 인식하고 있다고 대답한 중국대학

〈그림 5〉 북한은 서로에게 어떤 국가로 인식됩니까?

〈한국이 북한에 대해〉

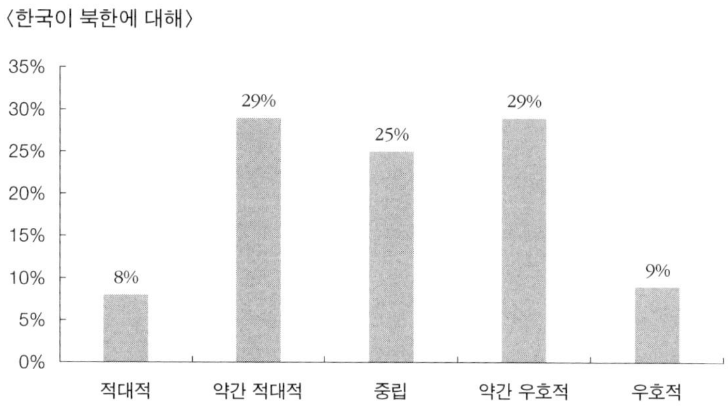

〈일본이 북한에 대해〉

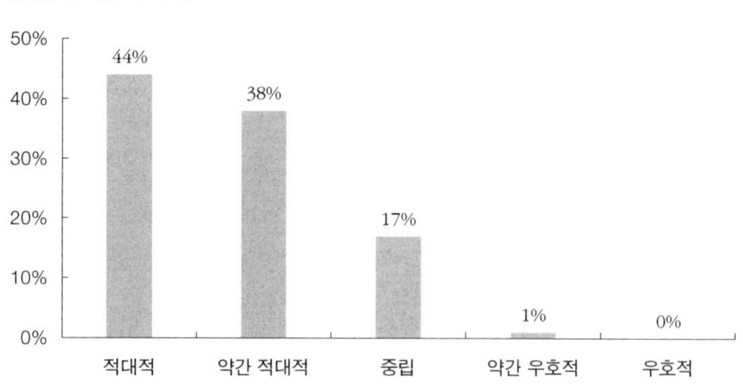

〈중국이 북한에 대해〉

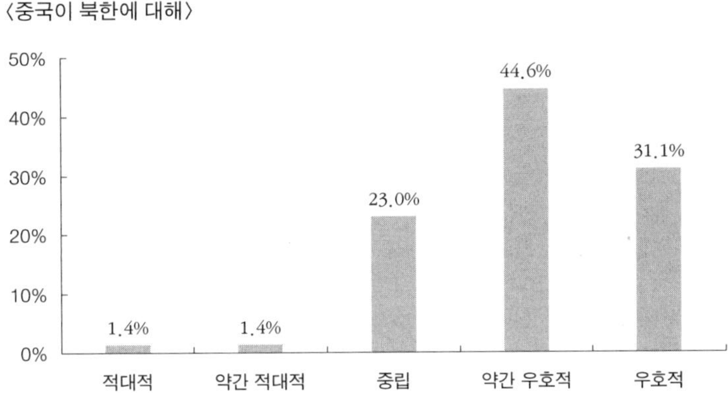

〈그림 6〉 향후 자기나라에 대해 무력침략을 행할 국가는 어디라고 생각하십니까?

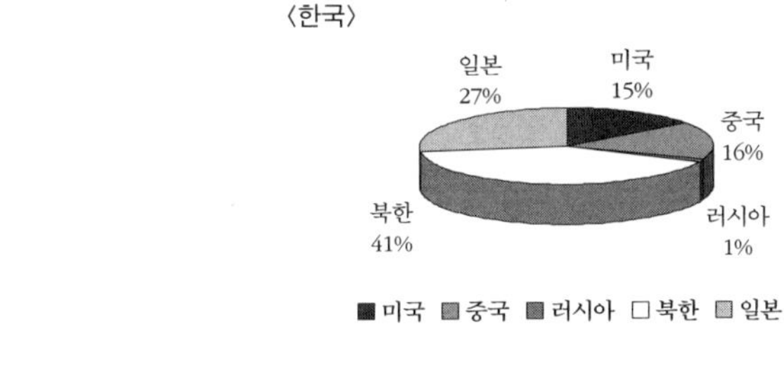

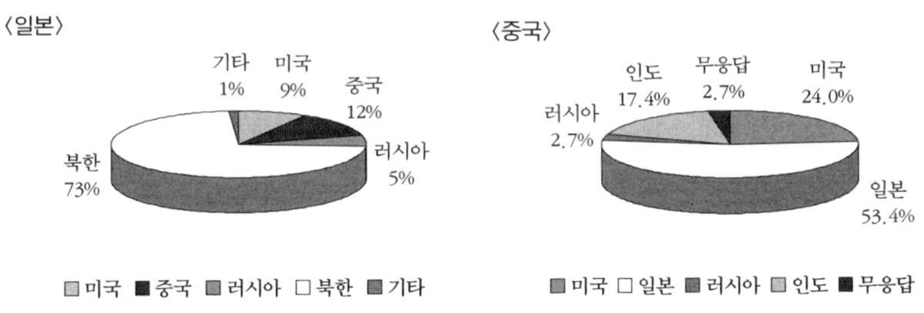

생들과 대조를 이루었다. 2.8%의 중국대학생들만이 북한을 적대적으로 인식하고 있었다(중립 23%).

또한 향후 자기나라에 대해 무력침략을 행할 국가를 묻는 설문에 대해

한국대학생들은 북한(41%), 일본(27%), 중국(16%), 미국(15%)이라고 대답
하였다. 일본대학생들은 북한(73%), 중국(12%), 미국(9%), 러시아(5%)순으
로 위협인식을 가지고 있는 것으로 나타나, 북한에 대한 일본과 한국의 유
사성을 보였다. 반면 중국대학생들은 일본(53.4%), 미국(24%), 인도(17.4%),
러시아(2.7%)순으로 위협인식을 갖는 것으로 나타났다.

한국인의 일본과 중국, 일본과 미국에 대한 인식조사를 해 본 결과 30%

<그림 7> 한국인의 일본과 중국, 일본과 미국에 대한 인식 조사

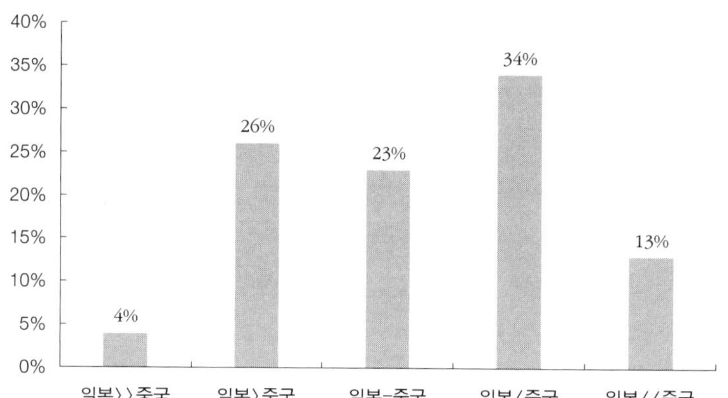

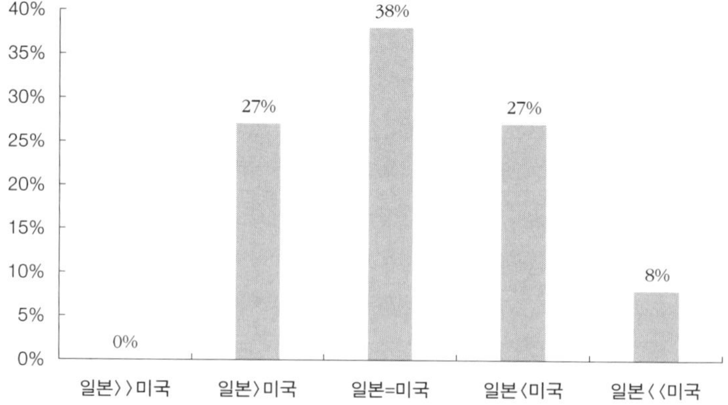

가 일본보다 중국보다 일본에 우호적이라고 인식하고 있으며 일본보다 중국에 우호적이라는 응답은 47%로 나타났다(중립 23%). 한편 일본보다 미국에 우호적이라는 응답은 27%, 일본보다 미국에 우호적이라는 응답은 35%로 나타났다(중립 38%).

일본인의 남한과 북한, 남한과 미국에 대한 인식조사를 해 본 결과 90%가 북한보다 남한에 우호적이라고 대답하였다(중립 8%). 한편 미국보다 남

〈그림 8〉 일본인의 남한과 북한, 남한과 미국에 대한 인식조사

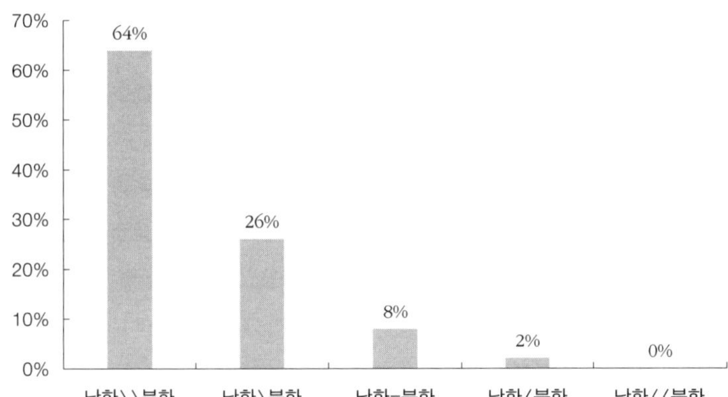

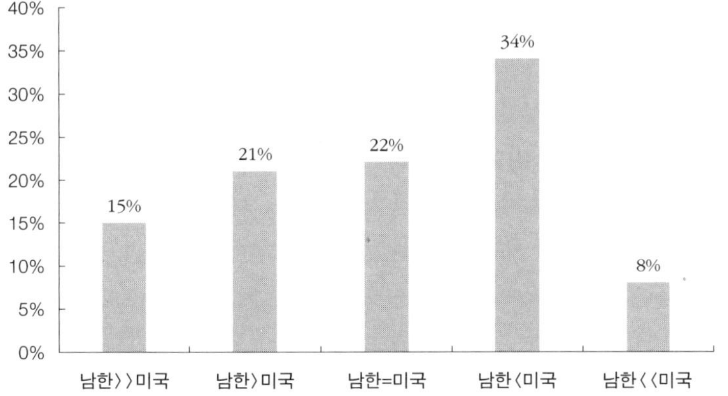

한에 우호적이라는 응답은 36%, 남한보다 미국에 우호적이라는 응답은 42%로 나타났다(중립 22%).

중국인의 남한과 북한, 남한과 일본에 대한 인식조사를 해 본 결과 25.7%가 북한보다 남한에 우호적이라고 응답하였고 37.9%가 남한보다 북한에 우호적이라고 응답하였다(중립 36.5%). 한편, 일본보다 남한에 우호적이라는 응답은 81%로 남한보다 일본에 우호적이라는 1.4%의 응답에 비해 압도

〈그림 9〉 중국인의 남한과 북한, 남한과 일본에 대한 인식조사

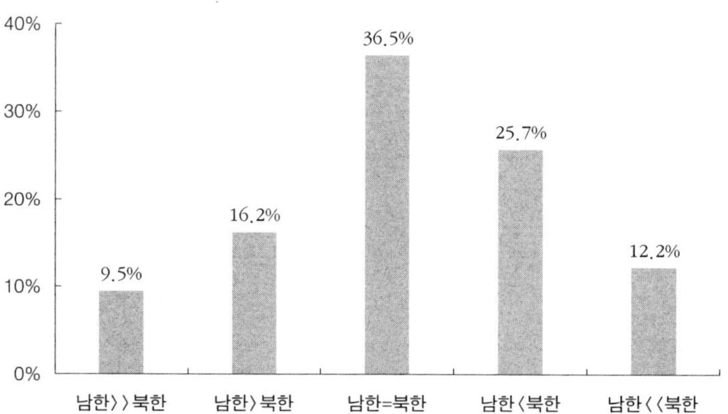

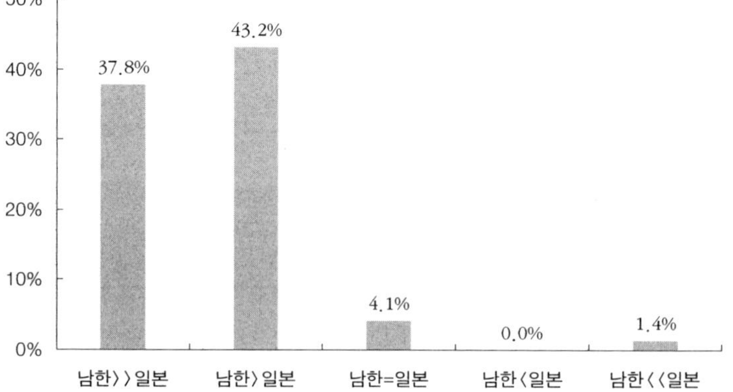

적으로 나타났다(중립 4.1%).

만일 남한과 북한 간의 전쟁이 발발했을 때 어느 나라를 지원해야 한다고 생각하십니까 하는 설문에 일본대학생 50%가 남한을 지원해야 한다고 응답한 반면(중립 49%), 중국대학생 50%가 북한을 지원해야 한다고 응답해 (중립 56.8%) 대조를 보였다. 한편 한국대학생들은 중국과 일본 전쟁이 발

〈그림 10〉 만일 남한과 북한 간의 전쟁이 발발했을 때
어느 나라를 지원해야 한다고 생각하십니까?

〈일본〉

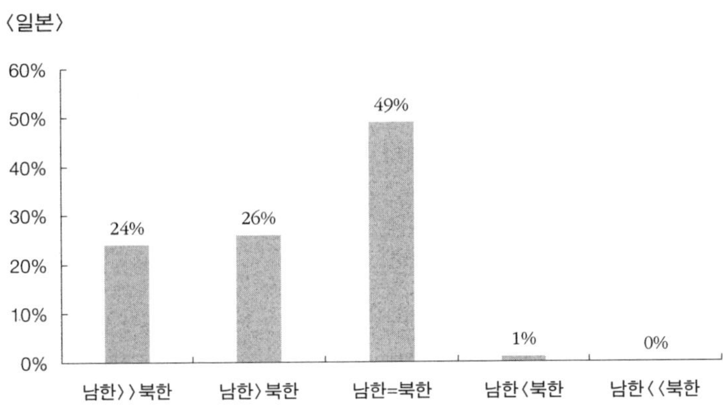

〈중국〉

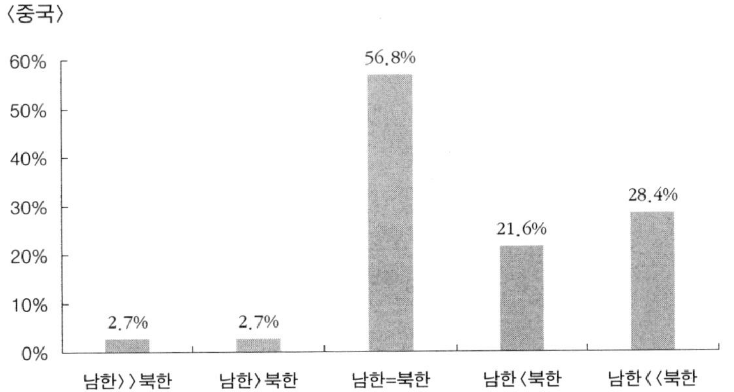

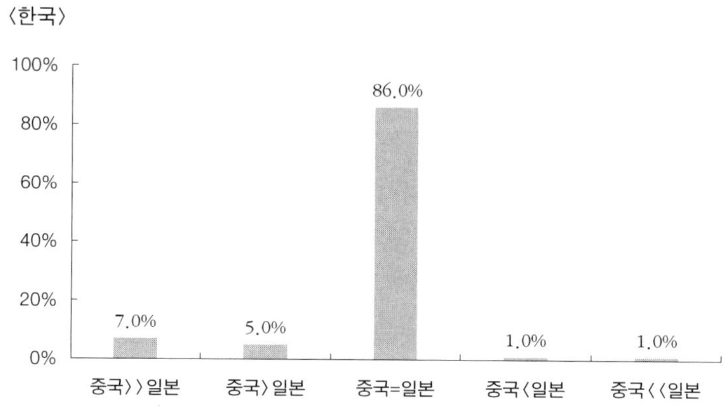

〈그림 11〉 한일관계에서 가장 문제가 되는 분야

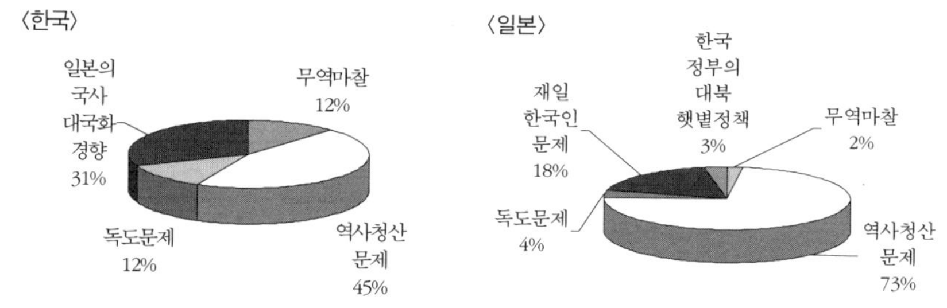

발했을 때 중국지원(12%), 일본지원(2%), 중립(86%)으로 나타났다.

    한일관계에 대한 한국과 일본의 인식조사에서 한일관계에서 가장 문제가 되는 분야를 한국대학생의 경우 역사청산문제(45%), 일본의 군사대국경향(31%), 무역마찰(12%), 독도문재(12%)로 나타났으며 일본대학생의 경우 역사청산문제(73%), 재일한국인문제(18%), 독도문제(4%), 한국정부의 대북햇볕정책(3%), 무역마찰(2%)로 응답하였다.

    한중관계에 대한 설문조사에서 한국대학생들은 한중관계에서 가장 문제가 되는 분야를 무역마찰(45%), 미국과 중국의 라이벌 관계(31%), 북한문제

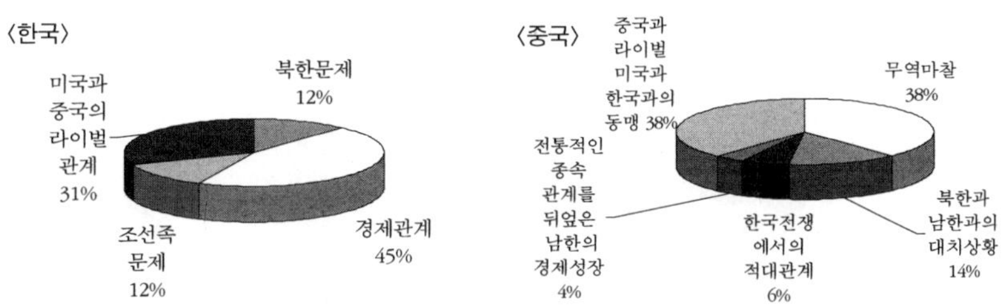

〈그림 12〉 한중관계에서 가장 문제가 되는 분야

(12%), 조선족문제(12%)라고 응답하였고 중국대학생들은 중국의 라이벌 미국과 한국과의 동맹(38%), 무역마찰(38%), 한국전쟁에서의 적대관계(6%), 전통적인 종속관계를 뒤엎은 남한의 경제성장(4%)으로 응답하였다.

한반도의 통일이 일본의 국익에 어떠한 영향을 줄것으로 생각합니까하는 설문에 한국대학생들은 나쁜영향(16%), 다소 나쁜 영향(49%)으로 65%가 부정적인 응답을 하였고, 좋은 영향(3%), 다소 좋은 영향(22%)으로 25%

〈그림 13〉 한반도의 통일이 일본의 국익에 어떠한 영향을
줄 것으로 생각합니까?

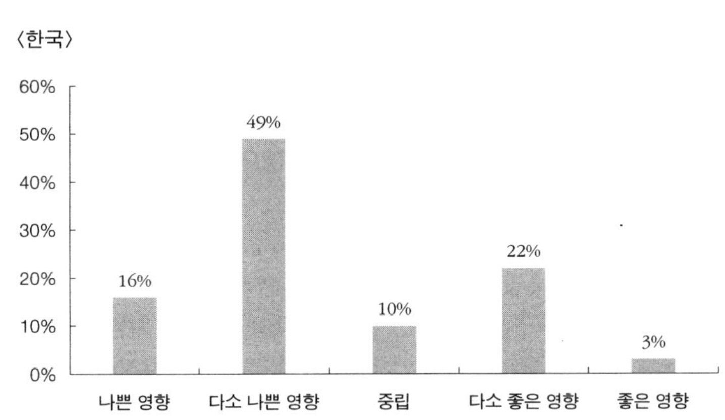

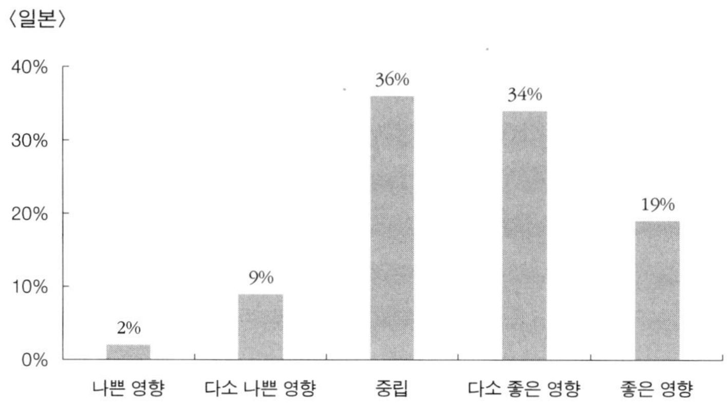

가 긍정적인 반응을 보였다(중립 10%). 일본대학생들의 경우 나쁜영향(2%), 다소 나쁜 영향(9%)으로 11%가 부정적인 응답을 하였고, 좋은 영향(19%), 다소 좋은 영향(34%)으로 53%가 긍정적인 응답을 하였다(36%).

한반도 통일과 중국의 국익과의 관계에 대한 다음 설문에서는 한국대학생들은 나쁜 영향(17%), 다소 나쁜 영향(42%)으로 59%가 부정적인 응답을

〈그림 14〉 한반도 통일과 중국의 국익과의 관계

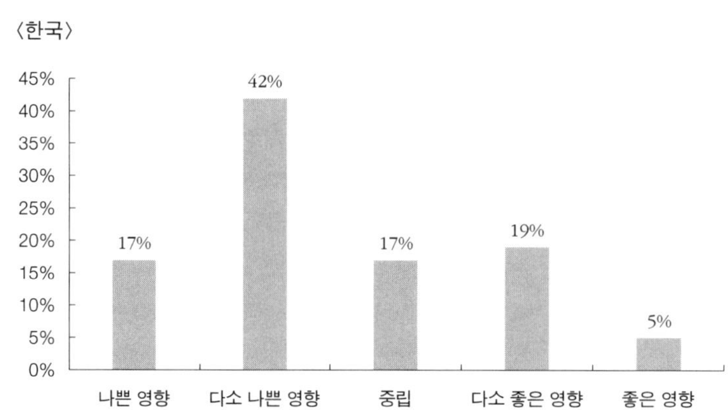

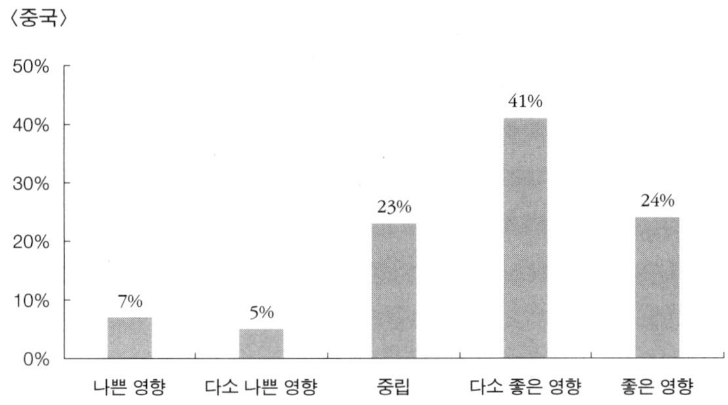

〈그림 15〉 향후 무력침략을 당할 때 예측 가능한 공격국가

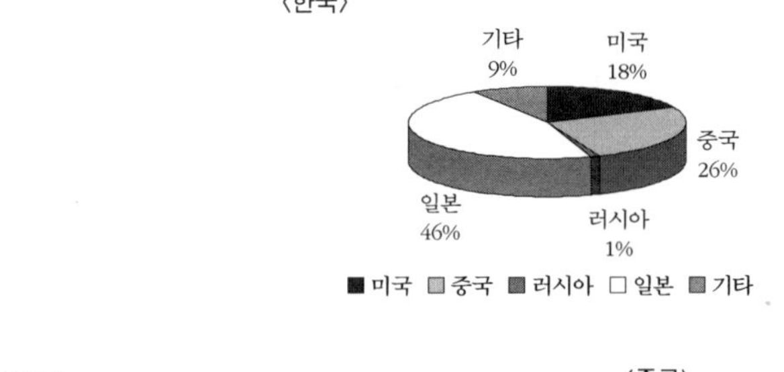

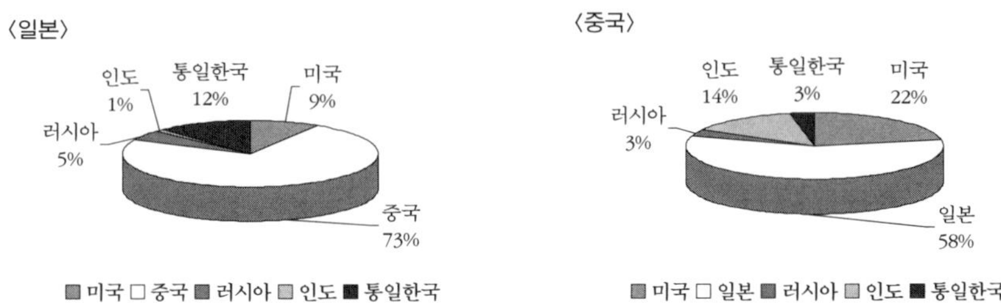

한 반면 좋은 영향(5%), 다소 좋은 영향(19%)으로 24%가 긍정적인 응답을
하였다(중립 17%).

향후 무력침략을 당할 때 예측 가능한 공격국가에 대한 설문의 문항에

통일한국을 첨가한 결과 한국대학생들은 일본(46%), 중국(26%), 미국(9%)으로 응답하였고 일본대학생들은 중국(73%), 통일한국(12%), 러시아(9%), 미국(5%)으로 응답하였다. 중국은 일본(58%), 미국(22%), 인도(14%), 러시아(3%), 통일한국(3%)으로 응답하였다.

III. 통일한국의 안보전략

통일한국의 등장은 한반도의 지정학적 위치를 다시 확인시켜주는 계기가 될 것이다. 중국과 일본의 틈바구니, 대륙과 해양의 길목의 위치에서 파생하는 지정학적 파장을 흡수해야 하는 역사의 운명을 다시 짊어지게 되는 것이다. 그렇다고 통일된 조국이 다시 주변국의 침략을 받는 불쌍한 지위에 놓이게 되는 것을 바라는 이 땅의 젊은이는 없을 것이다. 그렇다면 우리는 어떻게 국방력과 안보정책의 틀을 짜야 하는 것일까.

먼저 일본이나 중국수준의 국방력을 구비하는 대안을 고려해 볼 수 있다. 그야말로 동북아의 맹방으로 도약하는 것을 의미하는 것이며 세계적인 군사대국으로 발돋움하는 것을 의미하기도 한다. 일본의 국방비 지출은 2002년 기준으로 371억 달러이며 중국은 484억 달러이다. 2002년 남한 국방비 131억 달러의 2.8~3.7배에 달하는 액수이다. 남한의 국방비가 GDP의 2.8%임을 감안한다면 중국이나 일본수준의 군사력을 갖추기 위해서는 우리나라 GDP의 8~10%를 쏟아 부어야 한다는 결론이 나온다.[53] 현재 통일에 소요되는 비용은 대략 889억 달러에서 2,808억 달러로 추산된다.[54] 더구나 복지정책에 소요되는 비용까지를 감안한다면 군사대국이 되기도 전에 국가

---

53) 국방부 홈페이지(http://www.mnd.go.kr)에서 국방부 기획예산관실 통계자료 참조.
54) 신동천·윤덕룡·정영주, 『경제협력과 통일비용: 동서독과 남북한의 비교분석』(서울: 삼성경제연구소, 1998) 참조.

파산을 맞을 것이다.

그 다음으로는 동맹을 통해 안보를 추구하는 방안을 고려해 볼 수 있다. 동맹의 대상에 따라 다시 해양세력 내지는 대륙세력과의 연합을 의미하는 것이기도 하다. 먼저 현재와 같이 미·일 동맹체제와 협력의 궤를 같이 하는 방안이다. 미국의 안보우산에 의지하면서 국방비 지출을 최대한 억제하면서 경제성장과 복지정책, 통일비용을 충당하는 여유를 가질 수 있는 대안이다. 미국위주의 무기체계가 유지되어서 비용절감의 효과도 있다. 또한 역사적으로 한반도를 자주 침범했던 일본과 같은 군사협력의 틀안에 있어 일본을 제어하는 부수효과도 기대할 수 있다. 그런데 이 대안은 예상외로 여러 가지 비용을 지출해야 한다.

통일한국의 지정학적 및 전략적 가치는 분단상태의 남한과는 전혀 다르다. 통일한국이 해양세력과 군사적으로 결합한다면 중국에게는 한반도의 북부지역이 적대세력의 영향력하에 놓이게 됨을 의미하는 것이다. 미국과의 안보협력이 중미관계의 성격 여하에 따라서는 불필요하게 중국을 자극하게 될 수도 있다. 미국이 미사일 방어망을 추진할 경우 참여를 종용받게 된다. 주한미군의 계속주둔에 대한 국내정치적 부담 또한 안게 될 것이다. 이미 주한미군은 한반도 이외의 지역에서의 임무에 투입될 수 있도록 한미 간에 협의가 이뤄진 상태이다. 미국과 중국의 이해관계가 상충될 경우 원하지 않는 분쟁에 연루될 수 있다.

그렇다면 대륙세력과의 동맹을 상정해 볼 수 있다. 중국과 군사협력관계를 구축하는 것이다. 이미 중국어 공부하기 열기가 확산되고 있고 시대를 앞서가는 중국유학붐이 일고 있기도 하다. 중국시장은 가장 매력적인 공략대상이 되었다. 이 같은 붐이 전통적인 중화권 질서로 돌아가는 것을 예견하는 것일까. 중국의 군사력수준이 협력의 대상으로 적정한가. 무기체계의 전반적 변화를 필요로 하는 것은 아닐까. 백두산 일대를 둘러싼 영토분쟁과 역사왜곡논쟁 등이 재발하였을 경우 정책적 자율성을 손상시키지는 않을까. 특히 미국과의 관계에서 파생되어 온 경제, 사회, 문화적 이해관계에는 어떤 차질이 생길까. 미국시장을 포기할 수 있을까. 현재 영어수준으로 중국어가 통용되려면 어느 정도의 시간이 소요될까. 이 또한 손쉽게 선택할 수 있는 대안은 아니다.

중립도 하나의 대안이 될 수 있다. 그러나 중립이란 두 나라의 전쟁에 불개입한다는 것을 의미하는 것이어서 평화시의 대안이 되기에는 부적절하고 중립이 지켜지지 않은 경우도 얼마든지 찾아볼 수 있다. 특히 탈냉전의 국제상황에서 중립이라는 개념이 과연 유효한가에 대한 논의도 필요하다.

어떤 대안을 선택하든지 장단점이 있음은 재론의 여지가 없다. 그러나 대안의 선택과 함께 가장 중요한 것은 안보자율권을 보장해 줄 수 있는 국방력의 확보라고 할 수 있다. 이미 중국이나 일본수준의 국방력 확보가 불가함은 살펴본 바 있다. 그렇다면 어떤 형태로 어떤 규모의 국방력을 확보해야 하는 것인가.

현재의 군체계와 구성은 북한과의 대치상황을 전제로 한 것이고 통일이후를 겨냥한 장기적 전력개선작업이 부분적으로 추진되고 있는 실정이다. 무엇보다 지상군 위주의 군 구성을 해군 및 공군력을 향상시켜 입체전력으로 전환시키는 작업이 선행되어야 할 것이다. 이와 함께 광역레이더 제조능력의 확보, 미사일 등 유도무기체계의 구축, 지원제로의 전환에 따른 인력수급방안 등을 확보해야 할 것이다.

총체적인 전력의 규모는 동북아의 군사균형에 영향을 줄 수 있는 정도는 되어야 한다. 만일 일본의 군사력이 10이고 중국의 군사력이 7이라면 우리는 3정도를 확보해야 한다는 것이다. 일본이 우리를 위협하게 되면 중국과 군사협력을 도모하여 7+3=10의 군사력을 확보, 일본의 군사력과 균형을 도모할 수 있을 것이다. 또 중국과 갈등이 발생하면 일본과 군사협력을 추진, 10+3=13으로 중국의 군사력에 두 배 가까운 군사력을 구성하여 중국으로부터의 위협을 제어할 수 있는 것이다. 문제는 3의 군사력을 확보하기에도 우리는 상당한 국방비를 지출해야 한다는 것이다. 통일이 된다고 해서 국방비 지출이 감소할 것으로 막연히 기대하는 것은 금물이다. 지속적인 국방비 소요에 통일비용, 복지정책을 위한 예산 등을 고려한다면 경제규모를 성장시키는 일이 중요한 과제로 등장하게 되는 것이다.

|ㄱ|

지은이 소개

▶▶▶ 김용호

▌약력 및 경력

현 | 연세대학교 사회과학대학 부학장
연세대학교 정치외교학과 교수
연세대학교 모의유엔대표단(YDMUN) 지도교수
중앙일보 통일전문기자
정부출연 통일연구원 연구위원
연세대학교 정치외교학과 학과장
연세대학교 통일연구원 부원장
사법시험, 외무고시 출제위원 역임
美 콜롬비아대학교 정치학 박사

▌저 서

『현대 북한외교론』(1996, 오름)
『외교안보와 언론, 그리고 의회』(1999, 오름)
『북한, 남북한관계, 그리고 통일』(2002, 연세대출판부, 공저)
North Korea's Foreign Policy: Security Dilemma and the Succession
(Lanham, MD: Lexington Books, Forthcoming)

〈개정 · 증보판〉

세계화시대 국제관계

동아시아적 이해

인　쇄: 2010년 8월 27일
발　행: 2010년 8월 31일

지은이: 김용호
발행인: 부성옥
발행처: 도서출판 오름
등록번호: 제2-1548호 (1993. 5. 11)

서울특별시 서초구 서초동 1420-6
전　화: (02) 585-9122, 9123 / 팩　스: (02) 584-7952
E-mail: oruem@oruem.co.kr
URL: http://www.oruem.co.kr

ISBN 978-89-7778-343-0　　93340　　　　　　　정가 10,000원

*잘못된 책은 교환해 드립니다.